体育特色小镇管理
理论与实践

司　亮◎著

清華大学出版社
北京

图书在版编目（CIP）数据

体育特色小镇管理理论与实践 / 司亮著.— 北京：清华大学出版社，2023.10
ISBN 978-7-302-64744-7

Ⅰ.①体⋯　Ⅱ.①司⋯　Ⅲ.①体育产业—小城镇—城市建设—研究—中国
Ⅳ.①G812　②F299.21

中国国家版本馆CIP数据核字（2023）第192492号

责任编辑：刘　杨
封面设计：何凤霞
责任校对：欧　洋
责任印制：杨　艳

出版发行：清华大学出版社
　　　　网　　　址：https://www.tup.com.cn, https://www.wqxuetang.com
　　　　地　　　址：北京清华大学学研大厦A座　　　邮　　编：100084
　　　　社 总 机：010-83470000　　　　　　　　　邮　　购：010-62786544
　　　　投稿与读者服务：010-62776969, c-service@tup.tsinghua.edu.cn
　　　　质量反馈：010-62772015, zhiliang@tup.tsinghua.edu.cn
印 装 者：三河市人民印务有限公司
经　　销：全国新华书店
开　　本：165mm×235mm　　　印　　张：17.75　　　字　　数：253千字
版　　次：2023年10月第1版　　　　　　　　　　　　印　　次：2023年10月第1次印刷
定　　价：108.00元

产品编号：103035-01

国民收入的增长扩大了人们对体育消费和体育服务的新需求，打造以运动休闲为主题涵盖体育文化内涵和全民健身平台的体育空间显得尤为重要。为了贯彻党中央和国务院关于推进体育产业、建设健康中国、助力新型城镇化、促进脱贫攻坚工作，2017年5月9日，国家体育总局办公厅下发了《体育总局办公厅关于推动运动休闲特色小镇建设工作的通知》（体群字〔2017〕73号）。该文件指出："到2020年，在全国扶持建设一批体育特征鲜明、文化气息浓厚、产业集聚融合、生态环境良好、惠及人民健康的运动休闲特色小镇"，体育特色小镇建设工作自此正式启动。随后，以运动休闲为主题的小镇陆续出现，体育旅游小镇、足球小镇、冰雪小镇、武术小镇等成为我国特色小镇发展中一股强大的力量和潮流。

体育特色小镇是一种以体育为载体，融合运动休闲、文化、健康、旅游、养老等多种功能，由不同群体与企业、资源、服务等有效集聚成项目链、消费圈、产业群、服务综合体的特色区域空间。体育特色小镇在新型城镇化建设中脱颖而出，实现了城镇空间社会化实践过程中独具特色的发展，充分体现出了体育特色小镇的社会、经济、文化等功能。然而，因建设起步较晚、经验缺乏、理论滞后，我国体育特色小镇建设出现了定位不准、空间规划不足、产业增值搁浅等问题。这些体育特色小镇管理理论与实践中的难题值得深入探索，需要从理论与实践层面进行深入的科学观察与案例分析，以推动我国体育特色小镇规范健康发展。

本书分三部分：第一部分为"基础部分"，重点阐述我国体育特色小镇的基本范畴、发展历程、管理内容，包括第一章"体育特色小镇概述"、第二章

"体育特色小镇发展演进"、第三章"体育特色小镇发展基础"、第四章"体育特色小镇管理"、第五章"体育特色小镇规划";第二部分为"理论部分",重点运用空间生产理论和复杂适应系统理论探讨我国体育特色小镇发展的理念指引、理论框架、主要动力和演进机制,包括第六章"生态文明建设与体育特色小镇"、第七章"人与自然和谐共生下的体育特色小镇可持续发展"、第八章"空间的生产与体育特色小镇"、第九章"体育特色小镇空间生产的主要动力"、第十章"供给侧结构性改革与体育特色小镇"、第十一章"复杂适应系统与体育特色小镇";第三部分为"实践部分",重点探讨体育特色小镇的发展案例、域外镜鉴、建设标准以及规范健康发展之路,包括第十二章"体育特色小镇发展实践"、第十三章"体育特色小镇建设标准"、第十四章"体育特色小镇文化消费空间构建"、第十五章"体育特色小镇规范健康发展之路"。

司亮

2023 年 9 月

本书由 2023 年度大连外国语大学出版基金资助。

目　录

第一部分　基础部分

第一部分
基础部分

第一章 体育特色小镇概述

2015 年，浙江省已经培育了 100 个特色小镇，得到了从中央各大部委到各省市地方政府的高度重视。从 2016 年 7 月起，住建部和国家发展改革委等部门先后出台了《住房城乡建设部 图家发展改革委 财政部关于开展特色小镇培育工作的通知》等 10 余个与特色小镇相关的重要政策性文件，提出到 2020 年培育 1000 个左右特色小镇的目标。随着 73 号文件的发布，人们对体育消费和体育服务的新需求不断扩大，打造以运动休闲为主题的，具有体育文化内涵的全民健身平台和体育空间显得尤为重要。

第一节　体育特色小镇的概念

体育特色小镇是一种以体育为载体，融合运动休闲、文化、健康、旅游、养老等多种功能，由不同群体与企业、资源、服务等有效集聚成项目链、消费圈、产业群、服务综合体的特色区域空间。体育特色小镇在新型城镇化建设中脱颖而出，实现了城镇空间社会化实践过程中独具特色的发展，充分体现出体育特色小镇的社会、经济、文化等功能。此外，体育特色小镇是具有明确产业定位、文化内涵、旅游功能、乡镇特征的空间载体。体育特色小镇不是行政区划单元，而是产业发展载体；不是产业园区，而是同企业协同创新、合作共赢的乡镇企业；不是政府大包大揽的行政平台，而是以企业为主体、市场化运作、空间边界明确的创新空间、创业空间。

体育特色小镇是体育空间，但体育特色小镇在空间上的范畴具有狭义和广义之分。狭义的体育特色小镇是在建设特色小镇的过程中，以体育为载体，突出体育形态和功能的区域划分，而广义的体育特色小镇是融合体育相关功能、提供体育服务的空间区域，如体育广场和体育公园等。目前，体育特色小镇已经成为体育界探讨的一个热点议题，其缘由有四：一是独特性，体育特色小镇是一种以体育为载体，并相对集中地融合运动休闲、文化、健康、旅游、养老等多种功能的项目链、消费圈和产业群的体育服务空间；二是全新性，体育特色小镇是在新型城镇化的基础上提出来的概念，在本质上是对特色空间内各类体育生产实践活动中政治、经济、社会、文化和生态要素的合理利用及重新配置；三是助力作用，体育特色小镇是一种新型的在地方政府职能权力下对空间内的政府公共服务、产业开发和社会资本的再构，具有推动当地经济社会发展的作用；四是特色集聚空间，体育特色小镇在生产、生活、生态布局的空间实践交往活动中，将创业人员、体验者、旅游者、本地居民等不同群体与企业、资源、服务等有效集聚而形成产业和国民健康共同发展的特色区域空间。

第二节　体育特色小镇的类型

全国运动休闲特色小镇试点项目名单中的各个地区，均体现了73号文件的核心精神及主要概念，即具有独到之处的运动休闲业、拥有浓厚的体育文化气氛、旅游及其相关产业发展良好、脱贫致富成绩优越、能充分利用自身资源。体育特色小镇顺应时代发展，在特色小镇范畴中走出了一条与众不同的发展道路。在发展过程中，必须认清体育特色小镇的发展类型，才能够抓

住体育特色小镇的开发特色和运营的核心竞争力。根据产业可能性、细分产业类型与目标受众（人群 / 企业 / 组织），可以将体育特色小镇分为四类：产业型、康体型、休闲型、赛事型。

一、产业型体育特色小镇

以体育用品和设备的生产制作为基础，延伸发展研发设计、交易物流，融合文化科技、数据网络等产业，形成具有双向价值链的产业聚集区。产业型体育特色小镇围绕生产制造这一核心，融合相关产业打造核心功能，并配置休闲体验功能，在产业空间分布上，呈现出"一中心，多散点"或"大分散，小集中"结构。产业型体育特色小镇在建设过程中要抓住两个重点：第一，确定自身打造方向，形成完整的产业链；第二，找准产业对接点，着力形成第三产业的延伸，融合发展产业增值。主要包括：体育产业研发设计、体育专业培训、体育用品设计、体育主题展会交易、"体育 + 融合产业"相关服务等。

二、康体型体育特色小镇

随着人口老龄化、食品安全、空气污染、生活压力等社会和生态问题凸显，为了满足人们日益增长的健康需求，以休闲运动为媒介，以健康养生为主题，结合旅游和度假的康体型体育特色小镇应运而生。以自然生态环境（温泉、负氧离子等）+ 传统康养人文资源（太极拳、瑜伽、禅修等）+ 体育健康服务项目（康体、养生、修心等）为模式的配套设施打造康体型运动休闲特色集聚区。

三、休闲型体育特色小镇

以良好的生态环境为基础，借助极具参与性和体验性的休闲运动，依托景区与旅游业相融合的模式，构建具有一个或多个核心资源项目的能吸引大众消费的休闲型体育特色小镇。休闲型体育特色小镇建设有两个方面需要充分考

虑：一方面，在选址上，需要考虑辐射范围的受众人数和消费领域，在城市周边或者大型旅游目的地的路线上均为理想选择；另一方面，在项目选择上，力求打造能满足各个年龄阶段人群需求的参与型和休闲型项目集聚区。因此，休闲型体育特色小镇也可以称为体育休闲特色小镇或体育旅游特色小镇。

四、赛事型体育特色小镇

以体育赛事为核心延伸到赛事相关产业，附以体育运动训练、赛事组织培训、场地设施服务等功能的体育特色小镇。主办或承办关注度高、影响力大的体育赛事活动是赛事型体育特色小镇运营的重心。其中，优越的比赛资源条件、高标准的赛事场馆、高质量的赛事承接能力及高水平的赛事服务能力都是赛事型体育特色小镇的必备条件。

第二章 体育特色小镇发展演进

梳理相关文件发现，从新中国成立开始，随着我国农业的发展，小城镇的发展问题逐渐提上议程，我国城镇化发展随着时间的推移经历了起步、稳步发展、稳妥推进、特色发展四个阶段后，体育特色小镇在新型城镇化的建设中应运而生，其也是城镇空间社会化实践特色发展的结果。

第一节 体育特色小镇的发展要素

经历了 70 多年的发展，体育特色小镇能够在城镇化建设中凸显出来，其主要原因有以下三个方面。

第一，政治导向是关键。1950 年 12 月，政务院颁布的《乡（行政村）人民政府组织通则》（以下简称《通则》）中强调了乡级政府组织的农村基层政权性质。1954 年 9 月，全国人大一届一次会议通过的《中华人民共和国宪法》（以下简称《宪法》）中规定"县、自治县分为乡、民族乡、镇"，镇作为中国县辖基层政权建制被确定下来。改革开放后，1980 年的全国城市规划工作会议中提出"控制大城市规模，合理发展中等城市，积极发展小城市"，为城镇化建设提供了发展空间。1984 年 11 月 22 日，国务院发布批转民政部《关于调整建镇标准的报告》的通知成为小城镇发展的首个代表性文件，此后陆

续出台的一系列具有国家战略导向和地方政府引领作用的文件为我国城镇化发展确立了方向，推动小城镇发展且成就显著。

第二，经济发展是基础。在特色发展阶段，为了缓解城镇化建设资金短缺问题，中国农业银行、中国开发银行、中国建设银行先后联合国家相关部门发布政策性和开发性金融文件支持特色小城镇发展。

第三，社会文化是需求。2017年5月9日国家体育总局办公厅发布的73号文件，在确立了体育特色小镇向体育产业化方向发展的同时，也明确了要以运动休闲为主题打造具有独特体育文化内涵的小城镇。

● 第二节　我国城镇化发展的演进过程 ●

城镇化的快速推进得益于我国农业的发展。新中国成立后，随着时间的推移，城镇化成为我国经济社会发展的必然趋势，小城镇、特色小镇、体育特色小镇陆续出现，成为城镇化发展不同阶段的明显特征。经过梳理发现，我国城镇化经历了起步阶段、稳步发展阶段、稳妥推进阶段、特色发展阶段，这是我国新型城镇化推进的重要特点。

一、我国城镇化发展的起步阶段

第一阶段：起步阶段（见表 2-1）。

1949年10月1日，中华人民共和国正式成立。新中国成立伊始，国家就开始规划城镇发展，1950年12月，政务院颁布的《通则》强调了乡级政府组织的农村基层政权性质，《通则》的颁布开启了我国的城镇发展序章，我国的城镇发展进入了起步阶段。但是此时的政策还只明确到乡一级的建制，1954年9月，第一届全国人民代表大会第一次会议通过了《宪法》，《宪法》中明确规定"县、自治县分为乡、民族乡、镇"。自此，镇作为中国县辖基层

政权建制被确定下来。在接下来近一年的时间里，有关镇的概念被逐步明确下来。到 1955 年 6 月，随着国务院颁布《国务院关于设置市、镇建制的决定》（以下简称《决定》），镇被赋予了明确的内涵，镇的设立条件也有了具体标准：镇，是属于县、自治县领导的行政单位。县级或者县级以上地方国家机关所在地，可以设置镇的建制；不是县级或者县级以上地方国家机关所在地，必须是聚居人口在 2000 人以上，有相当数量的工商业居民，并确有必要时方可设置镇的建制；少数民族地区如有相当数量的工商业居民，聚居人口虽不及2000 人，确有必要时，亦得设置镇的建制。1955 年 11 月，国家再度明确了镇的设置标准，并由国务院颁布了《国务院关于城乡划分标准的规定》（以下简称《规定》），对已有建制镇进行了严格的审查、调整，撤销了部分不符合标准的镇。随着 1958 年 8 月中共中央《中共中央关于在农村建立人民公社问题的决议》的通过，"政社合一"的体制在我国开始实行，各地纷纷成立人民公社，故而一些建制镇被撤销。部分建制镇的撤销并不意味着镇的建制被撤销，而是镇的设置标准相对于 1955 年提出的设置标准提高了：工商业和手工业相当集中、聚居人口在 3000 人以上，其中非农业人口占 70% 以上，或者聚居人口在 2500 人以上不足 3000 人，其中非农业人口占 85% 以上，确有必要由县级国家机关领导的地方，可以设置镇的建制。这一变化在 1963 年 12 月发布的《中共中央、国务院关于调整市镇建制、缩小城市郊区的指示》中得以体现，到了 1978 年 3 月，国务院通过《宪法》重新确立镇的基层行政建制地位，表述为：县、自治县分为人民公社、镇。

表 2-1　我国城镇化发展的起步阶段

时间	主要标志事件	政策指向
1949—1978 年	1950 年 12 月，政务院颁布《乡（行政村）人民政府组织通则》	强调了乡级政府组织的农村基层政权性质。
	1954 年 9 月，第一届全国人民代表大会第一次会议通过《中华人民共和国宪法》	"县、自治县分为乡、民族乡、镇"，镇作为中国县辖基层政权建制被确定下来。

续表

时间	主要标志事件	政策指向
1949—1978 年	1955 年 6 月，国务院颁布《国务院关于设置市、镇建制的决定》	镇，是属于县、自治县领导的行政单位。县级或者县级以上地方国家机关所在地，可以设置镇的建制；不是县级或者县级以上地方国家机关所在地，必须是聚居人口在 2000 人以上，有相当数量的工商业居民，并确有必要时方可设置镇的建制；少数民族地区如有相当数量的工商业居民，聚居人口虽不及 2000 人，确有必要时，亦得设置镇的建制。
	1955 年 11 月，国务院颁布了《国务院关于城乡划分标准的规定》	再度明确了镇的设置标准，对已有建制镇进行了严格的审查、调整，撤销了部分不符合标准的镇。
	1958 年 8 月，中共中央《中共中央关于在农村建立人民公社问题的决议》	实行"政社合一"的体制，一些建制镇被撤销而成立人民公社。
	1963 年 12 月，中共中央、国务院《中共中央、国务院关于调整市镇建制、缩小城市郊区的指示》	提高了 1955 年的镇设置标准：工商业和手工业相当集中、聚居人口在 3000 人以上，其中非农业人口占 70% 以上，或者聚居人口在 2500 人以上不足 3000 人，其中非农业人口占 85% 以上，确有必要由县级国家机关领导的地方，可以设置镇的建制。
	1978 年 3 月，国务院《中华人民共和国宪法》	县、自治县分为人民公社、镇，重新确立镇的基层行政建制地位。

二、我国城镇化发展的稳步发展阶段

第二阶段：稳步发展阶段（见表2-2）。

截至1978年，我国国民生产总值达3624亿元人民币，比1965年的1716亿元人民币翻了一倍多，年均递增率达6.8%，并建立起了一个独立的、门类齐全的工业体系，但此时技术比较落后，人民依然贫苦。为加快经济发展，伟大的改革开放政策应运而生，这场改革在农村取得了率先突破，并随之迅速在全国各经济领域内推行，而新中国的城镇发展就是此时开始进入到稳步发展阶段。1979年9月，党的十一届四中全会通过了《中共中央关于加快农业发展若干问题的决定》，此文件的发布标志着我国开始有计划地发展小城镇建设，并且指出要加强城市对乡村的支援。1980年12月，国务院批转《全国城市规划工作会议纪要》，对小城镇的发展给出了进一步的指示：大力发展小城镇，应当通过经济建设发展小城市。国家安排新建项目，应优先在设市建制的小城市和资源、地理、交通、协作条件好的小城镇选厂定点。明确的政策指引，为小城镇的发展提供了方向。随着社会的发展，存在于特定历史时期的人民公社完成了它的使命，1982年12月，全国人大五届五次会议通过了《中华人民共和国宪法》(1982年)取消了人民公社，重新确认乡、镇为基层行政单位。1983年10月，中共中央、国务院再次通过文件《关于实行政社分开、建立乡政府的通知》明确撤销人民公社，重新恢复乡镇建制。对于乡镇的具体管辖制度，国务院于1984年11月在批转民政部《关于调整建镇标准的报告》中提到了放宽建镇标准，并开始实行镇管村体制。以发展经济为出发点，国家高度重视小城镇的发展问题。在接下来的十年间，国家对小城镇的发展给予积极的引导，在政策上给予扶持，以稳步发展为基本标准，不迈大步、不夸业绩，注重实效，切实发展。1984—1993年是我国由计划经济体制向社会主义市场经济体制迈进的关键性十年，这十年间改革开放政策带来了举世瞩目的成就。同时，国家在顶层设计上对县城镇的发展给予足够的重视和关注，1994年9月，国家6个部委联合发布了《关于加强小城镇建设

的若干意见》。在国家政策指引下，小城镇的发展态势越来越好，在国家中的地位也越来越重要。1996年3月，党的十四届五中全会通过《中华人民共和国国民经济和社会发展"九五"计划和2010年远景目标纲要》（以下简称《纲要》），《纲要》中指出要加强乡村基础设施建设，有序发展一批小城镇，逐步形成大中小城市和城镇规模适度布局和结构合理的城镇体系。1998年10月，党的十五届三中全会上《中共中央关于农业和农村工作若干重大问题的决定》审议通过，这表明小城镇的发展问题已经成为重大战略问题。《中共中央关于农业和农村工作若干重大问题的决定》中提出"大力发展乡镇企业，多渠道转移农业富余劳动力。立足农村，向生产的深度和广度进军，发展二、三产业，建设小城镇。开拓农村广阔的就业门路，同时适应城镇和发达地区的客观需要，引导农村劳动力合理有序流动"。而随着小城镇重要性的不断提升，国家也将小城镇的发展列为国家战略。从1978年城镇发展进入了稳步发展阶段一直到1998年《中共中央关于农业和农村工作若干重大问题的决定》的出台，中共中央、国务院、全国人大及各部委共发文9份，对小城镇发展问题的用语从"加快发展""优先考虑""放宽标准"变为"加强建设""小城镇、大战略"，凸显出小城镇发展的良好态势和其对国家整体发展的重要作用。

表2-2　我国城镇化发展的稳步发展阶段

时间	主要标志事件	政策指向
1979—2000年	1979年9月，党的十一届四中全会《中共中央关于加快农业发展若干问题的决定》	有计划地发展小城镇建设，加强城市对乡村的支援。
	1980年12月，国务院批转《全国城市规划工作会议纪要》	大力发展小城镇，应当通过经济建设发展小城市。国家安排新建项目，应优先在设市建制的小城市和资源、地理、交通、协作条件好的小城镇选厂定点。
	1982年12月，全国人大五届五次会议通过《中华人民共和国宪法》（1982年）	县、自治县分为乡、民族乡、镇，取消人民公社，乡、镇为基层行政单位。

续表

时间	主要标志事件	政策指向
1979—2000年	1983年10月，中共中央、国务院《关于实行政社分开、建立乡政府的通知》	撤销人民公社，重新恢复乡镇建制。
	1984年11月，国务院批转民政部《关于调整建镇标准的报告》	放宽建镇标准、实行镇管村体制。
	1994年9月，国家12个部委联合发布《关于加强小城镇建设的若干意见》	积极引导、稳步发展、注重实效。
	1996年3月，党的十四届五中全会通过《中华人民共和国国民经济和社会发展"九五"计划和2010年远景目标纲要》	加强乡村基础设施建设，有序发展一批小城镇，逐步形成大中小城市和城镇规模适度布局和结构合理的城镇体系。
	1998年10月，党的十五届三中全会《中共中央关于农业和农村工作若干重大问题的决定》	小城镇、大战略。大力发展乡镇企业，多渠道转移农业富余劳动力。立足农村，向生产的深度和广度进军，发展二、三产业，建设小城镇。开拓农村广阔的就业门路，同时适应城镇和发达地区的客观需要，引导农村劳动力合理有序流动。

三、我国城镇化发展的稳妥推进阶段

第三阶段：稳妥推进阶段（见表2-3）。

进入21世纪后，我国展现出更加强劲的发展势头，举国上下一片繁荣。城镇的发展在此大背景下也进入了稳妥推进阶段。2000年6月，中共中央、国务院颁布的《关于促进小城镇健康发展的若干意见》中就明确提到了转变小城镇战略地位、发展机制和方式等内容。加快我国城镇化进程，实现城镇

化与工业化协调发展，将一部分基础较好的小城镇建设成为规模适度、规划科学、功能健全、环境整洁、具有较强辐射能力的农村区域性经济文化中心。其中少数具备条件的小城镇要发展成为带动能力更强的小城市，使全国城镇化水平有一个明显的提高。这是首次提到城镇化的问题，表明城镇的发展已经呈现一定规模，此阶段城镇发展的重心不在广度而在深度，不再只看数量而是看发展质量。对城镇纵深发展在其规模、功能、辐射力等方面提出了具体要求。2000年10月党的十五届五次会议上通过了《中共中央关于制定国民经济与社会发展第十个五年计划的建议》（以下简称《建议》），《建议》中明确指示要积极稳妥地推进城镇化。城镇在国家政策的指导下按照预期稳步发展，"十五"计划的目标实现后国家在"十一五"规划中继续提出更高要求。2006年3月，《中华人民共和国国民经济和社会发展第十一个五年规划纲要》出台，提出了推进城镇化"城市群"的主体形态的概念。在城镇发展已具规模的形势下建设部、科学技术部于2006年4月联合颁布《小城镇建设技术政策》，技术性指导小城镇健康发展。城镇化的迅速推进带动了经济快速增长，但也带来了生态环境问题，这就影响了城镇化的可持续发展。城镇的发展必须与绿色环保同向同行，城镇的社会、经济活动的开展要与其自身的环境基础相匹配，不能以牺牲环境为代价发展城镇。2011年6月，财政部、住房城乡建设部发布了《财政部　住房城乡建设部关于绿色重点小城镇实践示范的实施意见》，文件中强调了注重城乡协调和一体化发展，营造城乡一元体系。

表2-3　我国城镇化发展的稳妥推进阶段

时间	主要标志事件	政策指向
2000—2014年	2000年6月，中共中央、国务院颁布《关于促进小城镇健康发展的若干意见》	加快我国城镇化进程，实现城镇化与工业化协调发展，将一部分基础较好的小城镇建设成为规模适度、规划科学、功能健全、环境整洁、具有较强辐射能力的农村区域性经济文化中心，其中少数具备条件的小城镇要发展成为带动能力更强的小城市，使全国城镇化水平有一个明显的提高。

续表

时间	主要标志事件	政策指向
2000—2014 年	2000 年 10 月，党的十五届五次会议通过《中共中央关于制定国民经济与社会发展第十个五年计划的建议》	积极稳妥地推进城镇化。
	2001 年 7 月，民政部等《关于乡镇行政区划调整工作的指导意见》	乡镇行政区划调整，优化小城镇体系结构，促进小城镇建设。
	2006 年 3 月，《中华人民共和国国民经济和社会发展第十一个五年规划纲要》	推进城镇化"城市群"的主体形态。
	2006 年 4 月，建设部、科学技术部联合颁布《小城镇建设技术政策》	技术性指导小城镇健康发展。
	2011 年 6 月，财政部、住房建设部颁布《财政部 住房城乡建设部关于绿色重点小城镇实践示范的实施意见》	注重城乡协调和一体化发展，营造城乡一元体系。

四、我国城镇化发展的特色发展阶段

第四阶段：特色发展阶段（见表 2-4）。

随着 2014 年 3 月中共中央、国务院颁布《国家新型城镇化规划（2014—2020）》，国家开始重点发展小城镇，我国的城镇化进入特色发展阶段，并且接下来的几年间国家多部委纷纷下文指导城镇发展。2014 年浙江省杭州市云栖小镇首先提到了"特色小镇"这一概念，这种创新经济模式是以块状经济和县域经济为基础发展形成的，是供给侧结构性改革的浙江探索。在此之后，住房和城乡建设部、国家发展和改革委员会（以下简称"国家发展改革委"）、财政部于 2016 年 7 月联合印发《关于开展特色小镇培育工作的通知》，开始提出培育特色小镇，以先进典型引领全国，不断提高特色小镇的建设水

平和发展质量。2016年10月，国家发展改革委发布《关于加快美丽特色小（城）镇建设的指导意见》，将浙江等地特色小镇发展模式推广至全国，以发展特色小镇推动供给侧结构性改革，同时还在金融领域提供了政策性的扶持。2016年10月，住房和城乡建设部、中国农业发展银行联合颁布《关于推进政策性金融支持小城镇建设的通知》，通过发挥政策性信贷资金的作用来推动发展小城镇。2017年1月，住房和城乡建设部与国家开发银行股份有限公司联合发布《关于推进开发性金融支持小城镇建设的通知》，在政策性信贷资金的基础上又以开发性金融支持的形式推动小城镇建设，这不仅是推动小城镇建设的重要手段，更是落实供给侧结构性改革的重要举措。在支持小城镇建设的同时，我国也打响了脱贫攻坚的战役，探索多种类型的政府与社会资本合作模式（public private partnership, PPP），引入大型企业参与投资，引导社会资本广泛参与，国家发展改革委、国家开发银行于2017年2月发布了《关于开发性金融支持小（城）镇建设促进脱贫攻坚的意见》。2017年4月，住房和城乡建设部、中国建设银行联合发布了《关于推进商业金融支持小城镇建设的通知》，以政策的形式鼓励小城镇将获取的商业金融资金用于支持改善基础设施、促进特色发展工程、运营管理融资。在多项政策的支持下，各地特色小镇蓬勃发展。为鼓励并监督特色小镇健康发展，住房和城乡建设部村镇建设司于2017年7月发布了《关于拟公布第二批全国特色小镇名单的公示》，将北京市怀柔区雁栖镇等276个镇认定为第二批全国特色小镇。截至2018年2月，全国两批特色小镇试点共403个，加上各地方创建的省级特色小镇，特色小镇总量超过2000个。基于此，为保证特色小镇的高质量发展，国家发展改革委于2018年8月颁布了《国家发展改革委办公厅关于建立特色小镇和特色小城镇高质量发展机制的通知》（以下简称《通知》），《通知》中明确表述在创建名单中，逐年淘汰住宅用地占比过高、有房地产化倾向的不实小镇及特色不鲜明、产镇不融合、破坏生态环境的问题小镇；对创建名单外的小镇和小城镇，加强监督检查整改。同时，建立典型经验推广机制。为支持特色小镇的有序发展，坚持政府引导、市场化运作，2019年3月，国家发展改革委发布了《2019

年新型城镇化建设重点任务》，组织制定特色小镇标准体系，适时健全支持特色小镇有序发展的体制机制和政策措施。同时全面开展特色小城镇建设情况调查评估。为加强对特色小镇发展的顶层设计、激励约束和规范管理，2020年9月，国家发展改革委发布了《关于促进特色小镇规范健康发展的意见》。2021年9月，国家发改委、国家体育总局等十部门印发《全国特色小镇规范健康发展导则的通知》（以下简称《导则》），明确要求加强对特色小镇发展的指导引导、规范管理和激励约束，围绕特色小镇发展定位、空间布局、质量效益、管理方式和底线约束等方面，提出具有普适性和操作性的基本指引。

表2-4　我国城镇化发展的特色发展阶段

时间	主要标志事件	政策指向
2014—2021年	2014年3月，中共中央、国务院颁布《国家新型城镇化规划（2014—2020）》	有重点地发展小城镇。
	2016年7月，住房城乡建设部、国家发展改革委、财政部联合颁布《关于开展特色小镇培育工作的通知》	培育特色小镇，以先进典型引领全国，不断提高特色小镇的建设水平和发展质量。
	2016年10月，国家发展改革委颁布《关于加快美丽特色小（城）镇建设的指导意见》	发展特色小镇推动供给侧结构性改革。
	2016年10月，住房和城乡建设部、中国农业发展银行联合颁布《关于推进政策性金融支持小城镇建设的通知》	通过发挥政策性信贷资金的作用发展小城镇。
	2017年1月，住房和城乡建设部、国家开发银行股份有限公司联合发布《关于推进开发性金融支持小城镇建设的通知》	开发性金融支持是推动小城镇建设的重要手段、落实供给侧结构性改革的重要举措。

续表

时间	主要标志事件	政策指向
2014—2021 年	2017 年 2 月，国家发展改革委、国家开发银行发布《关于开发性金融支持小（城）镇建设促进脱贫攻坚的意见》	探索多种类型的政府与社会资本合作模式，引入大型企业参与投资，引导社会资本广泛参与。
	2017 年 4 月，住房和城乡部、中国建设银行发布《关于推进商业金融支持小城镇建设的通知》	支持改善基础设施、支持促进特色发展工程、支持运营管理融资。
	2017 年 7 月，住房和城乡建设部村镇建设司发布《关于拟公布第二批全国特色小镇名单的公示》	将北京市怀柔区雁栖镇等 276 个镇认定为第二批全国特色小镇。
	2018 年 8 月，国家发展改革委颁布《国家发展改革委办公厅关于建立特色小镇和特色小城镇高质量发展机制的通知》	在创建名单中，逐年淘汰住宅用地占比过高、有房地产化倾向的不实小镇及特色不鲜明、产镇不融合、破坏生态环境的问题小镇；对创建名单外的小镇和小城镇，加强监督检查整改。同时，建立典型经验推广机制。
	2019 年 3 月，国家发展改革委发布《2019 年新型城镇化建设重点任务》	支持特色小镇有序发展，坚持政府引导，市场化运作。组织制定特色小镇标准体系，适时健全支持特色小镇有序发展的体制机制和政策措施。全面开展特色小城镇建设情况调查评估。
	2020 年 9 月，国家发展改革委发布《关于促进特色小镇规范健康发展的意见》	加强对特色小镇发展的顶层设计、激励约束和规范管理。
	2021 年 9 月，国家发展改委委、国家体育总局等十部门印发《全国特色小镇规范健康发展导则的通知》	加强对特色小镇发展的指导引导、规范管理和激励约束，围绕特色小镇发展定位、空间布局、质量效益、管理方式和底线约束等方面，提出具有普适性和操作性的基本指引。

● 第三节 体育特色小镇的演进过程 ●

特色小镇经历了四个发展阶段之后,体育特色小镇应运而生。体育特色小镇始创于浙江,并依靠雄厚的经济实力和发展基础助推,体育特色小镇建设蓬勃发展。2017 年 5 月,国家体育总局办公厅发布了 73 号文件,正式提出并确定了体育特色小镇发展的方向:政府引导,市场主导,统筹利用各类社会资源,助力新型城镇化和健康中国建设,促进脱贫攻坚工作。此后,针对特色小镇及体育特色小镇现实发展中的困境,相关部门陆续发布了多个政策文件进行指引和纠偏。2021 年 9 月,由国家发展改革委、国家体育总局等 10 个部门联合印发《导则》,为加强对特色小镇发展的指导引导、规范管理和激励约束,结合各地区各有关部门实践探索,重点围绕特色小镇发展定位、空间布局、质量效益、管理方式和底线约束等方面,提出具有普适性和操作性的基本指引。随《导则》一并印发的《主要类型特色小镇建设规范要求》中对体育运动类特色小镇提出了更高要求,重点提高人民身体素质和健康水平,针对发展特色体育项目、培育重点业态、打造体育消费集聚区和竞赛基地等方面提出了具体的要求,强调科学配置并夯实体育特色小镇公共体育服务设施。自此,体育特色小镇走向规范健康发展之路(见表 2-5)。

表 2-5 我国体育特色小镇发展演进

时间	主要标志事件	政策指向
2017—2021 年	2017 年 5 月,国家体育总局办公厅发布《关于推进运动休闲特色小镇建设工作的通知》	助力新型城镇化和健康中国建设,促进脱贫攻坚工作,以运动休闲为主题打造的具有独特体育文化内涵、良好体育产业基础。
	2017 年 8 月,体育总局办公厅印发《关于公布第一批运动休闲特色小镇试点项目名单的通知》	为进一步推进运动休闲特色小镇健康、规范、高质量发展。

续表

时间	主要标志事件	政策指向
2017—2021 年	2019 年 3 月，体育总局办公厅《运动休闲特色小镇试点项目建设工作指南》	遵守刚性约束、坚持合理布局、培育产业核心、推进规划工作和明确职责分工等五方面，要求严守"四条底线"，避免"五种类型"。
	2020 年 9 月，国家发展改革委《关于促进特色小镇规范健康发展的意见》	加强对特色小镇发展的顶层设计、激励约束和规范管理。
	2021 年 9 月，国家发展改革委、国家体育总局等 10 个部门联合印发《全国特色小镇规范健康发展导则的通知》	随文件一并印发的《主要类型特色小镇建设规范性要求》，共列出了九类特色小镇，其中就有体育运动类小镇，鼓励发展球类、冰雪、水上、山地户外、汽车摩托车、马拉松、自行车、武术等八类项目。

第三章 体育特色小镇发展基础

体育特色小镇的出现离不开国家经济社会的发展。新中国成立以来，党和国家陆续颁布的大量政策法规和指导性文件不仅推动了我国经济社会的发展，也对体育特色小镇的出现和发展提供了重要的基础指导。因此，本章主要通过对新中国成立后小城镇发展的战略政策、规划政策、行政管理政策、社会政策、人口政策、土地政策和产业政策等政策演进进行梳理，探讨我国体育特色小镇的发展基础。

第一节 战略政策发展基础及其演进

随着城镇发展战略政策的落地实施，小城镇的发展逐步受到重视，战略地位逐渐增强，区域的重要性开始被重视起来，城乡开始形成联动发展趋势，使城镇密集区、都市连绵区发展成为可能，城镇空间规模逐渐扩大，并向集约化发展，城镇形态由散落的点状向网络状发展（见表3-1）。

表 3-1 我国培育特色小镇的战略政策发展基础及其演进

序号	发布时间	发布机构	文件名	核心内容
1	1978 年 4 月	国务院	《关于加强城市建设工作的意见》	城市在国民经济发展中的重要地位和作用，要求城市适应国民经济发展的需要，提出了城市整顿工作的一系列方针、政策。这次会议是城市建设历史性转折的一个新起点。
2	1979 年 9 月	中共中央	《中共中央关于加快农业发展若干问题的决定》	虽然我国农业近 20 年的发展速度不快，但发展农业的有利条件很多，不断研究新问题，总结新经验，就能够实现农业现代化的伟大目标；各级党委和政府要加强对农业的领导，从根本上改进领导作风和领导方法，加强学习，在实践中增长领导现代化大农业的才干。
3	1980 年 12 月	国务院	《全国城市规划工作会议纪要》	提出了"控制大城市规模，合理发展中等城市，积极发展小城市"的方针。
4	1993 年 9 月	建设部等 6 个部委	《关于加强小城镇建设的若干意见》	确定了以小城镇建设为重点的村镇建设发展目标，提出了到 21 世纪末中国小城镇建设发展目标。
5	1998 年 10 月	中共中央	《中共中央关于农业和农村工作若干重大问题的决定》	强调以公有制为主体，多种所有制经济共同发展的基本经济制度，以家庭承包经营为基础、统分结合的经营制度，以劳动所得为主和按生产要素分配相结合的分配制度，必须长期坚持。
6	2000 年 6 月	中共中央、国务院	《关于促进小城镇健康发展的若干意见》	加快城镇化进程的时机和条件已经成熟。适时引导小城镇健康发展，抓住机遇，应当作为当前和今后较长时期农村改革与发展的一项重要任务。
7	2000 年 10 月	中共中央	《中共中央关于制定国民经济和社会发展第十个五年计划的建议》	发展小城镇是我国城镇化的重要途径，要继续推进小城镇发展。

序号	发布时间	发布机构	文件名	核心内容
8	2001 年 3 月	中共中央	《中华人民共和国国民经济和社会发展第十个五年计划纲要》	西部小城镇的开发得到了政策支持，区域经济得以协调发展。
9	2002 年 11 月	中共中央	《全面建设小康社会，开创中国特色社会主义事业新局面》	坚持大中小城市和小城镇协调发展，走中国特色的城镇化道路，强调发展特色优势产业。
10	2006 年 3 月	中共中央	《中华人民共和国国民经济和社会发展第十一个五年规划纲要》	必须促进城乡区域协调发展。要从社会主义现代化建设全局出发，统筹城乡区域发展。促进城镇化健康发展。落实区域发展总体战略，形成东中西优势互补、良性互动的区域协调发展机制。
11	2011 年 3 月	中共中央	《中华人民共和国国民经济和社会发展第十二个五年规划纲要》	再次强调统筹城乡发展，并提出优化格局，促进区域协调发展。加快消除约束城乡协调发展的体制性障碍，促进城乡之间均衡协调，生产要素在城乡之间自由流动。统筹城乡发展规划，促进城乡基础设施、公共服务，社会管理一体化。完善城乡平等的要素交换关系，促进土地增值收益和农村存款主要用于农业农村。
12	2016 年 3 月	中共中央	《中华人民共和国国民经济和社会发展第十三个五年规划纲要》	推进新型城镇化。坚持以人的城镇化为核心，以城市群为主体形态，以城市综合承载能力为支撑，以体制机制创新建设为保障，加快新型城镇化步伐，提高社会主义新农村建设水平，努力缩小城乡发展差距，推进城乡发展一体化。

　　1976 年 6 月，联合国召开"人类住区会议"，号召发展小城镇，自此小城镇的发展战略开始得到世界范围的认同。1978 年 3 月，国务院在第三次城市工作会议上提出发展小城镇并确立了小城镇的发展地位。1979 年 9 月，党的十一届四中全会通过了《中共中央关于加快农业发展若干问题的决定》，自此小城镇的建设变得有计划性，同时加强了城市对乡村的支援，城市和乡村开始有了密切联系，出现了乡村向城市靠拢、大城市周边卫星城兴起的势头。1980 年 12 月，国务院批转了《全国城市规划工作会议纪要》，此文件倡导大力发展小城镇、积极发展小城镇。1993 年 9 月，建设部召开全国村镇建设工作会议，会议上确立了以小城镇为重点的村镇建设方针，提出了到 20 世纪末的中国小城镇建设发展目标。这一会议使小城镇发展目标有了具体量化，发展战略亦由理论转为现实。1998 年 10 月，党的十五届三中全会通过了《中共中央关于农业和农村工作若干重大问题的决定》，自此，由小城镇引发的大战略带动了农村经济和社会的重大发展，推动了小城镇的强劲发展。1999 年 11 月，中央经济工作会议上公布的《中央经济工作会议公报》中继续强调发展小城镇是个大战略，小城镇发展再次上升到战略地位。2000 年 6 月，国务院在《关于促进小城镇健康发展的若干意见》中指出，发展小城镇是带动农村经济和社会发展的一个大战略，要健康发展小城镇。2000 年 10 月，党的十五届五中全会上通过了《建议》，《建议》中倡导积极稳妥推进城镇化，指出发展小城镇是我国城镇化的重要途径，要继续推进小城镇发展。2001 年 3 月全国人大第九届四次会议上通过的《中华人民共和国国民经济和社会发展第十个五年计划纲要》对西部大开发战略再次进行了具体部署，西部小城镇的开发得到了政策支持，有了助资、引导，区域经济得以协调发展。2002 年 11 月，《全面建设小康社会，开创中国特色社会主义事业新局面》中提到坚持大中小城市和小城镇协调发展，走中国特色的城镇化道路，强调发展特色优势产业，自此，小城镇的发展再度得到重视。2003 年 10 月，胡锦涛同志在党的十六届三中全会上的讲话中提出以科学发展观促进小城镇健康发展。2006 年 3 月，全国人大十届四次会议上通过了《中华人民共和国国民经济和社会发展

第十一个五年规划纲要》（以下简称《纲要》），《纲要》中强调了区域协调发展、统筹城乡区域发展。2011年3月，全国人大十一届四次会议通过了《中华人民共和国国民经济和社会发展第十二个五年规划纲要》，再次强调统筹城乡发展，并提出优化格局，促进区域协调发展。2016年3月，全国人大十二届四次会议通过了《中华人民共和国国民经济和社会发展第十三个五年规划纲要》，在继续坚持大中小城市和小城镇协调发展的基础上，提出要把城市群作为推进城镇化的主体形态。

● 第二节　规划政策发展基础及其演进 ●

　　自从中华人民共和国自然资源部成立，我国小城镇的形态发展扩张更加合理有序，城乡区域联动发展，政府形成了对国土空间的现状和未来统筹管理、对国土空间实施全域全类型管理及对具有"三生"功能用地实行精细管理，从此小城镇发展迈入了规划时代。小城镇发展实现了国家自然资源统一管理、建立国土空间开发保护制度的一项重要基础性标准，对履行"两统一"和"多规合一"职责具有长远的历史意义（见表3-2）。

　　1981年，中国建筑科学研究院发布了《村镇规划讲义》，普及了村镇规划教育知识，为培养规划专业人才、保证规划质量打下基础。1982年1月中华人民共和国国家基本建设委员会、国家农业委员会发布《村镇规划原则（试行）》，明确了村镇规划的依据、指导思想、阶段和内容。1983年，建设部在"全国村镇建设学术讨论会"上开展了村镇建设的多学科、综合性学术讨论，推动了村镇建设事业的蓬勃发展，村镇间相互借鉴建设经验、吸取教训，谋求共同发展进步。1986年6月，全国人大常委会六届十六次会议通过《中华人民共和国土地管理法》（以下简称《土地管理法》），后经多次修正修订：1988年12月第一次修正，1998年8月29日修订，2004年8月第二次修正，2019年8月第三次修正。对土地的所有权和使用权、土地利用规则、耕地保护、

表 3-2 我国体育特色小镇的规划政策发展基础及其演进

序号	发布时间	发布机构	文件名	核心内容
1	1982 年 1 月	国家基本建设委员会、国家农业委员会	《村镇规划原则(试行)》	村镇建设规划是在村镇总体规划的指导下对镇区或村庄建设进行的具体安排,分为镇区建设规划和村庄建设规划;以村镇总体规划为依据,确定镇区或村庄建设的性质和发展方向,预测人口和用地规模、结构,进行用地布局,合理配置各项基础设施和主要公共建筑,安排主要建设项目的时间顺序,并具体落实近期建设项目。
2	1986 年 6 月通过,1988 年 12 月第一次修正,1998 年 8 月第一次修订,2004 年 8 月第二次修正,2019 年 8 月第三次修正	中共中央	《土地管理法》	为了加强土地管理,维护土地的社会主义公有制,保护、开发土地资源,合理利用土地,切实保护耕地,促进社会经济的可持续发展,国家编制土地利用总体规划,规定土地用途,将土地分为农用地、建设用地和未利用地。严格限制农用地转为建设用地,控制建设用地总量,对耕地实行特殊保护。
3	1991 年 8 月	建设部	《建设项目选址规划管理办法》	建设项目与城市规划布局的协调,建设项目与城市交通、通信、能源、市政、防灾规划的衔接与协调,建设项目配套的生活设施与城市生活居住及公共设施规划的衔接,建设项目对于城市环境可能造成的污染影响及与城市环境保护规划和风景名胜、文物古迹保护规划的协调。
4	1993 年 6 月	国务院	《村庄和集镇规划建设管理条例》	村庄、集镇规划区指村庄、集镇建成区和因村庄、集镇建设及发展需要实行规划控制的区域。村庄、集镇规划区的具体范围在村庄、集镇总体规划中划定。村庄、集镇规划建设管理,应当坚持合理布局,节约用地的原则,正确引导,依靠群众,自力更生,因地制宜,量力而行,逐步建设,实现经济效益、社会效益和环境效益的统一。

序号	发布时间	发布机构	文件名	核心内容
5	1994年6月	建设部	《村镇规划标准》	村镇分级。按地位和职能宜分为基层村、中心村、一般镇、中心镇四个层次；按规划常住人口数量，分为大、中、小型三级。村镇建设用地应包括居住建筑用地、公共建筑用地、生产建筑用地、仓储用地、对外交通用地、道路广场用地、公用工程设施用地和绿化用地八大类。
6	1995年6月	建设部	《建制镇规划建设管理办法》	建制镇指国家按行政建制设立的镇，不含县城关镇；建制镇规划区指镇政府驻地的建成区和因建设及发展需要实行规划控制的区域。建制镇规划区的具体范围，在建制镇总体规划中划定；建制镇企业适当集中建设，农村富余劳动力向非农产业转移，为促进乡村城市化提供服务，加快农村城市化进程。建制镇建设应当坚持合理布局，节约用地的原则，全面规划，正确引导，依靠群众，自力更生，因地制宜，逐步建设，实现经济效益、社会效益和环境效益的统一。
7	1998年11月	国务院	《建设项目环境保护管理条例》	为了防止建设项目产生新的污染、破坏生态环境，要求建设项目产生的污染，必须遵守污染物总量控制的国家标准和地方标准；在实施建设项目重点污染物排放总量控制的区域内，还必须符合重点污染物排放总量控制指标要求。要求工业建设项目应当采用能耗物耗小、污染物产生量少的清洁生产工艺，合理利用自然资源，防止环境污染和生态破坏。要求改建、扩建项目必须采取措施，治理与该项目有关的原有环境污染和生态破坏。

续表

序号	发布时间	发布机构	文件名	核心内容
8	1998 年 12 月	国务院	《基本农田保护条例》	基本农田指按照一定时期人口和社会经济发展对农产品的需求，依据土地利用总体规划确定的不得占用的耕地；基本农田实行特殊保护区依照法定程序确定的特定保护区域，合理利用、用养结合、严格保护。对基本农田保护依据土地利用总体规划实行全面规划、合理利用、严格保护的方针。
9	2000 年 2 月	建设部	《村镇规划编制办法》	促进小城镇健康发展，规范村镇规划编制工作，提高村镇规划的质量。综合评价乡（镇）发展条件；确定乡（镇）的性质和发展方向；预测乡（镇）行政区域内的人口规模和结构；拟定各村镇的性质、规模和主要公共建筑，指导村镇区建设规划的编制。布置基础设施和主要公共建筑，指导村庄建设规划的编制。
10	2006 年 4 月	建设部和科技部	《小城镇建设技术政策》	为贯彻落实科学发展观，促进大中小城市与小城镇协调发展，加强对小城镇建设技术发展的指导，为地方建设行政主管部门指导小城镇规划、建设和管理提供了政策依据，为地方科技行政主管部门组织研究开发适用于小城镇的先进适用技术提供了应遵循的原则。
11	2006 年 7 月	建设部	《县域村镇体系规划编制暂行办法》	为了统筹县域城乡健康发展，加强县域村镇的协调布局，规范县域村镇体系规划的编制，提高规划的科学性和严肃性，根据国家有关法律法规的规定，制定本办法。指导村镇发展和建设，促进城乡经济、社会和环境协调发展，是政府调控县域村镇空间资源的重要手段。

续表

序号	发布时间	发布机构	文件名	核心内容
12	2007年1月	建设部	《镇规划标准》	为了科学地编制镇规划，加强规划建设和组织管理，促进城乡经济、社会和环境的协调发展，创造良好的劳动和生活条件，对城乡规划区、镇区、村庄、镇域、中心村、基层村进行了定义。
13	2007年10月	中共中央	《中华人民共和国城乡规划法》	为了加强城乡规划管理，协调城乡空间布局，改善人居环境，促进城乡经济社会全面协调可持续发展，城乡规划包括城镇体系规划、城市规划、镇规划、乡规划和村庄规划。规划区指规划实行规划控制的区域。规划区的具体范围由有关人民政府在组织编制的城市总体规划、镇总体规划中，根据城乡经济社会发展水平和统筹城乡发展的需要划定。制定和实施城乡规划，应当遵循城乡统筹、合理布局、节约土地、集约发展的原则，改善生态环境，促进资源、能源节约和综合利用，保护耕地等自然资源和历史文化遗产，并符合区域人口发展、国防建设、防灾减灾和公共卫生、公共安全的需要。保护地方特色、民族特色和传统风貌，防止污染和其他公害。
14	2008年2月	国土资源部	《工业项目建设用地控制指标》	工业项目建设用地控制指标指对工业项目建设所需用地的规划、设计、建设、管理及使用过程中，对其用地范围、分布、形状、限度，用途等方面的限制和要求。其目的是保障土地资源的合理利用，促进工业经济的健康发展，减少对环境的影响。
15	2008年4月	国务院	《历史文化名城名镇名村保护条例》	为了加强历史文化名城、名镇、名村的保护与管理，继承中华民族优秀历史文化遗产，制定本条例。历史文化名城、名镇、名村的保护应当遵循科学规划，严格保护的原则，保持和延续其传统格局和历史风貌，维护历史文化遗产的真实性和完整性，继承和弘扬中华民族优秀传统文化，正确处理经济社会发展和历史文化遗产保护的关系。

续表

序号	发布时间	发布机构	文件名	核心内容
16	2010 年 11 月	住房城乡建设部	《镇（乡）域规划导则（试行）》	为适应我国农村地区发展需要，充分发挥乡镇规划对村镇建设的引导作用，规范和加强镇（乡）域规划的编制和实施管理，促进镇（乡）域经济、社会和环境的协调发展。
17	2010 年 12 月	住房城乡建设部	《城市、镇控制性详细规划编制审批办法》	为了规范城市、镇控制性详细规划编制和审批工作。编制控制性详细规划，应当综合考虑当地资源条件、环境状况、历史文化遗产、公共安全及土地权属等因素，满足城市地下空间利用的需要，妥善处理近期与长远、局部与整体、发展与保护的关系。
18	2010 年 12 月	住房城乡建设部	《城市用地分类与规划建设用地标准》	城乡用地和城市建设用地的分类、规划和地的结构、人均单项城市建设用地标准及规划城市建设用地的编制，用地统计和用地统计适用于城市总体规划，县人民政府所在地镇及其他有条件的镇可参照执行。该标准适用于城市总体规划、控制性详细规划的编制。
19	2011 年 6 月	财政部、住房城乡建设部	《关于绿色重点小城镇试点示范的实施意见》	按集约节约、功能完善、宜居宜业、特色鲜明的总体要求，促进小城镇健康发展，通过加强政策扶持与引导，创建一批生态环境良好、人居环境优良、基础设施完善、管理机制健全、经济社会发展协调的绿色重点小城镇，切实为提高小城镇建设的质量和水平提供示范，为我国国情的绿色重点小城镇建设发展模式积累经验。
20	2016 年 2 月	国务院	《关于进一步加强城市规划建设管理工作的若干意见》	牢固树立和贯彻落实创新、协调、绿色、开放、共享的发展理念，尊重、顺应城市发展规律，更好发挥法治的引领和规范作用，依法规划、建设和管理城市，贯彻"适用、经济、绿色、美观"的建筑方针，着力转变城市发展方式，着力塑造城市特色风貌，着力提升城市环境质量，着力创新城市管理服务，走出一条中国特色城市发展道路。

29

续表

序号	发布时间	发布机构	文件名	核心内容
21	2019年5月	中共中央、国务院	《关于建立国土空间规划体系并监督实施的若干意见》	建立国土空间规划体系并监督实施，将主体功能区规划、土地利用规划、城乡规划等空间规划融合为统一的国土空间规划，强化国土空间规划对各专项规划的指导约束作用。实现"多规合一"。
22	2019年11月	中共中央办公厅、国务院办公厅	《关于在国土空间规划中统筹划定落实三条控制线的指导意见》	到2020年年底，结合国土空间规划编制，完成三条控制线划定落地，协调解决矛盾冲突，纳入全国统一、多规合一的国土空间基础信息平台，形成一张底图，实行严格管控。到2035年，通过加强国土空间规划实施管理，严守三条控制线，引导形成科学适度有序的国土空间布局体系。
23	2020年11月	自然资源部办公厅	《国土空间调查、规划、用途管制用地用海分类指南（试行）》	在整合原《土地利用现状分类》等分类基础上，建立全国统一的国土空间用途管制用地用海分类，明确了国土空间调查、规划、用途管制的基本要求，提出了国土空间用途管制调查、规划、用途管制用地用海分类的总体框架及各类用地用海分类的名称、代码与含义。主要内容包括：总则、一般规定、用地用海分类。

建设用地等做出相应规定，其主要目的是加强土地管理，保护、开发土地资源，合理利用土地，切实保护耕地，促进社会经济的可持续发展。1991年8月，建设部颁布了《建设项目选址规划管理办法》，建设项目选址、用地范围和具体规划要求、项目建设规划管理有了依据。1993年6月，国务院通过了《村庄和集镇规划建设管理条例》（以下简称《条例》），规范了村庄、集镇的规划与建设标准和管理办法，《条例》成为规划与建设管理的依据。1994年6月，建设部通过了《村镇规划标准》，明确了建制镇、集镇和村庄的规划编制内容、要求和规划标准。1994年，建设部还颁布了《城镇体系规划编制审批办法》，用以引导和控制区域城镇的合理发展与布局、区域共同发展。1995年6月，建设部通过《建制镇规划建设管理办法》加强了建制镇（不含县城镇）规划建设管理，实现了依法管理。1998年11月，国务院通过《建设项目环境保护管理条例》，明确了建设项目的环境影响评价、环境保护及其设施建设要求，成为规划和实施的依据。1998年12月，国务院颁布《基本农田保护条例》，使基本农田的划定、保护和监督管理有了规划依据。2000年2月，建设部以《村镇规划编制办法》针对村镇的现状，提出总体规划、建设规划编制的内容和要求，为规划编制提供依据。2002年，中国城市规划设计研究院等部门出版了《小城镇规划标准研究》，该书提供了小城镇的规划编制等方面标准的研究，为规范制定和规划实施提供借鉴。2006年4月，建设部、科学技术部联合发布《小城镇建设技术政策》，提出了小城镇发展建设的政策措施和技术要求，用以促进小城镇的合理有序发展。2006年7月，建设部通过《县域村镇体系规划编制暂行办法》，用以引导和调控县域村镇的合理发展与空间布局，促进城乡可持续发展。2007年1月，建设部通过《镇规划标准》对建制镇的用地分类、规划布局、设施配置等提出了规划标准，使小城镇发展的规则有了建设依据。2007年10月，全国人大常委会十届三十次会议通过了《中华人民共和国城乡规划法》，旨在协调城乡空间布局，改善人居环境，促进城乡经济社会全面协调可持续发展。2008年4月，国务院通过了《历史文化名城名镇名村保护条例》，2022年完成了对此条例的修订。明确了历史文化名城、名镇、名村的申报、批准规划、保护的内容和要求。历史文化名城、名镇、名村的

保护与发展有了统筹规划。2008年2月，国土资源部颁发了《工业项目建设用地控制指标》，明确了工业项目及其配套工程在土地利用上进行控制的标准，促进了建设用地的集约利用和优化配置。2009年，中国城市规划设计研究院等部门颁发了《小城镇规划及相关技术标准研究》，开始了小城镇规划标准及相关技术纵深层次理论研究与应用实践，并用于指导规划建设。2010年11月，住房城乡建设部颁布的《镇（乡）域规划导则（试行）》提出了镇（乡）域规划的内容与要求，成为小城镇发展的规划依据。2010年12月，住房城乡建设部在《城市、镇控制性详细规划编制审批办法》中明确控制性详细规划标准的基本内容、审批办法，成为编制和审批的工作依据。2011年6月，财政部、住房城乡建设部发布了《关于绿色重点小城镇试点示范的实施意见》（以下简称为《意见》），《意见》提出按照集约节约、功能完善、宜居宜业、特色鲜明的总体要求建设示范城镇，引导城乡建设模式转型。2010年12月，住房城乡建设部发布了《城市用地分类与规划建设用地标准》，旨在构筑城乡用地分类体系、城市建设用地分类体系，明确规划建设用地的控制标准，为小城镇用地规划和建设提供依据和标准。2016年2月，国务院发布《关于进一步加强城市规划建设管理工作的若干意见》，有序实施城市修补和有机更新，解决老城区环境品质下降、空间秩序混乱、历史文化遗产损毁等问题，促进建筑物、街道立面、天际线、色彩和环境更加协调、优美。通过维护加固老建筑、改造利用旧厂房、完善基础设施等措施，恢复老城区功能和活力。2019年5月，中共中央、国务院印发的《关于建立国土空间规划体系并监督实施的若干意见》中提出了建立"规划编制审批体系、实施监督体系、法规政策体系和技术标准体系"的要求，2019年11月，中共中央办公厅、国务院办公厅印发的《关于在国土空间规划中统筹划定落实三条控制线的指导意见》中进一步提出了"统一底图、统一标准、统一规划、统一平台"的要求。2020年11月17日，自然资源部办公厅发布的《国土空间调查、规划、用途管制用地用海分类指南（试行）》中明确提出，国土空间调查、规划、用途管制用地用海分类应遵循的总体原则与基本要求，提出了国土空间调查、规划、用途管制用地用海分类的总体框架及各类用途的名称、代码与含义。

第三节　行政管理政策发展基础及其演进

随着城镇行政管理政策的施行和标准的确定，镇作为基层行政单位逐渐得到明确、认可，镇设置标准也根据发展需要不断更新调整，小城镇数量，规模增长开始合理化，小城镇形态由单一形式向多维复杂方向发展（见表3-3）。

1950年12月，由政务院颁布的《乡（行政村）人民政府组织通则》明确了镇建制的行政意义，规定了乡（行政村）为基层行政单位，确立了乡的行政地位。自此，镇作为基层行政单位逐渐得到明确、认可，镇设置标准也根据发展需要不断更新调整，小城镇数量、规模的增长开始合理化，小城镇形态由单一形式向多维复杂方向发展。1954年9月，国务院颁布了《宪法》，《宪法》中规定县、自治县分为乡、民族乡、镇，《宪法》首次明确镇为县辖基层政权，提出了行政管理体系。1958年8月，国务院通过文件《中共中央关于在农村建立人民公社问题的决议》，确定了政社合一体制、多级政府和人民公社为基层行政建制。此决议的颁布削弱了镇的地位，强调了乡和人民公社的发展。1978年3月，国务院通过《中华人民共和国宪法》（1978）明确县、自治县分为人民公社、镇，重新确立了镇的基层行政建制地位。1982年12月，国务院通过《中华人民共和国宪法》（1982）明确县、自治县分为乡、民族乡、镇，取消人民公社，确立乡、镇为基层行政单位。1983年10月，国务院在《关于实行政社分开、建立乡政府的通知》中明确撤销人民公社，重新恢复乡镇建制。1984年11月，民政部以《关于调整建镇标准的报告》宣布乡镇合并撤乡建镇，扩大了小城镇规模，增强了小城镇的行政地位。2001年7月，民政部等部门通过了《关于乡镇行政区划调整工作的指导意见》（以下简称《指导意见》），《指导意见》中明确乡镇行政区划调整，优化了小城镇体系结构，有利于促进小城镇建设（见表3-3）。

表3-3 我国体育特色小镇的行政管理政策发展基础及其演进

序号	颁（发）布时间	发布机构	文件名	核心内容
1	1950年12月	政务院	《乡（行政村）人民政府组织通则》	乡确定为我国最基层的政权。农村基层政权的组织形式和工作制度逐渐趋于规范。
2	1954年9月	国务院	《中华人民共和国宪法》	中华人民共和国的行政区域划分：县、自治县分为乡、民族乡、镇。
3	1955年6月	国务院	《国务院关于设置市、镇建制的决定》	镇，是属于县、自治县领导的行政单位。县级或者县级以上地方国家机关所在地，可以设置镇的建制；不是县级或者县级以上地方国家机关所在地，必须居民在2000人以上，有相当数量的工商业居民，并确有必要时方可设置镇的建制；少数民族地区如有相当数量的工商业居民，聚居人口虽不及2000人，确有必要时，亦得设置镇的建制。镇以下不再设乡。
4	1955年11月	国务院	《国务院关于城乡划分标准的规定》	为了让各部门业务工作进行计划、统计和其他业务工作时候有统一的依据，规定了城乡划分标准，凡符合下列标准之一的地区，都定城镇：①设置在2000人以上的地区和县（旗）以上人民委员会所在地（游牧区行政领导机关所在地的除外）；②常住人口在2000人以上，居民50%以上非农业人口的居民区。

续表

序号	颁（发）布时间	发布机构	文件名	核心内容
5	1958 年 8 月	国务院	《中共中央关于在农村建立人民公社问题的决议》	一般以一乡一社，2000 户左右较为合适。某些乡界辽阔，人烟稀少的地方，可以少于 2000 户，一乡数社，也可以由数乡并为一乡，组成一社，6000～7000 户。至于达到 10 000 户或 20 000 户以上的，也不要主动提倡，也不要去反对，但在目前也不要主动提倡。
6	1963 年 12 月	中共中央、国务院	《中共中央、国务院关于调整市镇建制，缩小城市郊区的指示》	各省、自治区应按有关规定，对现有市逐个进行审查，对不符合设市条件的市，应予撤销；市建制撤销后，应根据不同的情况，恢复原来的县或县属镇。
7	1978 年 3 月	国务院	《中华人民共和国宪法》	中华人民共和国的行政区域划分：县、自治县分为县、自治县、人民公社、镇。人民公社、镇设立人民代表大会和革命委员会。人民公社的人民代表大会和革命委员会，既是政权组织，又是集体经济的领导机构。
8	1982 年 12 月	国务院	《中华人民共和国宪法》	乡、民族乡、镇设立人民代表大会和人民政府。地方各级国家权力机关的执行机关，是地方各级国家行政机关。地方各级人民政府实行省长、市长、县长、区长、乡长、镇长负责制。乡、民族乡、镇的人民政府执行本级人民代表大会的决议和上级国家行政机关的决定和命令，管理本行政区域内的行政工作。

续表

序号	颁（发）布时间	发布机构	文件名	核心内容
9	1983年10月	国务院	《关于实行政社分开、建立乡政府的通知》	当前农村改变政社合一体制的首要任务是把政社分开，建立乡政府；同时按乡建立乡党委，并根据生产的需要和群众的意愿逐步建立乡经济组织。《通知》规定乡的规模一般以原有公社的管辖范围为基础，要求各地有领导、有步骤地搞好农村政社分开的工作，争取在1984年年底前大体完成建立乡政府的工作，改变党、政不管企和乡成企不分的状况。
10	1984年11月	民政部	《关于调整建镇标准的报告》	为了适应城乡经济发展的需要，适当放宽建镇标准，实行镇管村体制，对于加速小城镇的建设和发展，逐步缩小城乡差别，进行物质文明和精神文明的建设，具有重要意义。对已具备建镇条件的地方，地方政府要积极做好建镇工作，成熟一个，建一个，不要一哄而起。要按照建镇标准，搞好规划，合理布局，使小城镇建设起到促进城乡物资交流和经济发展的作用。
11	1984年11月	民政部	《关于调整建镇标准的报告》	凡县级地方国家机关所在地，均应设置镇的建制；总人口在20 000人以下的乡，乡政府驻地非农业人口超过2000人的，可以建镇；总人口在20 000人以上的乡，乡政府驻地非农业人口占全乡人口10%以上的，也可以建镇；少数民族地区、人口稀少的边远地区、山区小型工矿区、小港口、风景旅游、边境口岸等地，非农业人口虽不足2000人，如确有必要，也可设置镇的建制；凡具备建镇条件的乡、撤乡建镇后，实行镇管村的体制，暂时不具备建镇条件的集镇，应在乡人民政府中配备专人加以管理。

续表

序号	颁（发）布时间	发布机构	文件名	核心内容
12	2001 年 7 月	中央机构编制委员会办公室、国务院经济体制改革办公室、农业部、民政部、财政部、国土资源部、建设部	《关于乡镇行政区划调整指导工作的意见》	根据经济和社会发展的需要，适时、合理地调整乡镇规模和布局是为了精简机构，减少乡镇行政人员和财政开支，减轻农民负担，优化资源配置，促进乡镇经济和社会事业的发展，优化小城镇体系结构，促进小城镇建设。确保乡镇行政区划调整工作的健康，顺利进行并使乡镇行政区划调整真正起到和适应经济社会发展的作用。
13	2007 年 1 月	建设部	《镇规划标准》	镇区和村庄的规划规模应按人口数量划分为特大型、大型、中型、小型四级。在进行镇区和村庄规划时，应以规划期末常住镇区、规划期末常住镇区人口的分级确定级别。镇区：特大型 >50 000，大型 30 001～50 000，中型 10 001～30 000；小型 ≤10 000。村庄：特大型 >1000，大型 601～1000，中型 201～600，小型 ≤200。

在镇建制的演化过程中，镇的建制标准也在同步演化：1955 年 6 月国务院颁布《决定》。在《决定》中明确了人口规模及非农业人口比例等设镇标准，从法律上控制了小城镇数量的无节制增长。1955 年 11 月，国务院通过了《规定》，《规定》中严格镇的设置标准，城乡分治，严格限定了城乡等级，控制了建制镇的发展质量、规模等，埋下了城乡分化的二元结构隐患。1963 年 12 月，国务院通过的《中共中央、国务院关于调整市镇建制、缩小城市郊区的指示》中相对提高了镇设置门槛，提高了人口规模及产业结构比例要求，从而调整、压缩了建制镇数量。1984 年 11 月，民政部发布《关于调整建镇标准的报告》，提出凡具备建镇条件的乡，撤乡建镇后，实行镇管村的体制，弱化乡的行政地位，撤销满足设镇条件的乡。在中华人民共和国国家标准的《镇规划标准》（2007 版）中明确指出，镇域镇村体系规划应依据县市域城镇体系规划中确定的中心镇、一般镇的性质、职能和发展规模进行制定，镇区和村庄的规划规模应按人口数量划分为特大型、大型、中型、小型四级。

第四节　社会政策发展基础及其演进

随着经济社会的发展，城乡联系逐渐紧密，人口迁移政策、就业和社会保障政策、教育政策、住房保障政策等方面都发生了巨大的变化，区域社会服务体系向均等化方向发展，城镇形态呈网络化发展趋势（见表 3-4）。

1982 年 12 月全国人大五届五次会议上通过《中华人民共和国国民经济和社会发展第六个五年计划》，要求认真执行"控制大城市规模、合理发展中等城市、积极发展小城市"的方针；特大城市和部分有条件的大城市，要有计划地建设卫星城镇；按照有利于农业生产，不破坏自然资源，不同大工业争能源、争原料的原则，明确当地农村工副业的发展方向；加强村镇建设的管理，严格控制和节约用地。自此，小城镇逐步得到发展，城乡联系逐渐紧密，区域社会服务体系向均等化方向发展，城镇形态呈网络化发展趋势。1986 年 4

表3-4　我国体育特色小镇的社会政策发展基础及其演进

序号	发布时间	发布机构	文件名	核心内容
1	1982年12月	国务院	《中华人民共和国国民经济和社会发展第六个五年计划》	认真执行控制大城市规模、合理发展中等城市、积极发展小城市的方针；特大城市和部分有条件的大城市，要有计划地建设卫星城镇；城镇建设要根据综合开发、配套建设的原则进行。全国村镇建设规划，严格控制和节约期分批地完成。农村住房仍以农民自建为主，集体经济主要辅助建设村镇公用福利设施。5年内，预计农民新建住宅25亿平方米，新建公共福利设施3亿平方米。
2	1986年4月	国务院	《中华人民共和国国民经济和社会发展第七个五年计划》	随着社会生产力的发展，特别是农村经济的繁荣，城市化程度的提高和新城市的出现将是必然趋势。应当根据我国实际情况，对城市发展的结构和布局进行合理规划。坚决防止大城市过度膨胀，对于我国地域广阔，交通不便，信息不灵，中小城市的发展也不应当过于分散，应当以大城市为中心和交通要道，形成经济规模不等、各有特色的城市网络。
3	1991年4月	国务院	《中华人民共和国国民经济和社会发展十年规划第八个五年计划纲要》	促进地区经济合理分工和协调发展，健康发展，全面振兴农村经济，引导和促进农村乡镇企业，建设一批兴旺发达、以集镇为重点、以乡镇企业为依托、具有地方特点合理、节约土地、设施配套、交通方便、文明卫生的新型小城镇，并指出环境保护是一项基本国策，小城镇成为乡镇经济发展的平台。

续表

序号	发布时间	发布机构	文件名	核心内容
4	1996年3月	国务院	《中华人民共和国国民经济和社会发展第九个五年计划纲要》	坚持区域经济协调发展，逐步缩小地区发展差距。基本形成若干各具特色的跨省市区的经济和重点产业带，地区发展差距逐步缩小。城乡建设有很大发展，初步建立规模结构合理的城镇体系。
5	2001年3月	国务院	《中华人民共和国国民经济和社会发展第十个五年计划纲要》	重点地发展小城镇，积极发展中小城市，完善区域性中心城市功能，发挥大城市的辐射带动作用，引导城镇有序发展。防止盲目扩大大城市规模。要大力推进我国城镇化的能力。发展小城镇是推进我国城镇化的重要途径。注重把小城镇规划，科学规划，体现特色，规模适度，发展潜力大的建制镇，使之尽快发展到县城和部分基础条件好、发挥地域性经济、文化中心的重点镇。完善城镇功能，集聚人口，集聚产业。发展小城镇的关键在于繁荣农村经济，发挥农村小城镇作用。把引导农村社会企业合理集聚，完善农村市场体系，发展农业产业化经营，逐步建立市场经济和市场化服务等与小城镇建设新型的机制。打破城乡分割体制，改革城乡镇户籍制度，形成城乡人口有序流动的机制。在政府引导下主要发挥市场作用建设小城镇，鼓励企业和城乡居民投资。改革成形成社会主义市场经济体制和城镇化要求的行政管理体制，尽快形成政策协调，科学制定设市、设镇标准。加强政策协调，改进城镇化的宏观管理。

续表

序号	发布时间	发布机构	文件名	核心内容
6	2006年3月	国务院	《中华人民共和国国民经济和社会发展第十一个五年规划纲要》	促进城镇化健康发展。坚持大中小城市和小城镇协调发展，提高城市综合承载能力，按照循序渐进、节约土地、集约发展、合理布局的原则，积极稳妥地推进城镇化，逐步改变城乡二元结构。主要包括：分类引导人口城镇化管理，形成合理的城镇化空间格局、加强城市规划建设管理、健全城镇化发展的体制机制。
7	2011年3月	国务院	《中华人民共和国国民经济和社会发展第十二个五年规划纲要》	积极稳妥推进城镇化。优化城市化布局和形态，加强城镇化管理，不断提升城市化的质量和水平。①构建城市化战略格局。按照统筹规划、合理布局、完善功能、以大带小的原则，以大城市为依托，以中小城市为重点，逐步形成辐射作用大的城市群，促进大中小城市和小城镇协调发展。②稳步推进农业转移人口转为城镇居民。把符合落户条件的农业转移人口逐步转为城镇居民作为推进城镇化的重要任务。③增强城镇综合承载能力。科学编制城市规划，健全城镇建设标准，强化规划约束力。
8	2016年2月	国务院	《国务院关于深入推进新型城镇化建设的若干意见》	统筹规划、总体布局，促进大中小城市和小城镇协调发展，充分发挥国家新型城镇化综合试点作用，及时总结提炼可复制经验，带动全国新型城镇化体制机制创新。加快培育中小城市和特色小城镇。提升县城和重点镇基础设施水平，加快拓展特大城市功能，加快发展一批中小城市，培育发展特色小城镇，加快城市群建设。

续表

序号	发布时间	发布机构	文件名	核心内容
9	2016年3月	国务院	《中华人民共和国国民经济和社会发展第十三个五年规划纲要》	以提升质量、增加数量为方向，加快发展中小城市。引导产业项目在中小城市和县城布局，完善市政基础设施和公共服务设施，加快拓展特大镇功能，医疗等公共服务资源向中小城市和小城镇配置。赋予镇区人口10万以上的特大镇部分县级管理权限，完善制市、设区市、县改市。因地制宜发展特色鲜明、产城融合、充满魅力的小城镇。有序推进边境口岸城市发展，提升沿边口岸城镇功能。
10	2017年3月	住房城乡建设部	《住房城乡建设部关于加强生态修复城市修补工作的指导意见》	生态修复、城市修补是治理"城市病"、改善人居环境的重要行动，是城市短板的客观需要，是城市转变发展方式的重要标志。要求各地将"城市双修"作为推动供给侧结构性改革的重要任务，以改善生态环境质量、补足城市基础设施短板、提高公共服务水平为重点，转变城市发展方式，治理"城市病"，提升城市治理能力，打造和谐宜居、富有活力、各具特色的现代化城市，让群众在"城市双修"中有更多获得感。
11	2019年3月	发展改革委	《2019年新型城镇化建设重点任务》	加快实施以促进人的城镇化为核心、提高质量为导向的新型城镇化战略，突出抓好在城镇就业的农业转移人口落户工作，推动1亿非户籍人口在城市落户目标取得决定性进展，培育发展现代化都市圈，推进大城市精细化管理，支持特色小镇有序发展，推动城乡融合发展，实现常住人口和户籍人口城镇化率均提高1个百分点以上，为保持经济持续健康发展和社会大局稳定提供有力支撑，为决胜全面建成小康社会提供有力保障。

续表

序号	发布时间	发布机构	文件名	核心内容
12	2020 年 4 月	发展改革委	《2020 年新型城镇化建设和城乡融合发展重点任务》	加快实施以促进人的城镇化为核心、提高质量为导向的新型城镇化战略,增强中心城市和城市群综合承载、资源优化配置能力,提升城市治理水平,推进城乡融合发展,为全面建成小康社会提供有力支撑。从提高农业转移人口市民化质量、优化城镇化空间格局,提升城市综合承载能力、加快推进城乡融合发展等方面提出了 28 项重点任务,其中 11 项涉及自然资源部。
13	2021 年 3 月	国务院	《中华人民共和国国民经济和社会发展第十四个五年规划纲要》	以城市群、都市圈为依托促进大中小城市和小城镇协调联动、特色化发展,使更多人民群众享有更高品质的城市生活。加快县城补短板、强弱项,推进公共服务、环境卫生、市政公用、产业配套等设施提级扩能,增强综合承载能力和治理能力。支持东部地区基础较好的县城建设,重点支持中西部和东北城镇化地区县城建设,合理建设好县城主产区、重点生态功能区县城建设。健全县城建设投融资机制,更好发挥财政性资金作用,引导金融资本和社会资本加大投入力度。稳步有序推动符合条件的县和镇资本住人口 20 万以上的特大镇设市。按照区位条件、资源禀赋和发展基础,因地制宜发展小城镇,促进特色小镇规范健康发展。

月全国人大六届四次会议通过《中华人民共和国国民经济和社会发展第七个五年计划》，提出促进地区协作，构筑经济区网络；东部沿海的发展同中、西部的开发相结合；继续贯彻执行"控制大城市规模，合理发展中等城市，积极发展小城市"的方针；保护农村环境，改善生态环境。东部沿海地区的小城镇得以迅速发展起来，成为乡镇经济社会发展的载体。1991年4月，全国人大七届四次会议通过《中华人民共和国国民经济和社会发展十年规划和第八个五年计划纲要》，提出促进地区经济的合理分工和协调发展；引导和促进农村乡镇企业健康发展，全面振兴农村经济；以集镇为重点，以乡镇企业为依托，建设一批布局合理、节约土地、设施配套、交通方便、文明卫生、具有地方特点的新型乡镇，并指出环境保护是一项基本国策，小城镇成为乡镇经济社会发展的平台。1996年3月，全国人大八届四次会议通过《中华人民共和国国民经济和社会发展第九个五年计划纲要》（以下简称"九五"计划），提出促进区域经济协调发展、统筹规划城乡建设、有序发展一批小城镇、大幅度提升乡镇工业污染处理能力等要求。"九五"计划引导少数基础较好的小城镇发展为小城市，其他小城镇向交通方便、设施配套、功能齐全、环境优美的方向发展；小城镇成为乡镇经济与社会发展的中心。2001年3月，全国人大九届四次会议通过《中华人民共和国国民经济和社会发展第十个五年计划纲要》并提出实施西部大开发政策，促进地区协调发展；实施城镇化战略，促进城乡共同进步；节约保护资源，实现永续利用；加强生态建设，保护和治理环境。区域协调发展、城乡统筹发展有了基础，小城镇成为区域协调发展的重要组成部分。2003年7月，党的十六届三中全会期间，胡锦涛在讲话中提出科学发展观；统筹城乡发展、统筹区域发展、统筹经济社会发展、统筹人与自然和谐发展、统筹国内发展和对外开放。社会和谐发展成为主题。2006年3月，全国人大十届四次会议通过《中华人民共和国国民经济和社会发展第十一个五年规划纲要》（以下简称《纲要》），《纲要》提出建设社会主义新农村；促进区域协调发展；建设资源节约型、环境友好型社会，推进区域协调发展，改善农村面貌；小城镇成为区域网络化发展的重要节点。2011年3月，全国人大

十一届四次会议通过《中华人民共和国国民经济和社会发展第十二个五年规划纲要》，提出实施区域发展总体战略，实施主体功能区战略，积极稳妥推进城镇化，加快发展现代农业，加大环境保护力度。这促使格局优化，促进了区域协调发展和城镇化健康发展；县域乡镇建设、农田保护、产业聚集、村落分布、生态涵养等空间布局均得到合理安排。2012 年 11 月，党的十八大报告中提出促进农业转移人口市民化，优化国土空间开发格局，全面促进资源节约，加大自然生态系统和环境保护力度，加强生态文明制度建设，推动城乡发展一体化，推动信息化和工业化深度融合、工业化和城镇化良性互动、城镇化和农业现代化相互协调，促进工业化、信息化、城镇化、农业现代化同步发展，实现区域协调发展、城乡一体化发展、建设美丽乡镇的目标。城乡统筹发展力度进一步加大，促进了城乡共同繁荣。2016 年 2 月，《国务院关于深入推进新型城镇化建设的若干意见》的发布推动了新型城市建设。坚持适用、经济、绿色、美观方针，提升规划水平，增强城市规划的科学性和权威性，促进"多规合一"，全面开展城市设计，加快建设绿色城市、智慧城市、人文城市等新型城市，全面提升城市内在品质。2017 年 3 月，《住房城乡建设部关于加强生态修复城市修补工作的指导意见》中明确指出，开展生态修复、城市修补（以下统称"城市双修"）是治理"城市病"、改善人居环境的重要行动，将"城市双修"作为推动供给侧结构性改革的重要任务，以改善生态环境质量、补足城市基础设施短板、提高公共服务水平为重点，转变城市发展方式，治理"城市病"，提升城市治理能力，打造和谐宜居、富有活力、各具特色的现代化城市。2019 年 3 月，《2019 年新型城镇化建设重点任务》中指出，坚持新发展理念，坚持推进高质量发展，培育发展现代化都市圈，推进大城市精细化管理，支持特色小镇有序发展，加快推动城乡融合发展，实现常住人口和户籍人口城镇化率均提高 1 个百分点以上，为保持经济持续健康发展和社会大局稳定提供有力支撑。2020 年 4 月，《2020 年新型城镇化建设和城乡融合发展重点任务》中指出，要提高农业转移人口市民化质量、优化城镇化空间格局、提升城市综合承载能力、加快推进城乡融合发展等。

第五节　人口政策发展基础及其演进

　　城乡划分开始放开，放宽了农转非的限制，城乡二元结构逐渐走向消亡，城镇规模开始扩张，东中西部差距缩小，城镇形态开始向乡村蔓延，城镇密集区发展绩效显著。下列人口政策演进推动了小城镇发展（见表3-5）。

　　1984年1月，国务院颁发了户籍管理政策《中共中央关于一九八四年农村工作的通知》，允许农民和集体资金自由或有组织地流动，不受地区限制。这一政策促进了城乡区域连接，城乡划分开始放开，放宽了农转非限制，城乡二元结构逐渐走向消亡，城镇规模开始扩张，东中西部差距缩小，城镇形态开始向乡村蔓延，城镇密集区发展绩效显著。1985年1月，国务院发布了《中共中央、国务院关于进一步活跃农村经济的十项政策》（以下简称《政策》），《政策》中允许农民自带口粮进城务工，农村改革、乡镇企业开始如火如荼地发展，这一变革打破了城乡二元结构，加速了城镇化进程。1990年4月，在全国人大常委会七届十一次会议通过并施行的《中华人民共和国城市规划法》中，国家实行严格控制大城市规模、合理发展中等城市和小城市的方针，明确市区和近郊区非农业人口不满20万的是小城市，20万以上、不满50万的是中等城市，50万以上的是大城市，以此促进生产力和人口的合理布局。在中华人民共和国国家标准《镇规划标准》（GB 50188—2007）中明确指出，在进行镇区和村庄规划时，应以规划期末常住人口的数量按表的分级确定级别。镇区常住人口小于10 000的为小型镇区，10 000以上的为中型镇区，30 000以上的为大型镇区，50 000以上为特大型镇区；村庄常住人口小于200的为小型村庄，200人以上的为中型村庄，600人以上的为大型镇区，超过1000人的为特大型村庄。2011年2月，《国务院办公厅关于积极稳妥推进户籍管理制度改革的通知》出台，统筹推进工业化和农业现代化，城镇化和社会主义新农村建设、大中小城市和小城镇协调发展，引导非农产业和农村人口有序向中小城市和建制镇转移，逐步满足符合条件的农村人口的落户需求，逐步实现城乡基本公共服务均等化。2014年10月，《国务院关于调整城市规模划分

表3-5　我国体育特色小镇的人口政策发展基础及其演进

序号	发布时间	发布机构	文件名	核心内容
1	1984年1月	国务院	《中共中央关于一九八四年农村工作的通知》	1984年，各省、自治区、直辖市可选若干集镇进行试点允许务工、经商、办服务业的农民自理口粮到集镇落户。
2	1985年1月	国务院	《中共中央、国务院关于进一步活跃农村经济的十项政策》	鼓励技术转移和人才流动。城市的各类科学技术人员经所在单位同意，应聘到农村工作、科研推广单位，可以接受农村委托的研究项目、转让科研成果、提供技术咨询服务。鼓励有关部门组织志愿服务队，赴农村和边疆少数民族地区，提供科技、教育、医务等方面的服务，有突出贡献的还应给予奖。
3	1990年4月	中华人民共和国主席令	《中华人民共和国城市规划法》	国家严格控制大城市规模，合理发展中等城市和小城市的方针，促进生产力和人口的合理布局。大城市是指市区和近郊区非农业人口50万以上的城市，中等城市是指市区和近郊区非农业人口20万以上、不满50万的城市，小城市是指市区和近郊区非农业人口不满20万的城市。
4	2007年3月	建设部	《镇规划标准》（GB 50188—2007）	镇区和村庄的规划规模应按人口和村庄规划期末常住人口数量划分为特大型、大型、中型、小型四级。在进行镇区规划时，应以规划级镇分级别。规划人口规模：特大型>50 000，大型30 001~50 000，中型10 001~30 000，小型≤10 000。村庄：特大型>1000，大型601~1000，中型201~600，小型≤200。

续表

序号	发布时间	发布机构	文件名	核心内容
5	2011年2月	国务院	《国务院办公厅关于积极稳妥推进户籍管理制度改革的通知》	落实科学发展观，适应城镇化发展需要，按照国家有关户籍管理制度改革的决策部署，继续坚定地推进户籍管理制度改革，遵循城镇化发展规律，统筹推进工业化和现代化、城镇化和社会主义新农村建设，大中小城市和小城镇协调发展，引导非农产业和农村人口有序向中小城市和县城建制镇转移，逐步满足符合条件的农村人口的落户需求，逐步实现城乡基本公共服务均等化。
6	2014年10月	国务院	《国务院关于调整城市规模划分标准的通知》	以城区常住人口为统计口径，将城市划分为五类七档。小城市人口上限由20万提高至50万，城区常住人口为50万以上100万以下的城市为中等城市，其中20万以上50万以下的城市为Ⅰ型小城市，20万以下的城市为Ⅱ型小城市。
7	2020年4月	国家发展改革委	《2020年新型城镇化建设和城乡融合发展重点任务》	以深化改革户籍制度和基本公共服务提供机制为路径，打破阻碍劳动力自由流动的不合理壁垒。督促除个别超大城市外的其他超大、特大城市和Ⅰ型大城市坚持存量优先原则，取消进城就业生活5年以上和举家迁徙的农业转移人口，在城镇稳定就业生活的新生代农民工，农村学生升学和参军进入城镇的人口等重点人群的落户限制。
8	2022年7月	国家发展改革委	《"十四五"新型城镇化实施方案》	放开放宽除个别超大城市外的落户限制，全面取消城区常住人口300万以下的城市落户限制，确保城区常住人口300万至500万的Ⅰ型大城市落户条件全面放宽，试行以经常居住地登记户口制度。完善城区常住人口500万以上的超大、特大城市积分落户政策，精简积分项目，确保社会保险缴纳和居住年限分数占主要比例，鼓励取消年度落户名额限制。

标准的通知》对原有城市规模划分标准进行了调整，明确了新的城市规模划分标准以城区常住人口为统计口径，将城市划分为五类七档：明确城区常住人口 50 万以上的为中等城市，100 万以上的为大城市，500 万以上的为特大城市，1000 万以上的为超大城市。为更好地实施人口和城市分类管理，满足经济社会发展需要，从此我国小城镇正式进入发展的关键时期。2020 年 4 月，《2020 年新型城镇化建设和城乡融合发展重点任务》中提出，以深化改革户籍制度和基本公共服务提供机制为路径，打破阻碍劳动力自由流动的不合理壁垒。督促除个别超大城市外的其他超大、特大城市和 I 型大城市坚持存量优先原则，取消进城就业生活 5 年以上和举家迁徙的农业转移人口、在城镇稳定就业生活的新生代农民工、农村学生升学和参军进城的人口等重点人群的落户限制。2022 年 7 月，国家发展改革委发布《"十四五"新型城镇化实施方案》，此方案进一步深化户籍制度改革，"放开放宽除个别超大城市外的落户限制，试行以经常居住地登记户口制度"，进一步明确，尤其是在落户限制的城市规模上，又取消常住人口 300 万以下的限制，以此加快农业转移人口市民化，且加强完善农业转移人口市民化配套政策，在深化户籍制度改革上又迈出重要一步。此外，在落户制度中，"完善全国公开统一的户籍管理政务服务平台，提高户籍登记和迁移便利度……健全农户'三权'市场化退出机制和配套政策"。这些措施可以保障农民进城落户中的利益衔接问题，免除农民进城落户的"后顾之忧"。

第六节　土地政策演进与发展基础

为了加强土地管理，国家颁布了大量政策文件，随着土地政策的变化，避免了由于土地利用结构不合理、资源浪费造成的城镇形态无序扩张，更主要的是维护土地的社会主义公有制，保护、开发土地资源，合理利用土地，切实保护耕地，促进小城镇协调发展，优化空间布局和形态，促进社会经济的可持续发展（见表 3-6）。

表 3-6 我国体育特色小镇的土地政策发展基础及其演进

序号	发布时间	发布机构	文件名	核心内容
1	1950 年 6 月	政务院	《中华人民共和国土地改革法》	废除地主阶级封建剥削的土地所有制，实行农民的土地所有制，以解放农村生产力，发展农业生产，为新中国的工业化开辟道路。
2	1953 年 12 月	国务院	《国家建设征用土地办法》	国家建设征用土地，必须贯彻节约用地的原则。需要举办的工程，在征用土地的时候，必须精打细算，严格掌握设计定额，控制建筑密度，防止多征、早征、社绝浪费土地。
3	1990 年 5 月	国务院	《中华人民共和国城镇国有土地使用权出让和转让暂行条例》	为了改革城镇国有土地使用制度，合理开发、利用、经营土地，加强土地管理，促进城市建设和经济发展，国家按照所有权与使用权分离的原则，实行城镇国有土地使用权出让、转让制度。但地下资源、埋藏物和市政公用设施除外。取得土地使用权的土地使用者，其使用权在使用年限内可以转让、出租、抵押或者用于其他经济活动，合法权益受国家法律保护。
4	1994 年 10 月	国务院	《中华人民共和国基本农田保护条例》	县级以上地方各级人民政府应当将基本农田保护工作纳入国民经济和社会发展计划，作为政府领导任期目标责任制的一项内容，并由上一级人民政府监督实施。在建立基本农田保护区的地方，县级以上地方人民政府应当与下一级人民政府签订基本农田保护责任书；乡（镇）人民政府应当根据与县级人民政府签订的基本农田保护责任书的要求，与农村集体经济组织或者村民委员会签订基本农田保护责任书。

续表

序号	发布时间	发布机构	文件名	核心内容
5	2004年8月	国务院	《中华人民共和国土地管理法》	农民集体所有的土地依法属于村农民集体所有的，由村集体经济组织或者村民委员会经营、管理；已经分别属于村内两个以上农村集体经济组织的农民集体所有的，由村内各该农村集体经济组织或者村民小组经营、管理；已经属于乡（镇）农民集体所有的，由乡（镇）农村集体经济组织经营、管理。
6	2006年12月	国务院	《中华人民共和国城镇土地使用税暂行条例》	为了合理利用城镇土地，调节土地级差收入，提高土地使用效益，加强土地管理，在城市、县城、建制镇、工矿区范围内使用土地的单位和个人，为城镇土地使用税的纳税人，应当依照本条例的规定缴纳土地使用税。
7	2019年8月	国务院	《中华人民共和国土地管理法》	县级土地利用总体规划应当划分土地利用区，明确土地用途。乡（镇）土地利用总体规划应当划分土地利用区，根据土地利用的用途，确定每一块土地的用途，并予以公告。村庄和集镇规划区内的城市和村庄、集镇建设用地规模不得超过土地利用总体规划确定的城市和村庄、集镇建设用地规模。在城市、村庄和集镇规划区内，城市和集镇建设用地应当符合城市、村庄和集镇规划。县级以上地方人民政府可以要求占用耕地的单位将所占用耕地的耕作层的土壤用于新开垦耕地、劣质地或者其他耕地的土壤改良。
8	2022年7月	国务院	《国务院办公厅关于全面推进城镇老旧小区改造工作的指导意见》	重点改造完善小区配套和市政基础设施，提升社区养老、托育、医疗等公共服务水平，推动建设安全健康、设施完善、管理有序的完整居住社区。2020年新开工改造城镇老旧小区3.9万个，涉及居民近700万户；到2022年，基本形成城镇老旧小区改造制度框架、政策体系和工作机制；到"十四五"末期，结合各地实际，力争基本完成2000年底前建成的需改造城镇老旧小区改造任务。

　　1950 年 6 月，政务院颁发《中华人民共和国土地改革法》，明确城市土地国家所有，农村、城郊土地、宅基地、自留地集体所有，以法律的形式明确了土地归属权。避免了土地利用结构不合理、资源浪费造成的城镇形态无序扩张。1953 年 12 月，国务院通过了《国家建设征用土地办法》，制定了国家征用土地的原则、审批主体、手续等办法，开始有效合理地征用土地。1990 年 5 月，国务院发布《中华人民共和国城镇国有土地使用权出让和转让暂行条例》，使城镇土地所有权与使用权分离，保证了城镇土地的科学使用和有效利用。1994 年 10 月，国务院颁发《中华人民共和国基本农田保护条例》，对基本农田保护区进行划定、保护和监督管理。对基本农田保护实行全面规划、合理利用、用养结合、严格保护的方针，从而有力保护基本农田。2004 年 8 月，国务院通过了《中华人民共和国土地管理法》，明确城市总体规划、村庄和集镇规划应当与土地利用总体规划相衔接；城市总体规划、村庄和集镇规划中建设用地规模不得超过土地利用总体规划确定的城市和村庄、集镇建设用地规模，确保小城镇规划应与土地利用总体规划相衔接。2006 年 12 月，国务院通过了《中华人民共和国城镇土地使用税暂行条例》，此条例明确了城镇土地使用税计算方法、免征范围、收缴单位等，确保城镇土地的有偿使用。2019 年 8 月，全国人大常委会十三届十二次会议通过对《中华人民共和国土地管理法》的第三次修正，文件中明确规定，农民集体所有的土地依法属于村农民集体所有的，由村集体经济组织或者村民委员会经营、管理；已经分别属于村内两个以上农村集体经济组织的农民集体所有的，由村内各该农村集体经济组织或者村民小组经营、管理；已经属于乡（镇）农民集体所有的，由乡（镇）农村集体经济组织经营、管理。2022 年 7 月 20 日，《国务院办公厅关于全面推进城镇老旧小区改造工作的指导意见》（国办发〔2020〕23号），标志着城镇老旧小区改造工作正式上升到国家层面，老旧小区改造开启中国城镇化下半场以高质量发展为核心的城市更新新篇章，实施城镇老旧小区改造，完善水电路气信等配套基础设施，增加养老、托育等公共服务，有利于改善居民居住条件和生活环境，增强人民群众的获得感、幸福感和安全感。

第七节　产业政策发展基础及其演进

部分区位优越、资源禀赋条件好的地区优先发展起来，乡镇企业的发展加速了城乡之间的流通交换，地域分离不再是造成城乡隔离的因子。积极稳妥推进小城镇发展，提升城镇发展质量和水平。要坚持走中国特色城镇化道路，促进大中小城市和小城镇协调发展，着力提高城镇综合承载能力，发挥好城市对农村的辐射带动作用，壮大小城镇经济。此外，积极培育产业功能小城镇，支持具有资源、交通等优势的小城镇发挥产业特长，发展成为先进制造、商贸流通、文化旅游等专业功能小城镇（见表3-7）。

1978年12月，《中共中央关于加快农业发展若干问题的决定（草案）》的颁布明确了国家对社队企业，依据不同情况，实行低税或免税政策。这一政策大力发展了社队企业，使得部分区位优越、资源禀赋条件好的地区优先发展起来，乡镇企业的发展加速了城乡之间的流通交换，地域分离不再是造成城乡隔离的因子。

1983年1月，中共中央颁布的《当前农村经济政策的若干问题》（中发〔1983〕1号）确定了我国农村要走农林牧副渔全面发展、农工商综合经营的道路，促进了乡镇农业、工业和第三产业的发展。1984年1月，中共中央发出《关于一九八四年农村工作的通知》（中发〔1984〕1号），确定了现有社队企业在农村经济中的重要支柱地位，鼓励其继续大力健康发展，带动了乡镇经济结构调整，从此工业逐渐成为主导。1985年1月，中共中央、国务院《关于进一步活跃农村经济的十项政策》（中发〔1985〕1号）的颁布助力农村调整产业结构，对乡镇企业实行信贷、税收优惠，优惠政策的实行也促进了乡镇企业的发展。1986年1月，中共中央、国务院《关于一九八六年农村工作的部署》（中发〔1986〕1号）中计划建立一批新的农产品、特产品和乡镇企业小商品出口基地，在"七五"期间开发100类适用于乡镇企业的成套技术装备并组织大量生产、建立500个技术示范性乡镇企业。乡镇特色产业得以

表 3-7 我国体育特色小镇的产业政策发展基础及其演进

序号	发布时间	发布机构	文件名	核心内容
1	1978 年 12 月	中共中央	《中共中央关于加快农业发展若干问题的决定（草案）》	指出在农村各大阶级斗争是错误的；社队多种经营是社会主义经济，家庭副业、农村集市贸易是社会主义经济的附属和补充，自留地，提出了发展农业生产力的 25 项农业政策、科学种田和增产措施。指出必须从中国人口多、耕地少、底子薄的特点出发，走适合中国国情的农业现代化道路。
2	1983 年 1 月	中共中央	《当前农村经济政策的若干问题》	党的十一届三中全会以来，我国农村普遍实行了多种形式的农业生产责任制，而联产承包制又越来越成为主要形式。联产承包制采取了统一经营与分散经营相结合的原则，使集体优越性和个人积极性同时得到发挥。这一制度的进一步完善和发展，必将使农业社会主义合作化的具体道路更加符合我国的实际。这是在党的领导下，我国农民的伟大创造，是马克思主义农业合作化理论在我国实践中的新发展。
3	1984 年 1 月	中共中央	《关于 1984 年农村工作的通知》	在稳定和完善生产责任制的基础上，提高生产力水平，疏理流通渠道，发展商品生产。农业生产责任制的普遍实行，带来了生产力的解放和商品生产的发展。由自给半自给经济向较大规模商品生产转化，是发展我国社会主义农村经济不可逾越的必然过程。只有发展商品生产，才能进一步促进社会分工，把生产力提高到一个新的水平，才能使农村繁荣起来，才能使我们的干部进一步学会利用商品货币关系，利用价值规律，为计划经济服务，才能加速实现我国社会主义农业的现代化。

续表

序号	发布时间	发布机构	文件名	核心内容
4	1985 年 1 月	中共中央、国务院	《关于进一步活跃农村经济的十项政策》	农业生产不能适应市场消费需求，产品数量增加而质量不高，品种不全，商品流通遇到阻碍；生产布局和产业结构不合理，地区优势不能发挥，一部分地区贫困面貌改变缓慢。在打破集体经济中的"大锅饭"之后，还必须进一步改革农村经济管理体制，在国家计划指导下，使农业生产适应市场的需求，促进农村产业结构的合理化，进一步把农村经济搞活。
5	1986 年 1 月	中共中央、国务院	《关于一九八六年农村工作的部署》	新的形势和任务，进一步摆正农业在国民经济中的地位；依靠科学，增加投入，保持农业稳定增长；深入进行农村经济改革，切实帮助贫困地区改变面貌，加强领导，改进领导。文件指出，实践证明，农村改革的方针政策是正确的，必须继续贯彻执行。落实政策，深入改革，改善农业生产条件，组织产前产后服务，推动农村经济持续稳定协调发展。
6	1987 年 1 月	中共中央	《把农村改革引向深入》	为了把改革引向深入，今后要继续改革统购派购制度，扩大农产品市场；搞活农村金融，开拓生产要素市场；完善双层经营，稳定家庭联产承包制；加强基层组织建设和思想建设，有计划地建立改革试验区等。试验内容涉及乡镇企业建设、农产品流通体制改革、金融体制改革，土地规模经营与现代化建设、乡村合作经济组织的完善，土地承包管理制度建设、国营农场和林业局体制改革等许多方面。

55

续表

序号	发布时间	发布机构	文件名	核心内容
7	1994 年 4 月	国务院	《90 年代国家产业政策纲要》	不断强化农业的基础地位，全面发展农村经济；大力加强基础产业，努力缓解基础设施和基础工业严重滞后的局面，加快发展支柱产业，带动国民经济的全面振兴；合理调整对外经济贸易结构，增强我国产业的国际竞争能力；加快高新技术产业发展的步伐，支持新兴产业的发展和新产品开发，继续大力发展第三产业。同时，要优化产业组织结构，提高产业技术水平，使产业布局更加合理。
8	1997 年 12 月	国家计划委员会	《当前国家重点鼓励发展的产业、产品和技术目录》	国家重点发展的产业、产品和技术的原则：①符合当前和今后一个时期的市场需求，有比较广阔的发展前景；②有比较高的技术含量，有利于企业设备更新，加快对传统产业的技术改造，促进产业结构的优化和升级，全面提高经济效益；③国内外存在补缺国内产业和技术空白，有利于产业化的潜在技术基础，经过努力，可以实现产业化，有利于形成新的经济增长点；④符合可持续发展战略，有利于资源节约以及生态和环境保护；⑤供给能力相对滞后，提高其供给能力，有利于促进产业结构的合理化，保持国民经济的持续快速健康发展。

续表

序号	发布时间	发布机构	文件名	核心内容
9	1999 年 3 月	国务院	《政府工作报告》	稳定党在农村的基本政策，稳定和完善以家庭承包经营为基础、统分结合的双层经营体制，努力增加农民收入，继续增加农业投入。调整和优化农业结构，加强以水利为重点的农业基本建设，积极推进粮食流通体制改革，搞活农产品流通，调整乡镇企业结构，推进小城镇建设，减轻农民负担，维护农村稳定。
10	2000 年 6 月	中共中央、国务院	《中共中央、国务院关于促进小城镇健康发展的若干意见》	加快中国城镇化进程，实现城镇化与工业化协调发展，小城镇占有重要的地位。发展小城镇，是实现中国农业现代化的必由之路。力争经过十年左右的努力，将一部分基础好的小城镇建设成为规模适度、规划科学、功能健全、环境整洁、具有较强辐射能力的农村区域性经济文化中心，其中少数具备条件的小城镇要发展成为带动能力更强的小城市，使全国城镇化水平有明显的提高。
11	2006 年 8 月	农业部	《全国农业和农村经济发展第十个五年计划》(2006—2010 年)	农业和农村经济结构进一步优化，农业整体素质和效益进一步提高，农业增加值年均增长率保持在 5% 左右，农业增加值占国内生产总值的比重为 13%。稳步推进农业现代化，加快经济发达地区和大中城市郊区率先实现农业现代化的进程。深化农村经济体制改革，建立和完善符合我国国情和农业特点的农业社会化服务体系，农产品市场保护体系，初步形成适应社会主义市场经济发展要求的农村经济体制。

续表

序号	发布时间	发布机构	文件名	核心内容
12	2007 年 1 月	中共中央、国务院	《中共中央 国务院关于积极发展现代农业扎实推进社会主义新农村建设的若干意见》	统筹城乡经济社会发展，实行工业反哺农业、城市支持农村和多予少取放活的方针，巩固、完善、加强支农惠农政策，切实加大农业投入，积极推进现代农业建设，强化农村公共服务，促进农村综合改革，促进粮食稳定发展、农民持续增收，农村更加和谐，确保新农村建设取得新的进展。
13	2022 年 5 月	中共中央、国务院	《关于推进以县城为重要载体的城镇化建设的意见》	充分发挥市场在资源配置中的决定性作用，引导支持各类市场主体参与县城建设。培育发展特色优势产业，稳定扩大县城就业岗位。增强县城产业支撑能力；提升产业平台功能；健全商贸流通网络；完善消费基础设施；强化职业技能培训。
14	2022 年 7 月	国家发展改革委	《"十四五"新型城镇化实施方案》	充分发挥资源和产业优势，承接符合自身功能定位、发展方向的超大、特大城市群产业转移和产业疏解，推动制造业差异化定位，因地制宜建设先进制造业基地，商贸物流中心和区域专业服务中心，夯实实体经济发展基础。

发展，技术水平通过科技示范得以提升。1987年1月，中共中央《把农村改革引向深入》（中发〔1987〕5号）文件的颁发鼓励了乡镇企业扩大生产能力、提高生产技术；通过推广"星火"计划，加快技术改造，扩大乡镇企业发展规模，加快技术进步。1988年7月，《关于推动乡镇企业出口创汇若干政策的规定》（农（企）字〔1988〕14号）中明确鼓励乡镇企业发展外向型经济，促进整体经济的振兴。

1994年4月，国务院在《90年代国家产业政策纲要》中强调加强规划和政策引导，促进乡镇企业适当集中充分利用，改造现有小城镇，建设新的小城镇，小城镇集约连片发展，规模集聚效应得以发挥。1997年12月，在国家计划委员会发布的《当前国家重点鼓励发展的产业、产品和技术目录》和国家计划委员会、国家经济贸易委员会、对外贸易经济合作部联合发布的《外商投资产业指导目录》中都以产业指导目录的形式引导乡镇工业产业发展。1999年3月，全国人大九届二次会议上通过的《政府工作报告》中明确了调整乡镇企业结构、推进小城镇建设、按市场需求发展乡镇企业。

2000年6月，《中共中央、国务院关于促进小城镇健康发展的若干意见》（中发〔2000〕11号）中提到促进乡镇企业的适当集中和结构调整，带动农村第三产业特别是服务业的迅速发展，带动了乡镇工业集中设置，推进了第三产业发展。2000年8月，国家发展计划委员会、国家经济贸易委员会通过《当前国家重点鼓励发展的产业产品和技术目录》（2000年修订）以产业指导目录的形式引导乡镇工业产业发展。2001年6月，农业部在《全国农业和农村经济发展第十个五年计划》（2001—2005年）中提出按照"积极扶持、合理规划、分类指导、依法管理"的方针，引导乡镇企业继续推进两个根本性转变，加快结构调整、技术进步和体制创新，实现新发展，以期达到加快乡镇工业的产业转型和技术进步的目的。2002年7月，《关于印发〈农产品加工业发展行动计划〉的通知》（农企发〔2002〕14号）中明确乡镇企业需要以农产品加工业的大发展支撑和带动产业结构的调整和升级，使乡镇企业大力为农业服务。2002年12月，全国人大常委会九届三十一次会议通过了《中华人民共和国农业法》（修订），国家完善了乡镇企业发展的支持措施，引导乡镇企业优

化结构，更新技术，提高素质。通过完善对乡镇工业的支持措施，促进创新发展。2004年11月，国家发展改革委、商务部联合发布《外商投资产业指导目录》（2004年修订）以产业指导目录的形式引导乡镇工业产业发展。2005年2月，通过的《国务院关于鼓励支持和引导个体私营等非公有制经济发展的若干意见》（国发〔2005〕3号）鼓励大力发展非公有制经济，引导非公有制经济的发展。2008年3月，《国务院关于加快发展循环经济的若干意见》（国发〔2005〕22号）的发布促进了循环经济的积极发展，引导了乡镇经济发展。2005年12月，国家发展改革委公布的《产业结构调整指导目录》（2005年本）中以产业指导目录的形式引导乡镇工业产业调整和优化。2006年8月，《全国农业和农村经济发展第十一个五年规划》（2006—2010年）（以下简称《规划》）出台，《规划》中强调降低乡镇企业和重点农业装备能耗，鼓励和支持符合产业政策的乡镇企业发展，特别是劳动密集型企业和服务业；引导乡镇企业向有条件的小城镇和县城及加工园区集中。乡镇工业向园区的集中促进了乡镇企业的结构调整、科技进步和布局优化。2007年1月，《中共中央　国务院关于积极发展现代农业扎实推进社会主义新农村建设的若干意见》（中发〔2007〕1号）中提出引导乡镇企业加快产业集聚和区域合作，提高集聚效应；调整优化产业和产品结构，支持乡镇企业发展农产品加工和农村服务业，提倡乡镇工业发展的产业集聚和区域协调发展。

2011年5月，国家发展改革委发布《产业政策调整指导目录》（2011年本），以产业指导目录形式引导乡镇工业产业调整和优化。2022年5月，中共中央办公厅、国务院办公厅印发了《关于推进以县城为重要载体的城镇化建设的意见》，强调培育发展特色优势产业，稳定扩大县城就业岗位，增强县城产业支撑能力，重点发展比较优势明显、带动农业农村能力强、就业容量大的产业，统筹培育本地产业和承接外部产业转移，促进产业转型升级。2022年7月12日，国家发展改革委发布《"十四五"新型城镇化实施方案》并明确提出大中小城市和小城镇协调发展，这是此方案的独特之处，既延续了大城市的优先发展基调，又兼顾中小城市甚至县域的发展态势，可谓对"城镇化"的概念有了一个整体解释。首先，此方案强调了要"分类推动城市群发

展""以促进中心城市与周边城市（镇）同城化发展为导向，以 1 小时通勤圈为基本范围，培育发展都市圈"，且将两项举措融合，"健全城市群和都市圈协同发展机制"；其次，要"增强小城市发展活力"。方案指出这两项举措都须以产业带动发展模式，依托资源禀赋和区位条件，培育发展特色优势产业项目。

第四章 体育特色小镇管理

近年来，体育特色小镇发展热潮日渐高涨，体育产业"十三五""十四五"规划大力推动了体育产业发展，满足人们多元化的体育需求，包括冬季冰雪旅游、休闲运动、户外营地、徒步健身绿道、体育健身养生、赛事旅游、体育运动公园、体育场馆观光等。这些正是体育特色小镇的重要内容，发展体育特色小镇，势必要明晰体育特色小镇的管理内容。

第一节 体育特色小镇的空间布局

一、体育特色小镇的土地政策

土地是体育特色小镇发展的基础支撑。体育特色小镇为避免重走过去的老路，应从制度设计层面进行整体规划。

（一）中央层面

体育特色小镇是特色小镇的一种，是国家深入推进新型城镇化工作的重要抓手，也是推进经济转型升级和发展动能转换、促进大中小城市和小城镇协调发展的重要平台。截至目前，虽然中央部委文件并未明确指出关于体育特色小镇的土地支持政策，但体育特色小镇的土地政策应该从属于特色小镇。

例如,《国务院关于深入推进新型城镇化建设的若干意见》《国务院办公厅转发国家发展改革委关于促进特色小镇规范健康发展意见的通知》等文件中的土地政策。

(二)地方层面

各地关于体育特色小镇的用地政策,主要包括以下几种:①建设用地计划优先安排用地标准,②奖励和惩罚用地指标,③城乡建设用地增减挂钩指标,④利用低丘缓坡、滩涂资源和存量建设用地,⑤工矿废弃地复垦利用和城镇低效用地再开发,⑥过渡期按原用途使用土地,⑦农村集体建设用地流转和租赁,等等。

二、体育特色小镇的空间布局

体育特色小镇是发展体育产业的重要载体之一,体育特色小镇比其他类型的特色小镇更符合绿色、健康可持续发展的理念。体育特色小镇作为特色小镇的一种发展模式,同样也是一种微型产业集聚区,具有细分高端的鲜明产业特色、产城人文融合的多元功能特征、集约高效的空间利用特点,在推动经济转型升级和新型城镇化建设中具有重要作用。如何规划空间布局,因地制宜、突出特色,依托不同地区区位条件、资源禀赋、产业基础和比较优势,适合发展什么,成为体育特色小镇的重要议题。根据 2020 年 9 月 16 日《国务院办公厅转发国家发展改革委关于促进特色小镇规范健康发展意见的通知》(国办发〔2020〕33 号)和 2021 年 9 月 27 日国家发展改革委等十部委《关于印发全国特色小镇规范健康发展导则的通知》(发改规划〔2021〕1383 号)(以下简称《导则》),遵循经济规律、城镇化规律和城乡融合发展趋势,因地制宜、实事求是,合理谋划设计特色小镇空间布局。

(一)区位条件

体育特色小镇布局应依据国土空间规划,立足不同地区区位优势、产业

基础和比较优势，在拥有相对发达块状经济或相对稀缺资源的区位进行布局。科学严谨论证布局选址可行性，以优化发展原有产业集聚区为主，以培育发展新兴区域为辅，重点布局在城市群、都市圈等优势区域或其他有条件区域，重点关注市郊区域、城市新区及交通沿线、景区周边等区位。

（二）建设边界

体育特色小镇应边界清晰、集中连片、空间相对独立、四至范围精确，生产、生活、生态空间保持合理比例。在严格节约、集约利用土地的同时，小镇规划用地面积下限原则上不少于 1 平方千米，为保障生产生活所需空间和多元功能需要，规划用地面积原则上不少于 0.5 平方千米；为保障打造形成一刻钟便民生活圈需要，规划用地面积上限原则上不多于 5 平方千米；文化旅游、体育运动及第三产业融合等类型特色小镇规划用地面积上限可适当提高。鼓励盘活存量和低效建设用地，强化老旧厂区和老旧街区等存量片区改造。

（三）空间功能

体育特色小镇应在聚力发展主导产业的基础上，推进生产、生活、生态"三生融合"，产业、体育、文化、旅游"四位一体"，打造优质服务圈和繁荣商业圈。叠加现代社区功能，提高体育公共服务质量，结合教育、医疗、养老、育幼资源，整体布局提供优质公共服务。叠加文化功能，挖掘体育文化等产业衍生文化，建设展示整体图景和文化魅力的体育公共空间，赋予独特体育文化内核及印记，推动体育文化资源社会化利用。叠加旅游功能，促进体育与旅游相结合，寓景观于体育场景，增加体育场馆和开放空间，实现实用功能与审美功能的统一。

（四）风貌形态

体育特色小镇建设应体现风貌整体性、空间立体性、平面协调性。尊重原有自然格局，促进地形地貌、传统风貌与现代美学相融合。推进多维度全域增绿，建设"口袋公园"及小微绿地，绿化覆盖率原则上不低于30%，有

条件的可依托既有水系营造蓝绿交织的空间形态。体育特色小镇建设应体现建筑外观风格特色化和整体性，控制建筑体量和高度；注重塑造色彩体系，加强屋顶、墙体、道路等公共空间美化亮化。如北京冬奥环境遗产下的冰雪体育小镇建设。

三、体育特色小镇的发展标准

准确理解体育特色小镇概念，以微型产业集聚区为空间单元进行培育发展，不得将行政建制镇和传统产业园区命名为体育特色小镇。准确把握体育特色小镇区位布局，主要在城市群、都市圈、城市周边等优势区位或其他有条件的区域进行培育发展。准确把握体育特色小镇发展内涵，发挥要素成本低、生态环境好、体制机制活等优势，打造经济高质量发展的新平台、新型城镇化建设的新空间、城乡融合发展的新支点、传统文化传承保护的新载体。

（一）强化底线约束

地方各级人民政府要加强规划管理，严格节约、集约利用土地，单个体育特色小镇规划面积原则上控制在1~5平方千米（特殊类型体育特色小镇规划面积上限可适当提高），保持生产、生活、生态空间比例合理，保持四至范围清晰、空间相对独立，严守生态保护红线、永久基本农田、城镇开发边界三条控制线。

1. 合规用地底线

严格落实生态保护红线、永久基本农田、城镇开发边界"三条红线"，不得改变国土空间规划确定的空间管控内容，遏制耕地"非农化"、防止"非粮化"。坚持土地有偿使用，按宗地确定土地用途，经营性建设用地必须通过招标、拍卖、挂牌等方式确定土地使用者，不得设置排他性竞买条件。

2. 生态环保底线

严格落实区域生态环境分区管控方案和生态环境准入清单要求。加强山水林田湖草系统治理修复监管，保护重要自然生态系统、自然遗迹、自然景

观和生物多样性，严禁违法违规占用以国家公园为主体的自然保护地，严禁挖湖造景。严防污染物偷排和超标排放，防控噪声和扬尘污染，因地制宜配备污水、垃圾、固废、危废、医废收集处理等环境基础设施。

3. 债务防控底线

严控地方政府债务风险，县级政府法定债务风险预警地区不得通过政府举债建设，不得以地方政府回购承诺或信用担保等方式增加地方政府隐性债务。综合考虑地方现有财力、资金筹措和还款来源，稳妥把握体育公共设施开工建设节奏。

4. 房住不炒底线

严防房地产化倾向，体育特色小镇建设用地主要用于发展体育特色产业，其中住宅用地主要用于满足特色小镇内就业人员自住需求和职住平衡要求。除原有传统民居外，体育特色小镇建设用地中住宅用地占比原则上不超过 30%，鼓励控制在 25% 以下。结合所在市县商品住房库存消化周期，合理确定住宅用地供应时序。

5. 安全生产底线

严格维护人民生命财产安全，健全规划、选址、建设、运维全过程安全风险管控制度。建立企业全员安全生产责任制度，压实企业安全生产主体责任。督促企业按照行业安全生产规程标准，建立安全风险预防控制体系。

（二）监测监督管理

地方各级人民政府应加强动态监管。对违反合规用地底线、生态环保底线、债务防控底线、房住不炒底线、安全生产底线的行为要限期整改，对性质严重的要抓紧清理；对行政建制镇错误命名的虚假"特色小镇"、单纯房地产开发等项目自我冠名的"××小镇"及停留在纸面上并未开工建设的虚拟"特色小镇"要立即除名。各级发展改革部门在开展项目审批（核准、备案）等工作时，应加强对项目名称的把关指导，规范使用特色小镇全称、防止简称为小镇，防止各省份特色小镇清单外的项目命名为"特色小镇"。

· 第二节　体育特色小镇的规划实践 ·

体育特色小镇作为新生事物，是涵盖产业、生态、空间、文化等多个领域的系统性工程，规划是引领体育特色小镇有序发展的重要手段。因此，体育特色小镇规划是一项各种元素高度关联的综合性规划，不能照搬现有某个单项领域的规划方式和方法，应在"多规合一"的基本理念下，针对体育特色小镇特点开展创新性规划实践。

一、体育特色小镇规划的衔接

体育特色小镇建设发展规划须与所在镇（区）国民经济和社会发展规划、土地利用总体规划、环境保护规划、产业发展规划等"多规"进行衔接。所在镇（区）为中心城区范围的体育特色小镇建设发展规划须符合城市总体规划，所在镇（区）为非中心城区范围的体育特色小镇建设发展规划须纳入所在镇（区）总体规划。

二、体育特色小镇规划的内容与要求

体育特色小镇的规划内容须包括如下几个方面：体育特色小镇的战略定位、规划目标与指标体系、总体空间布局、体育特色产业发展策略、历史文化保护与发展、体育旅游发展策划、生态环境保护、城市设计、基础设施建设、公共服务和社会治理、体制机制创新、开发时序安排、年度实施计划和实施保障机制等。

体育特色小镇规划的具体要求如下：

1. 总则。说明规划背景、编制依据、规划范围、规划期限等。

2. 现状分析。创建基础、发展分析等。

3. 目标与指标。规划目标、规划指标等。

4. 产业发展。须突出"特而强",深挖体育运动休闲产业潜力,延伸产业链条,激发发展活力。主要内容包括:产业投资计划、产业发展方向、重点产业项目、双创平台建设。

5. 空间布局。须力求"聚而合",挖掘、延伸、融合培育产业功能、文化功能、旅游功能和社区功能。主要内容包括:"三规"条件符合性分析(城市总体规划、土地利用总体规划、控制性详细规划等)、"四线"管控(生态控制线、基本农田控制线、城市增长边界控制线和产业区块控制线)、用地布局与安排、功能分区、交通组织、设施配套等。

6. 城市设计。须力求"精而美",展现地貌特色、建筑特色、生态特色、人文特色。主要内容包括:小镇整体城市设计、建筑风格、人文环境、景观构建、社区营造及功能完善等。

7. 实施策略。注重与实体经济紧密结合,强调有效投资和可实施性。主要内容包括:建设项目的策划、主体的确定、时序的安排、运营方案的制订等。

三、体育特色小镇规划的注意事项

近年来,各地区体育特色小镇建设取得一定成效,涌现出一批精品体育特色小镇,促进了经济转型升级和新型城镇化建设,但也有部分体育特色小镇存在概念混淆、内涵不清、主导产业薄弱等问题。因此,在规划发展中,要准确把握体育特色小镇的发展定位,明确其概念内涵、功能作用和主导产业,将之作为发展体育特色小镇的基础和前提。

(一)概念内涵

体育特色小镇是现代经济发展到一定阶段产生的新型产业布局形态,是规划用地面积一般为几平方千米的微型产业集聚区,既非行政建制镇、也非传统产业园区。体育特色小镇重在培育发展主导产业,吸引人才、技术、资金等先进要素集聚,具有细分高端的鲜明产业特色、产城人文融合的多元功能特征、集约高效的空间利用特点,是产业特而强、功能聚而合、形态小而美、

机制新而活的新型发展空间。

（二）功能作用

体育特色小镇功能作用有以下三点：一是经济高质量发展的新平台，依托小尺度空间集聚细分产业和企业，促进土地利用效率提升、生产力布局优化和产业转型升级；二是新型城镇化建设的新载体，疏解大城市中心城区非核心功能，吸纳农业转移人口进城就业生活，促进农业转移人口市民化和就近城镇化；三是城乡融合发展的新支点，承接城市要素转移，支撑城乡产业协同发展。

（三）产业主导

体育特色小镇应秉持少而精、少而专的方向，在确实具备客观实际基础条件的前提下确立主导产业，宜工则工、宜商则商、宜农则农、宜游则游，找准优势、凸显特色。切不可重复建设、千镇一面，切不可凭空硬造、走样变形，切不可一哄而上、贪多求全。拥有相应资源禀赋的地区可着重发展商贸流通、文化旅游、三产协同融合的产业型体育特色小镇。

第三节 体育特色小镇的建设运营

一、建设施工

体育特色小镇的建设施工，既要整体思考，也要因地制宜、因时制宜。产品既要符合相关质量标准、法定规范，又要结合运营、使用需要，做到充分尊重小镇特色。应针对体育特色小镇的主题风格、创意设计，对小镇的内容细节进行营造；建设施工过程中要注重小镇调性的统一，彰显小镇特色风格，在力求小镇"高颜值"呈现的基础上，保证体育特色小镇基础设施、建筑、公共空间、软性展现等方面的实用性、功能性。

（一）体育特色小镇建设施工的主要内容

1. 基础设施建设

（1）基础设施：指道路、给水、排水、供电、通信、燃气、供热、环卫、综合防灾等设施。体育特色小镇的基础设施建设应充分考虑地区的气候特征，如南方某些地区基础设施配管标准建设指引可以不包括供热设施。

（2）公共服务设施：指具有基本公共服务功能的系列设施的总称，包括行政管理、教育、医疗卫生、文体、商业金融、集贸市场等公共服务设施。

（3）基础配置型设施：指依据规范标准应在体育特色小镇内配置的"标配型"设施，包括标识牌，路灯、巷灯，停车场、农贸市场、健身广场，公园、公交、公告栏，公共服务站、文化站、卫生站，垃圾站、金融服务站，路网、电网、水网、光网、烟气网、安全网，可概括为"一牌、两灯、三场、四公、五站、六网"，共21项。

（4）特色引导型设施：指根据体育特色小镇产业、文化、旅游等功能需求提出的"选配型"设施，包括产业服务站、电商服务站、创客教育培训站、特色产品展销站、旅游服务站，共5项。

2. 体育特色小镇建筑建设

体育特色小镇建筑建设要充分体现出特色亮点，根据体育特色小镇的类型可具有以下几个内容。

第一类：体育休闲健身综合体。以体育健身为核心，以休闲娱乐为辅，将体育特色小镇打造成为体育休闲健身综合体。

（1）以体育场馆为核心的体育特色小镇。主要是规划建设了多个体育场所，包括室内游泳池、网球场、健身会馆、羽毛球场、足球场等。

（2）体育特色小镇主题建筑群。从体育特色小镇未来的发展方向看，还应该配套建设商业区、极限体育公园、酒店公寓及山地体育公园等多个主题建筑群。

（3）体育特色小镇标志性建筑。例如，作为体育特色小镇标志性建筑的

体育馆采用全玻璃和钢架式设计，建筑内部构建成六边形空间组合体，场馆共分4层：第1层主要是体育配套用房和乒乓球、台球等对层高、采光要求低的场馆；第2层为最常用的羽毛球综合大厅、游泳馆及花园庭院；第3层为健身俱乐部、瑜伽室、动感单车室、运动康复室等空气流通性好的场馆；第4层为采光好的室内天光网球场等。

第二类：体育休闲旅游综合体。体育特色旅游小镇建设源于19世纪中期国外的乡村旅游。近年来，乡村和小镇旅游在我国悄然兴起，已成为我国旅游业发展的一种重要形式，成为拉动城镇经济的新增长点。体育休闲旅游综合体开发丰富了旅游地产开发的内涵，拓展了旅游资源开发形式，满足了人们体育休闲的需求，促进了体育旅游业的转型升级。

（1）开发的理念。体育休闲旅游综合体的开发一定要坚持小型化、慢节奏、景观性、休闲性、可持续发展、低能耗、景观多样化、运动康养、理性开发的理念。

（2）突出的特点。体育休闲旅游综合体在开发时要注意打造生态人居型、历史文化型、民族民俗型、特色产业型、旅游接待型、主题创意型、复合型等不同类型特色突出的体育特色小镇，是群众参与性强、运动强度较低、服务体验好的特色小镇。

（3）独特的风格。体育休闲旅游综合体的整体建筑作为体育特色小镇主要地上附属物，是体育特色小镇风格特色的重要体现，因此体育休闲旅游综合体建筑风格要与体育特色小镇整体风格调性相一致，功能不同的建筑在建设施工过程中细节方面也要有所侧重。例如，建筑外立面侧重屋顶、外墙，建筑外立面装饰侧重门牌、牌匾、雨棚、灯笼、墙体装饰（砖雕、木艺等）、墙体花卉等细节，要处处彰显体育特色小镇风格。

3. 产业空间建设

产业空间建设可以通俗地理解为产业规划，产业规划就是对产业发展进行布局，并对产业结构调整进行整体布置和规划，产业结构就是指三大产业结构。

体育特色小镇产业空间建设的具体措施可以概括为统筹兼顾，协调各产业间的矛盾，进行合理安排，做到因地制宜、扬长避短、突出重点、兼顾一般、远近结合、综合发展。在静态上看，体育特色小镇产业空间建设指形成体育特色小镇区域内产业的各部门、各要素、各链环在空间上的分布态势和地域上的组合。在动态上看，体育特色小镇产业空间建设表现为各种资源、各生产要素甚至各产业和各企业为选择最佳区位而形成的在空间地域上的流动、转移或重新组合的配置与再配置过程。因此，使体育特色小镇产业空间建设有序布局，体育及相关产业与公共服务设施有机地结合在一起。下面以体育特色小镇体育旅游商品一条街为例进行分析。

（1）产业空间建设因类制宜。商品一条街以服务体育特色小镇生活或旅游功能为主，应结合生活性道路布局；特色商品市场应在体育特色小镇区边缘单独设立，临近对外交通和镇区生活性道路；区域商贸中心应结合对外交通性道路布局，与生活区域保持一定距离。

（2）管控商业店铺，防止无序蔓延。一方面要根据体育特色小镇的区位、性质、规模、空间形态等，统筹布局商业用地，适度控制规模；另一方面，鼓励有条件的体育特色小镇建设综合服务体。

（3）引导特色商品业态。在保护传统商品业态方面，除满足居民日常需求，传统商品业态还应与娱乐消遣、地域特色体验、体育旅游等活动相结合，构建独具地域特色的业态形式。特别是在居住区集中的区域，应限制经营具有噪声污染、空气污染、水污染的商业类别。

4. 绿化及景观建设

体育特色小镇绿化及景观建设工作需要将地域文化渗透至特色小镇的设计环节，充分应用能够彰显地域文化特征的各类设计要素，如地形、水体、景观小品、乡土植物等，确保地区文化旅游竞争优势能够被充分发挥出来。具体内容主要包括以下几个方面。

（1）环境因素建设

体育特色小镇绿化及景观建设中的环境因素主要包括地形、气候、水体

等多种形式。其中，地形会影响到体育特色小镇的整体建设面貌，使小镇景观更为独特，主要表现在三个方面。

第一，将体育特色小镇基本构架与地形结合在一起，可以形成特色的视觉观赏体验。地形建设工作可以运用巧于因借的理念。例如，体育特色小镇内存在地势高差起伏较大的区域，可以因势布置建筑，在节约土地的同时，使空间变化更有层次感，丰富小镇景观面貌。

第二，体育特色小镇建设工作应当注重考虑气候因素的差异性。气候是创造不同地域文化的重要因素之一，因所处地域不同，各个体育特色小镇中的光照、湿度、温度及空气流向也会对人视觉、触觉造成不同程度的影响。因此，在做具体的景观设计时，还需要关注气候因素，选择适宜的植被，合理划分体育特色小镇分区。例如，南方地区气温普遍较高，在开展景观功能设计的过程中，应当合理扩大遮阴区覆盖面积，为大众提供更加良好的休憩空间。

第三，水体建设能够为体育特色小镇整体景观提供活力与生气。相较于其他景观要素而言，水体一直以来都是特色小镇保留及利用的重点内容，水文化也是地域文化的代表。在现有体育特色小镇景观设计时，应当最大限度地保护自然水体，结合特色小镇水体景观风貌，彰显出城市特有的自然优势及景观中的独特意义。

（2）绿色植物建设

绿色植物具备种类多、分布范围广的特征，由于植物的叶片、花色种类繁多，将其应用在体育特色小镇景观工程中，可切实提升体育特色小镇景观工程的观赏价值。具体来说，绿色植物资源丰富，地区内绿色植物种类多、数量大，可以更好地被应用在特色小镇园林设计与后期建设过程中。因此，在体育特色小镇的绿色植物建设过程中需要注意以下几点。

第一，注意绿色植物品种的适应性特点。不同区域、不同种类绿色植物适应能力有所不同。例如，南方地区的绿色植物多为耐热、耐干旱型；北方地区的绿色植物具备更为显著的抗严寒能力，对土质要求不高。绿色植物的选

择还应该注意能够更好地适应当地生态环境、水文条件，这也是保障地区生态效益、改善居民生活环境的重要手段。例如，地被类绿色植物的占地面积较大，绿视率高，可以更有效地吸附污染物，对净化空气意义重大。

第二，注意体育特色小镇绿色景观建设的经济利益，在保证经济利益最大化的基础上，确保绿色植物建设过程中要严格遵循经济性原则。在保障体育特色小镇绿色景观建设具有较高观赏性的前提下，以绿色植物为主，合理适当引入外来优良品种。由于绿色植物能够更好契合当地自然环境，不仅可体现出地域特色，还可以最大限度地保障种植资源的开发优越性。在引进外来绿色植物品种的过程中，需要确保做好绿色植物选择、培育工作，绿色植物能够更加适用于大面积漏土种植，保障自身存活率。

第三，在挖掘与利用绿色植物建设中，还应当采用合理措施，对地质资源进行保护、开发，使绿色植物品种能够得到更加合理地完善。绿色植物能够与其他植物互惠共生，协调不同植物品种的关系，使植物与植物之间能够产生互相依存、共同获利的互补效应。

（3）景观小品建设

景观小品是体育特色小镇景观的重要组成部分。从装饰功能角度分析，景观小品需要与体育特色小镇内整体景观风格保持一致，成为彰显地域文化的重要工具。景观小品主要包括座椅、灯具、雕塑等，在具体设计时应当着重融合地域文化。如选择具有当地文化代表性的图案、线条等装饰园区内的基础设施，进一步烘托出园区的整体文化氛围。

（4）水系景观建设

水文化也具备极高的代表性与象征性。为了在体育特色小镇景观建设过程中提升地区文化旅游竞争力，还需要重点发挥出自然水体的应用价值。具体而言，体育特色小镇内水文化多数通过诗词歌赋、绘图、传说或体育文化形式表现出来。因此，在最大限度保留自然水体形貌的基础上，建设人员可通过在实体周边增加标志性雕塑、景墙或者刻绘等方式，体现出水文化内容，确保身处在其中的游客能够更好地感受到地域文化的氛围。

（二）体育特色小镇建设施工的遵循原则

1. 遵循规律、质量第一

立足不同地区经济发展阶段和客观实际，遵循经济规律、城镇化规律和城乡融合发展趋势，不降指标、不搞平均，控制数量、提高质量，防止一哄而上、一哄而散。

2. 因地制宜、突出特色

依托不同地区区位条件、资源禀赋、产业基础和比较优势，适合什么发展什么，合理谋划并做精做强体育特色小镇主导产业，防止重复建设、千镇一面。

3. 市场主导、政府引导

厘清政府与市场的关系，引导市场主体扩大有效投资，创新投资运营管理方式，更好地发挥政府体育公共设施配套和政策引导等作用，防止政府大包大揽。

4. 统一管理、奖优惩劣

把握发展与规范的关系，实行正面激励与负面纠偏"两手抓"，实行部门指导、省负总责、市县落实，强化统筹协调和政策协同，防止政出多门。

（三）体育特色小镇建设施工的注意事项

1. 对接策划规划部门，全面了解体育特色小镇规划设计理念

规划设计部门相关人员最好可以现场指导体育特色小镇建设施工，保证小镇的建设施工能够完美呈现规划设计理念，从而把握体育特色小镇的发展理念和方向。

2. 对接后期运营管理单位，把控好建设施工细节

体育特色小镇规划设计、建设施工的最终目的是实现小镇的健康良好有序运营。因此，在建设施工过程中，需要和后续经营管理团队在细节等方面

做好沟通，以防对体育特色小镇的后续经营管理造成阻碍。

3. 对建设施工规范及安全的把控

遵循基础设施建设的施工原则、施工规范、安全保障，把控体育特色小镇建设施工整体顺利进行。

二、运营特点

一直以来，政府都是城镇建设的推动者与核心运营主体，政府既是所有者、经营者，又是管理者、监督者。党的十八届三中全会报告中提出要发挥市场在资源配置中的决定性力量，意味着小城镇运营必须在理念上发生转变，运营主体、运营客体及收益模式也应及时转变。

（一）核心运营主体的转变，从政府主导转变为市场主导

体育特色小镇运营模式共分为四种：政府主导模式、政府与企业联动发展模式、企业主导模式、非营利的社会组织主导模式。其中后三种模式政府应全力支持，包括协助体育特色小镇项目立项，争取上级政府（国、省）在特色小镇、精准扶贫、PPP项目、产业基金等方面的政策与资金支持；配套建设道路、市政管网、桥梁等基础设施；联合企业进行推广宣传，提升小镇知名度与影响力；与企业共享招商引资渠道、联合招商等。

（二）运营客体的转变，从土地为重转变为产业为重

长期以来，土地一直是小城镇运营中的主要对象，也是政府财政收入的主要来源。但这一模式在小城镇发展中逐渐凸显弊端。随着国家对地产行业政策的收紧，越来越多的地产商都向小城镇运营商、产业运营商转型，不仅要开发土地，也要开发配套服务设施、旅游项目、产业项目，还要进行房产开发，最后进行产业整合和运营整合。因此，新形势下的体育特色小镇运营客体可以概括为：以产业为主导，以土地为基础，以各种产业项目、旅游项目、赛事表演项目和房产项目为重点的全方位体系。

（三）收益模式的转变，从土地收益转变为综合收益

以土地为经营客体的模式，决定了政府以土地出让为主要收入来源的收益模式。而新形势下，多条运营线的展开，使体育特色小镇的收益除来自土地一级、二级开发外，还包括产业项目的运营收益、二级房产的运营收益及城市服务的运营收益等。这一收益模式已经不再依赖于土地财政，而是一种可自我供血、可长期持续的合理架构。为了方便分析小镇的运营过程，我们将体育特色小镇的开发分为土地一级开发（代开发期）、土地二级开发期、产业项目开发期、产业链整合期、城镇建设五个发展阶段。

三、融资模式

金融是经济发展的血液，是体育特色小镇建设的重要支撑力量。体育特色小镇要摆脱过去城镇化推进过程中以政府出资或垫资为主的"地方债"融资模式，通过打通金融渠道，引入社会资本，在资本运营层面，实现项目的自收自支，政府更应该以监管者身份去协调运营过程中出现的市场过度逐利等负面问题，最终以特色小镇为点，实现区域特色城镇化的整体推进。

（一）投资平台建构

投资平台建构包括两大块，一块是城市投资，另一块是体育投资。城市投资包括交通、水利、医疗投资，体育投资包括产业投资、旅游投资、文化投资、农业投资、养老投资等。

（二）多种融资方式

包括基金资金、开发性银行政策资金、PPP 项目资金、商业银行信贷金、资产支持证券（asset-backed securites，ABS）、政府贴息、贷款资金等。

（三）外部资源导入

导入发改委 PPP 项目、国开金融、中国农业发展银行、中国建设银行等

投资。导入大量优质的 IP 资源，包括知识资本的导入以及成熟品牌的导入。

（四）具体融资模式

发债、融资租赁、基金、资产证券化、收益信托、PPP 融资等。

四、申报过程

体育特色小镇的建设由地方各级政府及其体育等相关部门根据当地实际情况进行，充分发挥社会力量和市场机制的作用，避免盲目跟风。各省（区、市）体育局有关运动项目管理中心根据当地和运动项目实际向体育总局推荐小镇项目，体育总局进行业务指导。体育总局主要以组织开展运动休闲特色小镇示范试点、制定完善政策的方式加强行业管理和引导。

（一）报送程序

坚持地方自愿申报和省（区、市）体育局推荐相结合，按年度分批报送。县级体育行政部门根据实际情况，将辖区内符合条件的项目上报省（区、市）体育局，省（区、市）体育局进行审核后推荐上报体育总局。体育总局各运动项目管理中心（项目协会）可直接推荐项目。

（二）基本条件

申报和推荐的小镇应具备以下基本条件。

1.交通便利，自然生态和人文环境好。

2.体育工作基础扎实，在运动休闲方面特色鲜明。

3.近 5 年无重大安全生产事故、重大环境污染、重大生态破坏、重大群体性社会事件、历史文化遗存破坏现象。

4.小镇所在县（市、区）政府高度重视体育工作，能为发展运动休闲特色小镇提供政策保障。

5.运动休闲特色小镇建设对当地推进脱贫攻坚工作具有特殊意义。

详见专栏一：体育总局运动休闲小镇建设工作汇报材料。

运动休闲特色小镇建设工作汇报材料（提纲）

（不超过5000字）

一、基本情况

要求：简述小镇区域面积、人口、交通、体育产业、经济社会发展等方面的基本情况。

二、运动休闲特色小镇建设评估

要求：围绕以下五个方面，从成绩与经验、困难与问题两个角度进行阐述。

（一）自然与生态

从镇区风貌、镇区自然环境、镇区生态等方面进行阐述。

（二）基础设施和公共服务

从道路交通、公共设施、公共体育服务三方面进行阐述。贫困落后地区应增加脱贫攻坚方面的内容。

（三）体育工作

从体育健身设施、体育赛事和活动、群众体育组织机构、群众体育管理架构、科学健身指导等方面进行阐述。

（四）运动休闲业态

从运动休闲产业发展、运动休闲文化传承、运动休闲文化氛围营造等方面进行阐述，包括冰雪运动、山地户外运动、水上运动、航空运动、汽车摩托车运动等项目。

（五）体制机制

从发展理念、规划建设、社会管理、体制机制等方面进行阐述。

三、发展目标及政策措施

（一）到2020年的总体发展目标及年度目标

（二）近期工作安排

（三）支持政策

要求：阐述县（市、区）级以上政府及其部门关于支持运动休闲特色小镇建设的政策举措。

专栏一：体育总局运动休闲小镇建设工作汇报材料

（引自《体育总局办公厅关于推动运动休闲特色小镇建设工作的通知》2017-05-11）

第四节　体育特色小镇的基础评价

体育特色小镇的规划设计，要根据区域发展的实际情况和自身核心竞争力进行规划设计，宜农则农、宜工则工、宜游则游是根本原则。对于一些距离大中城市比较近的城郊地区，具备交通方便快捷、区域旅游要素多、民俗文化深厚、体育资源丰富、主题特色鲜明、地形地貌独特等条件的，在规划设计和后期建设运营上，应大力结合体育、文化、康养、旅游等产业发展，通过体育及体育相关产业带动地方特色文化、旅游产品、康复休闲等产品运营，解决就业，提供创业空间，增加人民收入，建设体育特色小镇。因此，基础评价是体育特色小镇规划设计和可持续发展的重要基础，主要从以下几个方面做具体分析。

一、宏观战略背景分析

某地区处于转方式、调结构的关键期，建机制、增活力的攻坚期，新优势、新动力的形成期，补短板、建小康的决战期，为"体育"发展带来重要战略机遇。具体分析内容主要包括：区域发展环境、经济发展环境、社会发展环境、生态发展环境等。

二、总体规划状况分析

（一）总体规划状况分析的内容

总体规划状况分析的内容主要分成三个层面：国家、区域、地方等。即，国家经济社会发展总体规划纲要或意见等；区域国民经济和社会发展规划纲要或计划等；地方国家服务业综合改革试点实施方案等。

（二）案例：沈阳体育特色小镇建设总体规划状况分析

1. 国家经济社会发展总体规划状况分析

《中华人民共和国国民经济和社会发展第十四个五年规划和 2035 年远景目标纲要》指出，我国进入新发展阶段。"十三五"时期社会经济持续发展，国内生产总值突破 100 万亿元，农业现代化稳步推进，人民生活水平显著提升。进入"十四五"，我国已转向高质量发展阶段，制度优势显著，经济长期向好，物质基础雄厚，人力资源丰富，市场空间广阔，发展韧性强劲，社会大局稳定，继续发展文体旅融合发展的体育特色小镇具有多方面的优势和条件。

（1）促进服务业繁荣发展。聚焦产业转型升级和居民消费升级需要，扩大服务业有效供给，提高服务效率和服务品质。加快发展健康、养老、托育、文化、旅游、体育、物业等行业，加强公益性、基础性服务业供给，扩大覆盖全生命期的各类服务供给；发展服务消费，放宽服务消费领域市场准入，推动教育培训、医疗健康、养老托育、文旅体育等消费提质扩容，加快线上线下融合发展；推动种养结合和产业链再造，提高农产品加工业和农业生产性服务业发展水平，壮大休闲农业、乡村旅游、民宿经济等特色产业。

（2）完善新型城镇化战略，提升城镇化发展质量。推进以县城为重要载体的城镇化建设。加快县城补短板强弱项，推进公共服务、环境卫生、市政公用、产业配套等设施提级扩能，增强综合承载能力和治理能力；健全县城建设投融资机制，更好发挥财政性资金作用，引导金融资本和社会资本加大投入力度；按照区位条件、资源禀赋和发展基础，因地制宜发展小城镇，促进特色小镇规范健康发展；推动文化和旅游融合发展。深入发展大众旅游、智慧旅游，创新旅游产品体系，改善旅游消费体验。加强区域旅游品牌和服务整合，建设一批富有文化底蕴的世界级旅游景区和度假区，打造一批文化特色鲜明的国家级旅游休闲城市和街区，提升度假休闲、乡村旅游等服务品质。

（3）推动东北振兴取得新突破。从维护国家国防、粮食、生态、能源、产业安全的战略高度，加强政策统筹，实现重点突破。大力发展寒地冰雪、

生态旅游等特色产业，打造具有国际影响力的冰雪旅游带，形成新的均衡发展产业结构和竞争优势。

（4）政策法规依据。《中华人民共和国城乡规划法》《中华人民共和国旅游法》《中华人民共和国土地管理法》《中华人民共和国森林法》《中华人民共和国环境保护法》《国民旅游休闲发展纲要（2022—2030年）》《"十四五"公共服务规划》《"十四五"国家老龄事业发展和养老服务体系规划》《"十四五"国民健康规划》《"健康中国2030"规划纲要》《体育强国建设纲要》《"十四五"文化发展规划》《"十四五"体育发展规划》《"十四五"旅游业发展规划》等。

2. 区域旅游业发展规划状况分析

为深入贯彻落实习近平总书记关于东北全面振兴的重要讲话和指示批示精神，落实党中央、国务院关于支持东北地区深化改革创新推动高质量发展的部署要求，推动东北地区旅游业转型升级和高质量发展。根据《东北地区旅游业发展规划》，充分发挥市场在资源配置中的决定性作用，更好发挥政府作用，加快推进区域旅游领域深层次改革，深化面向东北亚的旅游开放合作，培育国际旅游合作竞争新优势。依托东北地区森林、山川、草原、沙漠、湿地、湖泊、江河、海洋等多样化资源，积极发展观光、避暑、康养、体育、研学、度假等旅游产品，创新培育绿色旅游新业态，大力塑造绿色旅游品牌，打造全国绿色旅游发展引领地。

3. 地方旅游业发展相关政策分析

为全面贯彻落实党的二十大精神，实现辽宁全面振兴新突破，坚决打好打赢新时代东北振兴、辽宁振兴的"辽沈战役"，根据《辽宁省"十四五"旅游业发展规划》《中共辽宁省委常委会2023年工作要点》《辽宁全面振兴新突破三年行动方案（2023—2025年）》《辽宁省文旅产业高质量发展行动方案（2023—2025年）》《沈阳市2023年文化产业振兴行动计划》要求，为如期实现辽宁"十四五"旅游业发展规划目标，推动沈阳旅游发展质量显著增强，旅游市场加速升温；大幅提升高品质旅游产品供给能力，新增国家级或省级旅

游度假区、旅游消费聚集区、乡村旅游重点村镇等为代表的优质旅游供给。

三、体育特色资源分析

（一）地形地貌

主要从资源、地貌、地形、河流、湖泊、山林等要素进行分析，适宜于依托丰富地形地貌打造全域景观、营造宜居环境、策划户外活动。

（二）历史文化

主要以地区历经朝代、少数民族、民俗民风、文物古迹、文化产品、传统体育等要素为基础，结合体育需求，挖掘、梳理文化资源，策划文化内涵和时尚创意兼备的体育文化旅游等产品。

（三）宜居气候

主要利用所属地区气候、气温变化、四季特色、降水量、寒冬期等特点，充分发挥气候优势，整合全度假区生态资源，建成全年候的生态体育特色小镇。

（四）生态景观

主要利用林地、农地、村屯、河流等生态系统，统筹生态资源，营造森林资源生态环境，构建生态农业景观、山水林田湖交融的全域生态景观，融合体育文化构建体育特色小镇。

（五）健康养生

主要从空气质量、声环境质量、水环境质量等条件出发，通过与"生态体育康养小镇"整合发展，打造高品质四季康养目的地。

（六）交通区位

主要围绕城市交通圈来看，航空、高铁、公路、海运、河运等条件和时限是否便于对接省内体育文化旅游市场。

四、体育特色基础条件

（一）本地人口

从总人口、常住人口、青少年人口、老年人口等情况进行分析，确定体育特色小镇市场的目标人群。

（二）区域经济

从地区生产总值及第一、二、三产业所占比重出发，明确地区经济最重要的支柱产业，需要通过发挥健康休养、体育、医养结合和可持续发展的核心优势，整合全区优质资源建成体育特色小镇。

（三）基础设施

从现有的交通基础设施、市政基础设施出发，结合体育特色小镇的发展来同步规划建设，并在可持续发展等领域形成示范性亮点。

（四）产业市场

从产业发展现状出发，结合地区的人口、经济、设施等条件，分析当地体育产业市场形势，明确产业发展方向及目标。

五、体育特色发展 SWOT 分析

（一）体育特色发展 SWOT 分析主要包括

1. 优势

如地形地貌多样、历史文化厚重、四季气候宜居、全域景观优美、康养资源丰富等。

2. 劣势

如康养产业配套、市政基础设施、生态环境基础、旅游市场薄弱等方面。

3. 机会

如顶层设计发挥后发、产业融合彰显核心、交通区位对接多元市场等方面优势。

4. 威胁

如在体育康养产品存在同质竞争、传统体育文化需要创意提升改造、医养和文体旅产业需融合发展等方面威胁。

（二）案例：东北地区体育特色小镇建设 SWOT 分析

1. 优势

东北地区地处东北亚区域腹地，与俄罗斯、朝鲜、蒙古接壤，与日本、韩国隔海相望，边境口岸和城市众多，是我国向北开放的重要窗口和东北亚地区合作的中心枢纽。东北振兴战略实施以来，东北地区综合交通体系进一步完善，哈尔滨、长春、沈阳、大连等国际机场以及多个支线机场，形成快捷高效的空中交通网络；高速铁路网渐趋完善，高速公路网基本形成，逐步建成多层次、多样化、网络化的区域综合交通体系。

东北地区历史文化悠久，民族风情浓郁，生态类型多样，自然景观独特，冰雪、森林、山川、湿地、草原、沙漠、湖泊、江河、海洋等旅游资源禀赋高、数量多、类型全。现有 5 项世界文化遗产、6 座国家历史文化名城、377 处全国重点文物保护单位、240 项国家级非物质文化遗产代表性项目、4 个世界地质公园、22 个国家 5A 级旅游景区、2 个国家级旅游度假区、9 个国家级滑雪旅游度假地、162 个全国乡村旅游重点村镇。近年来，东北地区旅游业快速发展，冰雪旅游、避暑旅游、自驾旅游、边境旅游等具有东北特色的旅游品牌深入人心，成为我国重要的特色旅游目的地。

2. 劣势

东北地区旅游业发展也面临一些问题和挑战。当前国际环境日趋复杂，全球旅游业发展不稳定性和不确定性明显增加。东北地区旅游业发展不平衡

不充分的问题仍然突出，存在跨区域共建共享机制尚不健全、旅游基础设施及配套建设尚不完善、优质旅游产品供给不足、旅游服务质量和水平不高、旅游市场主体不强、全季旅游运营不佳、产业综合带动作用发挥不充分等短板弱项。

3. 机会

随着经济的发展和人民生活水平的提高，旅游业在东北地区将继续保持增长势头。未来东北地区的旅游业发展前景非常广阔。首先，随着经济的发展和人民生活水平的提高，人们对旅游的需求不断增加。其次，东北地区拥有丰富的自然资源和文化遗产，可以为游客提供丰富的旅游体验。再次，东北地区的基础设施建设将得到改善。政府将加大对东北地区的投资，改善交通、住宿和旅游设施，使游客更容易前来旅游。最后，越来越多的投资者将进入旅游业，这将带来更多的机会。

4. 威胁

首先，市场竞争激烈，各地旅游资源和项目同质化程度高，难以形成区域特色和差异化优势。其次，旅游基础设施落后，如公路、铁路和民宿等需要进一步提升和完善。再次，旅游环境需要改善，如城市环境和环境质量等，需要加快建设和整治。最后，东北区域在开发冰雪旅游资源的过程中各自为政，导致了产品雷同现象：冰雪旅游产品都是以玩雪、赏雪、滑雪、滑冰等参与性活动项目为主，并多以"冰雪艺术节"的形式展现，均形成了以冰雪艺术、冰雪文化、冰雪运动、冰雪娱乐、冰雪贸易为主的五大板块。此外，区域内的盲目模仿使冰雪旅游产品同质化程度日益严重，无序竞争对于东北区域冰雪旅游的整体发展是非常不利的。

第五章　体育特色小镇规划

体育特色小镇规划是以促进新型城镇化发展为中心，通过区域化的合理建设和合理配置方式，打造适合人们从事运动休闲、文化、健康、旅游、养老等活动的区域空间。综合来说，体育特色小镇规划最终是服务于使用者，为使用者带来便利的同时间接刺激区域经济发展，提高物质文明水平，从而推动城市快速发展。

第一节　体育特色小镇规划含义

体育特色小镇规划需要遵循发展规律，这种规律来自多种形态，有科技的发展、人们生活水平的提高等，必须要做到规范设计、规范规划。从体育特色小镇发展历程来看，体育特色小镇规划在本质上就是从小镇工作任务、指导思想、基本原则和总体目标出发，根据体育特色小镇规划的主要任务、创建目标，对体育特色小镇空间布局和功能区域进行规范划分。具体来说，根据小镇发展的空间定位、小镇发展的需要、人口居住的密集度，规范地划分出对应的功能区城，除了保证当地居民生活的居住区、商贸区、农业区、旅游发展区等，还需要进一步发展运动健身活动区、体育综合健身区、生态健康绿道区、运动温泉康养区、体育产业园区等体育相关产业园区，从而扩大特色体育规模、推动经济发展。

第二节 体育特色小镇规划过程

本节在介绍体育特色小镇规划过程的同时，以 H 市为例，结合当地发展的空间定位、小镇发展的需要、人口居住的密集度等条件规范划分出对应的功能区域，建设文化、体育与旅游的复合型产业体育特色小镇。

一、体育特色小镇规划的工作任务

体育特色小镇规划的工作任务：以体育产业为核心的体育特色小镇规划（专业体育赛事、大众体育赛事、大众体育运动、社区健身项目、运动休闲康复、传统文化旅游等）发展思路。

二、体育特色小镇规划的指导思想

以习近平新时代中国特色社会主义思想为指导，全面贯彻党的二十大《高举中国特色社会主义伟大旗帜 为全面建设社会主义现代化国家而团结奋斗》报告和全国人大十三届四次会议表决通过的关于《中华人民共和国国民经济和社会发展第十四个五年规划和 2035 年远景目标纲要》（以下简称"十四五"规划）的具体要求，统筹推进"五位一体"总体布局和协调推进"四个全面"战略布局，牢固树立和贯彻落实创新、协调、绿色、开放、共享的发展理念，认真落实党中央、国务院决策部署，以体育产业供给侧结构性改革为主线；按照《国务院办公厅转发国家发展改革委关于促进特色小镇规范健康发展意见的通知》《全国特色小镇规范健康发展导则》要求，积极推进专业体育赛事、大众体育赛事、大众体育运动、社区健身项目、运动康复休闲、传统文化旅游等产业专业化、品牌化、融合化发展，培育壮大市场主体，加快产业转型升级，不断满足人民群众多层次多样化的生活需求，提升人民群众的获得感和幸福感。

三、体育特色小镇规划的基本原则

（一）因地制宜，突出特色

从 H 市 W 山文化、体育与旅游度假区的资源出发，依托当地传统体育文化、冰雪文化项目和体育赛事活动等特色资源，结合当地经济社会发展，改进基础设施条件，依据产业基础和发展潜力科学规划、有序推进，形成体育产业发展平台。

（二）政府引导，市场主导

强化 H 市政府在政策引导、平台搭建、公共服务等方面的保障作用；充分发挥市场在资源配置中的决定性作用，鼓励、引导和支持企业和其他社会力量参与体育特色小镇建设并发挥作用。

（三）以人为本，融合发展

以人民为中心，充分发挥体育在引导城镇化过程中形成的健康生活方式、提高人民健康水平等方面的综合作用，政策和资金支持向文化、体育与旅游融合发展的体育特色小镇倾斜。小镇坚持创新发展理念、融合发展模式，大胆探索、先行先试，促进运动休闲产业与旅游、康养、文化等其他相关产业互通互融和协调发展。

（四）项目交错，互补衔接

实现不同季节的项目交错，夏季以氧吧、避暑为主题，冬季以冰雪运动为主题，实现不同季节间的互补和衔接，打造四季均衡的文化、体育、旅游综合休闲平台。整合各类产业，避免区块破碎化，注入传统文化、生态康养、运动休闲、体育赛事等内涵，打造文化、体育和旅游复合型产业体育特色小镇。

四、体育特色小镇规划的总体目标

根据文化、体育与旅游复合型产业体育特色小镇的定位，以保护生态环

境、实现可持续发展、满足人类社会可持续发展为需要，确定文化、体育与旅游复合型产业体育特色小镇的发展目标。遵循联合国可持续发展目标标准，吸纳国际先进的理念、经验和技术，依托当地优质的生态资源，发展以田园绿色生态、生态森林为特色的生态养生、健康养老产业，打造健康养生基地；促进专业体育赛事、大众体育赛事、大众体育运动、社区健身项目、运动康复休闲、传统文化旅游等各领域全面协调可持续发展，立足辐射整个区域城市经济圈，积极融入新一轮乡村振兴计划，为促进全省经济发展和区域地区全面振兴发挥作用。

（一）发挥地域优势，重点打造冰雪运动服务产业

充分发挥北方地域优势，合理利用气候资源，重点打造"冰雪＋度假、文化、体育、养生、运动"等冰雪产品；借助 W 山的冰雪场馆资源，注重吸引国内外组织和企业的冰雪服务接待设施、冰雪器具生产、设计咨询和人才培训等产业。

（二）结合区域特点，构建休闲健身运动设施网络

结合基层综合性文化服务中心及区域特点，统筹规划，合理布局，规范标准，节约集约，重点建设一批便民利民的健身场地设施，构建体育特色小镇内 15 分钟健身圈，形成休闲健身运动场地设施网络。

（三）四季多元共享，建立优秀后备人才培养体系

创新发展理念，拓展发展路径，利用春夏秋冬四季分明的气候环境，不仅打通冬季运动项目与夏季运动项目青少年后备人才的培养渠道，建立规模、布局和结构合理的青少年后备人才培养体系，促使冬夏两季项目后备人才结构更加优化。而且，精心打造青少年体育活动促进计划，开展丰富多样的青少年公益体育活动和运动项目技能培训，加强青少年体育俱乐部和校外体育培训基地的建设。

（四）依托生态资源，构建完善生态森林康养系统

丰富的森林资源、先天的环境优势，对游客形成重要的生态养生吸引力；规模化森林康养配套设施与服务，吸引更多森林休闲度假和医疗保健项目入驻，有利于进一步构建完善的生态森林康养系统。建立生态森林康养基地试点，积极打造以生态森林康养为中心的新兴体育旅游融合体，推动小镇产业经济发展。

（五）康体融合发展，打造高端运动健康服务基地

康复服务与养老、护理、体育等多种行业融合发展，以改善和提升群众身心健康水平为目的，以国内外先进理疗设备、专业的运动康复师、个性化的定制服务和优雅的环境来打造高端运动健康服务管理中心，为客户提供康复医疗、康复教育、康复辅具及健康管理等服务。

五、体育特色小镇规划的主要任务

体育特色小镇是具有明确产业定位、文化内涵、旅游功能、乡镇特征的空间载体。体育特色小镇是企业为主体、市场化运作、空间边界明确的创新空间、创业空间。从体育特色小镇的产业主体类型出发，规划文化、体育与旅游复合型产业体育特色小镇的主要任务，具体包括以下几个内容。

（一）体育健康服务业

在消费及生活方式逐步升级的背景下，W 山体育特色小镇应以老人群体及小镇居民的综合身心需求为核心，以"提升小镇居民健康素养、培养健康生活方式"为目标，建设相应的体育健康配套服务业态。体育健康服务业为主的小镇对吸引优质合作伙伴、构建较强的医疗品牌及长期高品质运营能力提出特殊的要求。在社会快速老龄化的背景下，健康养老是体育健康服务业的核心内容，既要有能力吸引、承接和全面服务已老人群（70 岁以上，受完善医疗服务能力吸引）、初老人群（60~70 岁，尝试寻找合适养老生活居所）

及将老人群（60 岁以下，正为未来养老生活制定计划）。也要具备提供接续性医疗服务的能力，进行保健、医疗、康复、护理和养老为一体的机构设置，提供"预防、治疗、康复、养生"为一体的服务，涵盖预防性、诊疗性和诊疗后期。

（二）冰雪运动服务业

以提升人民群众获得感、幸福感为根本出发点，以推进冰雪体育事业供给侧结构性改革为主线，利用山区优势大力推动小镇功能提升、冰雪产业发展、冰雪文化推广、体育事业繁荣，着力提升小镇冰雪运动功能服务保障。坚持世界眼光、国际标准、中国特色、高质量发展的要求，高定位、高标准规划建设管理小镇，有序疏解大城市核心功能，提升小镇核心服务能力，高定位、高标准建设冰雪运动服务业；以 W 山各级各类冰上场地设施和嬉雪场地设施为依托，构建分布合理的冰雪场地设施服务网点，打造冰雪体育生活化社区，使体育健身场地设施更加完善，满足群众的冰雪健身需求；以"冰雪 +"为助力，推动冰雪产业与健康养老、运动休闲等产业深度融合，形成冰雪产业链条，培育新的经济增长点。

（三）青少年培训教育基地

以体育类高校、区内院校为平台，探索产学研用相结合的人才培养模式。依托 ×× 体育学院、×× 师范大学体育学院等学校，研究增设冰雪相关专业，打造冰雪管理专业人才培训基地；建立青少年冰雪教育基地和国际冰雪产业人才交流中心，鼓励社会力量兴办冰雪俱乐部、训练营，培养冰雪运动人才，发展冰雪运动社会指导员、冰雪志愿者，培养运动员、教练员和裁判员；利用冰雪资源，结合区域实际，通过科学整合优势资源，加强冰雪运动竞技专业队伍建设，创新冰雪运动发展模式，加强区域合作和国际交流，打造区域品牌形象，扩大冰雪运动国际影响力。

（四）校外体育培训业

重点关注致力于青少年体质、体能开发与运动潜能激发的专业训练机构，引进国外青少年体能教程体系，并融合国内医学康复理疗专业理论，从专业的人体解剖学视角出发设计适合学员身体的耐力、柔韧、力量、平衡、协调、反应和灵敏的体能七大素质训练方案，纠正学员脊柱侧弯、高低肩、长短腿的现象，提升学员的综合运动水平，为今后的专项发展打下坚实的基础。在加强体能课程培训和体能训练基础上，增加专项训练项目，如篮球、羽毛球、乒乓球、武术、格斗防身术等单项训练课程。为学员提供全方位个性化教学计划，使青少年得到舒适有效的训练，并且更快更好地提高身体机能。

（五）文化体育旅游业

以 W 山绿色生态资源为依托，努力搭建生态旅游与文化共生共享的平台，不断提升生态森林旅游的生态文化含量、生态文化品位、生态文化个性，走出一条以绿色生态文化旅游为品牌、以生态旅游区大格局思维为引领、以康养旅游活动为载体、以康养文化项目为支撑、以生态研学旅游为动力、以生态体验旅游为聚集、以生态创意旅游为演绎、以生态开发特色旅游为主题的推进生态康旅产业发展的道路。

（六）生态森林康养产业

森林康养产业主要分以下两个部分。

一是森林康养体育产业。依托 W 山生态森林等资源优势，建立完善的公共体育设施体系，着力打造 W 山森林康养体育产业。依托道路绿化带和现有公共绿地空间，着力构建绿色健康步道体系，为市民提供便捷的休闲运动路径；充分整合古道和森林康养步道资源，开发越野跑、山地自行车、山地竞走、负重登山等特色森林康养运动项目，着力打造全国性森林康养运动品牌，促进产业联动；依托森林气候优势，加快森林康养健身场地设施建设，建设森林康养体育公园、森林康养训练场、森林康养运动健身公园等场馆设施，满足小镇居民训练和游客休闲健身需求。

二是森林康养温泉产业。W 山适宜温泉疗养，此项目开发前景好。温泉疗养产业与森林康养结合起来规划开发，将相互促进，协同发展，能将 W 山的地热资源与自然景观、人文景观及特色文化进行有机整合，建成森林康养温泉疗养、休闲度假旅游环线，促进 W 山从单一的观光型旅游向休闲度假、康复疗养、养生养老和观光旅游综合发展转型。温泉疗养受时间、季节限制较小，充分利用这一特性，可以以温泉疗养为核心，整合其他资源，打造新业态。例如，春季可温泉 + 赏花、踏春；夏季可温泉 + 森林疗养、避暑消夏；秋季可温泉 + 彩林、红叶；冬季可温泉 + 冰雪游乐等。四季均可体验的森林康养项目，能够弥补 W 山森林康养产业受季节性限制的不足，化解游客淡旺季差异明显的问题。

（七）运动康复产业

运动康复产业是康复服务与养老、护理、体育等多种行业的融合发展，可以使群众的身心健康水平得到改善和提升。康复中心主要包括两部分内容：一是身体技能康复，随着年龄的增长，老年人身体机能慢慢减退，通过身体机能康复能减缓身体机能的衰退；二是运动损伤康复，针对运动导致的身体损伤，通过运动损伤康复恢复以前的状态，这部分人的年龄可覆盖各个阶段。体育特色小镇运动康复产业集运动康复、中医养生、商务休闲等功能设施于一体，发挥康复在养老护理、运动健身等大健康领域中的作用，通过引进国内外先进理疗设备、专业的运动康复师，利用物理学上的原理和不同的能量、形态（如热能、光能、高频电磁场、运动按摩等）来达到治疗的效果；运动康复通过运动的生理回应，如力量的适应、耐力训练、柔韧性、平衡和协调能力等，通过专业人员设计与患者情况相匹配的运动训练康复方案，患者的体力及功能将尽量恢复到原来的水平。此过程是由专业能力突出、经验丰富的物理治疗专家，有针对性地为需求者设计一套"量身定制"的康复计划，为需求者提供康复医疗、康复教育、康复辅具及健康管理等服务，满足人民群众多层次、多元化的健康需求。

六、体育特色小镇规划的空间布局

体育特色小镇的体育产业发展空间布局是整合体育产业资源，发挥集聚效应，优化产业布局，创建特色体育产业新格局。因此，应从文化、体育、旅游复合型产业体育特色小镇的定位出发，规划出"一心""两带""六区""多线"功能布局的生态康养小镇。"一心"是小镇核心区域的体育产业文化中心（用于商务洽谈、技术研发、会议研讨、体验娱乐等），"两带"是沿河两岸打造休闲运动健身带，主要包括有氧运动带、休闲健身带，"六区"主要包括冰雪服务区、温泉运动康复区、老年康养区、全民健身广场区、运动教学训练区和森林康养区，"多线"主要包括一条环健身骑行线、三条健身步道线、四条森林登山线。最终要实现资源、产业、服务的合理配置和有效集聚。

七、体育特色小镇规划的区域规划

（一）体育综合健身馆

建设时间：2年。

投 资 额：1.5亿元。

建设内容：体育综合健身馆是运动训练健身基地，室内运动场地面积约1万平方米，馆内场地可根据使用需求进行多种布置，设施更换便捷，具有很高的综合使用性能。

体育综合健身馆内主要功能区如下。

（1）篮球区：2片配备专业运动木地板的篮球场。

（2）羽毛球区：30片塑胶地面羽毛球场。

（3）乒乓球区：20张乒乓球桌。

（4）零度滑雪室内训练区：引进2套国外先进的室内滑雪训练设备"魔毯"。

（5）健身区：600平方米健身室1个；400平方米体操健美操室1个；室内体育虚拟教学间6个；400平方米瑜伽室1个。

建设说明：零度滑雪室内训练区。滑雪运动受天气、环境、时间、地域等因素的影响，突破传统室外参与滑雪活动限制，让初级、中级和高级滑雪爱好者在安全、便捷的情况下，能够365天充分体验滑雪运动的乐趣。此训练区具有容易入门、安全性高等诸多优势，同时也免去更换滑雪服的烦琐，在滑行过程中能够享受到滑雪教练全程陪伴，并随时控制"魔毯"的速度和坡度，帮助学员在最短的时间内提升滑雪技巧。

（二）运动休闲活动区

建设时间：2年。

投 资 额：1.3亿元。

建设内容：具有较完备的体育运动及健身设施，可供各类比赛、训练及市民的日常休闲健身及运动之用的专类公园。小镇中心体育公园主要分成三个主要功能区，并配有停车场、风雨廊、公厕、便民超市等设施。

运动休闲活动区主要功能区主要包括体育活动区、体育运动区、园林休憩区。

（1）体育活动区

健身广场：1个能容纳500人跳健身操的大面积广场。

健身锻炼区：简易健身器械20~30件。

儿童游乐场：1个（设有不同年龄阶段儿童的活动设施）。

（2）体育运动区

篮球场：标准场地34米×18米，2个。

五人制足球场：38米×20米，2个。

门球场：22米×17米，2个。

溜冰场：25米×20米，1个。

网球场：4~6个。

乒乓球台：8~10 张。

（3）园林休憩区

园林休憩区共设 3 处，位于山林的周边，充分利用气候条件、优美环境，从老年人的活动需要出发，设置一些小型体育锻炼设施。

牵拉区：进行柔韧性牵拉和局部力量训练用的单杠、双杠、云梯等。

养生区：进行一些柔缓的健身气功、太极拳等练习的场地。

棋牌区：进行一些安静活动的木制、石质桌椅，如打牌、下棋等。

（三）生态健康绿道区

建设时间：2 年。

投 资 额：1.4 亿元。

建设内容：从宏观区域层次、中观可实施地方层次及微观宜人的场所层次共三个层次进行规划生态健康绿道。打造相互衔接的、便于控制的生态健身绿道，从宜人绿化场所、划分功能区到小镇整体建设，共同形成健身绿道网络系统。生态健康绿道的建设主要选择在地形平缓、坡度不大于 27 度、路面符合运动锻炼要求的区域，并配置健身指导设施、标识系统等必要配套设施，可供散步、健步走、跑步、自行车等健身运动的道路。最终，建立内外联通的交往游憩空间、改善人居环境的户外活动空间和休闲游憩生活。

健康步道的种类主要分以下两种。

（1）网状健身绿道

修建一个多层次网状健身绿道，遍布整个小镇，全长约 15 千米，以林带和水系形式为主，在绿带中设置宽 2 米的弯曲自如的游览步道（自行车 / 人行）。网状漫步绿道将小镇已建成的大型公园、绿地衔接起来，巧借山林、田野、村庄、道路绿带、健身公园等资源，形成生机盎然、繁花似锦、绿树成荫的绿色长廊，联系各处景点，将文化、科普、历史、体育、旅游、会晤等诸多功能融合，沿途是农庄农舍、溪流森林、繁花烂漫的乡野美景，形成生态康养小镇的亮点和特色旅游资源。同时，游客在街道上能欣赏到地方特

色小景观，使步道沿线处处凸现自然生态的山林景色、亲切的宅间民俗文化，及绿树成荫、鸟语花香、郊游野趣的绿化景观。网状健身绿道配套设置：8~10处有地方特色的小景观，人流相对集中处设置座椅、指示牌、庭院灯、休憩亭（可充电）、电话亭、无线网络等设施。

（2）登山健身步道

小镇西部和南部地区，丛林、花木、草坪等植被覆盖率高，观赏及娱乐性强，此位置适合修建登山健身步道。此处修建的登山健身步道应有较低的难度级别和较高的安全性，自然景观优美、舒适宜人，富有趣味性，既考虑孩子的兴趣，同时兼顾成人的喜好，既可以促进家庭内环境的和谐，也可以成为轻松、休闲的家庭和谐游憩乐园。

登山健身步道的建设规范：①适当的距离间隔处（以成人正常步行速度行进约15分钟为一距离段），设置观景休憩站（游憩乐园），既符合人体健康需求，同时又使步道系统中的自然景观充分发挥价值，充分体现步道系统的科学性和人文关怀。②登山步道路面由主步道与两侧的缓冲带构成。主步道路面宽度应大于或等于60厘米、小于或等于150厘米；两侧缓冲带每侧不小于20厘米，缓冲带表面应有植被覆盖；登山步道必须具有一定的坡度，单位距离（500米）内平均坡度不应为0度，应以15度左右为宜，不应超过25度（具体线路根据设计要求可以例外）。③根据登山步道行走的难易度，在步道上的相应距离应设立休息站、露营地、接待站、报警点、临时避难所等配套服务设施。④步道系统上应设置完整的标识系统，并对危险地段着重警示，应包括建筑类标识、地形类标识、警示类标识、指示类标识等。

（四）运动温泉康养区

建设时间：2年。

投 资 额：2亿元。

建设内容：以温泉康养和运动康复为主旨的温泉康复中心面积为8000多平方米，配置400个专业衣柜。

运动温泉康养区主要分成温泉休闲养生区和运动康复区。

（1）温泉休闲养生区

温泉休闲养生主要建设有：温泉疗养、健康诊疗、温泉 SPA 会所、温泉养生馆、水上娱乐中心等。

建设说明：温泉休闲养生区需精心规划设计，注重人、泉、自然的交流和谐，发挥温泉休闲养生区的主要功能。

（2）运动康复区

运动康复区内部主要由器械康复区、运动医疗区、体态调整区、体能训练区、老年运动损伤康复区等共同组成。

建设说明：根据需求者的功能情况与疾病特点，选用适当的功能活动与运动方法对患者进行训练，以达到促进身心健康、防治疾病的目的，以物理治疗方式达到功能恢复、重建的作用。运动康复区具有目前世界先进的治疗设备，如大功率短波治疗仪、回动平板台治疗仪、生物刺激肌肉振动仪等，还有进口的膝关节前交叉韧带检测仪、振动仪、高频治疗仪、智能美疗仪、泰长寿、红外线、无阻力自行车、跳床、回动平板台等设备。这些设备利用物理学上的原理和不同的能量、形态来达到治疗的效果，如热能、光能、高频电磁场、运动按摩等；运动康复通过运动的生理回应，如力量的适应、耐力训练、柔韧性、平衡和协调能力等，设计与需求者情况相匹配的运动训练康复方案。

（五）老年康养中心

建设时间：1～2 年。

投 资 额：1.2 亿元。

建设内容：老年康养中心是集医疗、科研、治疗、护理、康复、保健、心理关爱、生活照料及临终关怀为一体的现代化医养结合型健康养老服务机构。中心依托医疗资源、齐全的人员配备、完善的设施设备，为高龄、老年慢性病、失能或半失能、失智或半失智的老年人提供高水平的护理保健、家

庭关爱式医养结合型健康养老服务。

老年康养中心主要功能如下。

（1）老年康养中心提供优质的生活服务：设置床位 150 张，设有单人间、双人间、三人间。招聘具有中、高级职称的优秀医务人员近 20 人，24 小时护工 15 人；配备完善的餐厅、阅览室、棋牌室、茶吧、运动活动中心、小型康复训练室等；提供生活热水、开放型宜老淋浴房，Wi-Fi 信号全覆盖；房间内均配备液晶电视、高档木质家具、沙发、独立卫生间，床头配有呼叫系统，走廊、洗手间安有扶手。

（2）老年康养中心创建康养物联网智能养老平台：互联网＋可穿戴设备，监测老年人生命安全指标；一旦发现心率、血压、血氧、体温等异常，自动报警及时处理干预；失智老年人可穿戴 GPS 定位电子围栏，防止走失；夜间睡眠状态监测、日常生活起居数据监测、虚拟情景康复训练、云平台＋大数据分析。

八、体育特色小镇规划的创建步骤

依托丰富的生态森林资源，以文化、体育、旅游融合发展为出发点和归宿点，以体育产业为发展核心，将健康、养生、养老、休闲、旅游、文化、教学、训练、运动等多元化功能融为一体，将健康疗养、运动康复、生态旅游、文化体验、休闲度假、体育运动、老年康养等业态聚合起来，创建文化、体育与旅游复合型产业体育特色小镇的总体目标，推动市场发展并促进消费。完成总体目标主要分三步走。

（一）第一步：依靠资源供给推动空间生产和消费

依赖自然资源、冰雪传统文化、运动习惯、冰雪赛事形成以冰雪体育为特色的、以产业为引领的小镇。通过资本运作，加强高速信息网络和区域交通基础设施的修建，保证小镇信息和物质流通的顺畅和高效，在小镇建设初期形成空间生产、空间流通、空间交换三个环节，并建成初级的空间消费。

（二）第二步：搭建文化、体育、旅游功能集合和业态融合的平台

小镇在空间生产过程中促进了体育与健康、旅游、养老、文化等行业的融合发展，促成运动、休闲、娱乐、体验、康养等功能的聚合发展，集聚创新资源，激活创新产业，形成冰雪服务、休闲旅游、运动康复、森林康养、教育培训、文化宜居的成果转化，搭建顺应文化、体育、旅游功能聚合和业态融合发展的新平台。资源、产业、服务的合理配置和有效集聚，形成了宜居、宜业、宜消费的体育特色区域。

（三）第三步：推动体育特色小镇的社会公共领域建设

通过拓宽服务领域、丰富服务内容、创新服务形式、完善保障机制等方式推动体育特色小镇的社会公共领域建设，以满足企业、创业者、消费者、体验者、当地居民等不同群体的差异性需求为目的，提供多层次、多元化的公共服务供给，拉动文化、体育与旅游复合型产业体育特色小镇规范健康可持续发展。

九、体育特色小镇规划的政策保障

（一）持续推动"放管服"

发挥政府职能，大幅度削减文化、体育、旅游等活动的相关审批事项，实施负面清单管理，促进区域合理开放。加强事中、事后监管，完善相关安保服务标准，加强行业信用体系建设。完善政务发布平台、信息交互平台、展览展示平台、资源交易平台的建设。

（二）加强人才建设

鼓励校企合作，培养各类文化、体育、旅游项目的经营策划、运营管理、技能操作等应用型专业人才。加强从业人员职业培训，提高健身休闲场所工作人员的服务水平和专业技能；完善体育人才培养开发、流动配置、激励保障机制，支持专业教练员投身健身休闲产业；加强社会体育指导员队伍建设，充

分发挥其对群众参与健身休闲的服务和引领作用；加强健身休闲人才培育的国际交流与合作。

（三）完善标准和统计制度

全面推动文化、体育、旅游融合发展的标准体系建设，制定体育特色小镇服务规范和质量标准，在服务提供、技能培训、活动管理、设施建设、器材装备制造等各方面提高产业标准化水平。引导和鼓励企业积极参与行业和国家标准制定。以国家文化、体育、旅游产业统计分类为基础，完善文化、体育、旅游产业统计制度和指标体系，建立文化、体育、旅游产业监测机制。

（四）健全工作机制

建立调研组工作协调机制，及时分析文化、体育与旅游复合型产业体育特色小镇产业发展情况，解决存在的问题，落实惠及文化、体育与旅游复合型产业体育特色小镇产业的相关政策。要把发展文化、体育与旅游复合型产业体育特色小镇产业纳入当地经济和社会发展规划。体育行政部门要加强职能建设，推动文化、体育与旅游复合型产业体育特色小镇产业发展。

（五）强化督查落实

按照《国务院办公厅转发国家发展改革委关于促进特色小镇规范健康发展意见的通知》《全国特色小镇规范健康发展导则》要求，制定公布地方特色小镇规范健康发展相关的政策法规。地区有关部门要根据相关政策要求，结合实际情况，会同有关部门对实行政策情况进行监督检查和跟踪分析，重大事项及时向政府或相关部门报告。

第二部分
理论部分

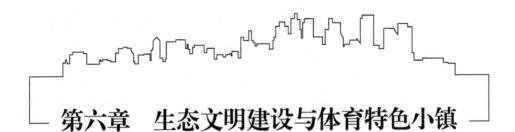

第六章　生态文明建设与体育特色小镇

　　生存和发展是人类社会永恒的主题。在新时代背景下，优先推进生态文明融入政治、经济、社会、文化建设，本质上讲是对人类社会生存与发展主题的现实回应与观照。作为实施健康中国战略和全民健身国家战略，加快体育强国建设的新平台，体育特色小镇能否坚持绿色发展理念，严守生态保护红线，转变粗放式增长方式，走出一条绿色、循环、低碳的经济发展之路，不仅影响着人们的日常生活，也关系着人与自然和谐共生的美丽中国建设目标。因此，本章以"生态文明融入体育特色小镇建设"为问题域，以绿色发展理念为主题，探讨生态文明建设融入体育特色小镇建设的理论内涵、现实审视、融合机理和实践路径。

● 第一节　生态文明与生态文明建设 ●

一、生态文明

　　在西方，"生态"概念是自然科学研究的范畴，"生态（ecology）"一词来源于古希腊语（oikos），意为房屋与住所，主要为人类提供栖息地点和环境。1866 年，德国生物学家海克尔定义了生态学，即"研究有机体与其周围环境

相互关系的科学"，发展到今天，生态学的概念是"研究生物与其环境之间的相互关系的科学"。随着研究的深化，生态概念研究开始关注"生命和环境关系间的一种整体、协同、循环、自生的良好文脉、肌理、组织和秩序"及"生物与环境形成了一个自然系统"。可见，在一定的空间范围内，生物与环境之间相互影响、相互依存的关系形成了一个统一的整体，即生态系统。对"生态"概念的研究众多，部分学者从自然生态、系统生态、生态哲学三个层面对"生态"内涵蕴意的阐释，对生态文明融入体育特色小镇建设提供了多个视角。"生态"就是自然环境下一切生物生存发展的状态和表现出来的生理特征和生活习性。"文明"是人类文化发展的成果，是人类改造世界的物质和精神成果的总和，也是人类社会进步的标志，文明也可以说是人类文明。人类发展有数万年的历史，人类文明历经原始社会文明、农业文明和工业社会文明三个重要阶段，这也是人类依存自然、改变自然和改造自然，促进社会进步的过程。因此，人类文明离不开自然。为了更好地生存生活，人类只有在遵循人、自然、社会和谐发展客观规律的基础上取得重要的物质和精神成果才能促进社会进步，为此人类文明进入了一个新的阶段——生态文明。

在 1987 年 6 月召开的全国生态农业研讨会上，叶谦吉针对我国生态环境趋于恶化的态势，呼吁要"大力提倡生态文明建设"，引起了参会者的共鸣。特别是党的十七大报告中首次提出"建设生态文明"后，生态文明建设也成为社会广泛关注的热点话题。生态文明是人类在自身的社会发展过程中所创造的一种新型文明形态，致力于形成体现节约能源资源、进行生态环境保护的发展模式，使生态环境可以随着社会发展而得到同步改善，是一种与自然界良性互动、和谐共处的状态。目前，学术界对"生态文明"概念的理解主要有两个维度：一是从文明的构成要素出发，生态文明隶属于文明结构体系的范畴，是包含物质文明、精神文明、政治文明、社会文明的现代文明综合体，也就是狭义上的"生态文明"，即人类在处理与自然的关系时所达到的文明程度；二是从文明演化规律出发，社会文明曾历经了原始社会文明、农业文明、工业社会文明、生态文明四个阶段，生态文明则是在工业社会文明的内在矛

盾和冲突中形成的以生态现代化和生态价值观为导向的新型社会文明形态，也被称为广义上的"生态文明"，指人类遵循人、自然、社会和谐发展这一客观规律而取得的物质与精神成果的总和，是人与自然、人与人、人与社会和谐共生、良性循环、全面发展、持续繁荣为基本宗旨的文化伦理形态。

二、生态文明建设

生态文明建设是一种思想理念，是"面对资源约束趋紧、环境污染严重、生态系统退化的严峻形势，必须树立尊重自然、顺应自然、保护自然的生态文明理念"。生态文明建设是一个系统工程，"着力推进绿色发展、循环发展、低碳发展，形成节约资源和保护环境的空间格局、产业结构、生产方式及生活方式，源头上扭转生态环境恶化趋势，为人民创造良好生产生活环境，为全球生态安全做出贡献"，即促进人与自然共生的实践过程。"建设生态文明，关系人民福祉，关乎民族未来。"党的十八大报告中明确了生态文明建设的战略地位，把生态文明建设纳入中国特色社会主义事业建设，并融入"五位一体"总体布局建设全过程，努力建设美丽中国，实现中华民族永续发展。2019 年3 月，习近平总书记在参加十三届全国人大二次会议内蒙古代表团审议时用"四个一"对生态文明建设思想做出科学论断。"在'五位一体'总体布局中生态文明建设是其中一位，在新时代坚持和发展中国特色社会主义基本方略中坚持人与自然和谐共生是其中一条基本方略，在新发展理念中绿色是其中一大理念，在三大攻坚战中污染防治是其中一大攻坚战"。这"四个一"，表明了生态文明建设在新时代中国特色社会主义建设中的重大作用和意义，明确了党和国家对生态文明建设的要求和部署，坚定了我国生态文明建设的步伐和信心。党的十九大报告中提出"生态文明建设是关系中华民族永续发展的千年大计"。由此，生态文明建设不仅被提升为"千年大计"，而且生态文明建设思想的基本内涵在习近平总书记的系列重要讲话和重要指示中得到丰富，并深刻阐明了人与自然的关系、发展与保护的关系、环境与民生的关系、自然生态各要素之

间的关系。由此可见，生态文明建设在新时代中国特色社会主义建设中的显著作用和重大意义。

第二节　生态文明建设融合体育特色小镇建设

一、理论内涵

党的十八大报告明确提出："把生态文明建设放在突出地位，融入经济建设、政治建设、文化建设、社会建设各方面和全过程，努力建设美丽中国，实现中华民族永续发展。"依据十八大报告，生态文明融入体育特色小镇建设应该从两个维度阐释其内涵：一是空间维度——生态文明融入经济建设的各方面，即在体育特色小镇建设过程中，将生态文明思想贯穿于所有的经济活动，尊重自然、顺应自然、保护自然，促使人与自然协调发展；二是时间维度——生态文明融入经济建设的全过程，既在体育特色小镇基础建设中，把生态文明思想融入小镇经济活动的全过程，体育特色小镇中的各个资源都具有价值属性，只有经历生产、流通、交换、消费一次完整过程才能成为体育小镇真正意义上的资本，也就是说，生态文明思想要贯穿这四个阶段的全过程。

建设生态文明，是关系人民福祉、关乎民族未来的长远大计。"大力推进生态文明建设"是在党的十八大报告中首次提出的，在党的十九大报告中将生态文明建设提升为"千年大计"，更加丰富了"五位一体"总体布局的内涵。"十三五"规划是全国上下贯彻落实党的十八大、十九大精神，大力推进生态文明建设与生态文明体制改革的五年，是我国经济高速发展的五年。纵观上下，生态文明建设与经济建设同步前行，相互协助、相互依存，形成了生态文明建设与经济建设协同发展的局面，从而共同推动了新型城镇化前进的步伐，完成了乡村脱贫向乡村振兴的发展转变，推进美丽中国建设和中华民族

永续发展。"十四五"规划出台，党的二十大会议在战略方针和发展目标上的论述，为我国生态文明建设与经济建设协同发展提供了有力依据，也为我国体育特色小镇经济社会可持续发展指明了方向。

二、现实审视

现阶段，我国学者从新时代推进体育强国、"五大发展理念"、数字经济时代、体育经济和回头经济等多维度对我国体育特色小镇的经济建设展开探讨，为生态文明融入体育特色小镇建设提供了坚实的理论和实践基础。通过整理国内学者研究成果，发现我国体育特色小镇在经济建设方面仍然存在着各种问题，主要体现在以下几个方面。

（一）经济产业结构和空间规划格局不合理导致建设压力巨大

全球价值体系的低端锁定抑制了体育制造业对高端生产性服务要素需求种类的增加，使得产业集聚的外部性难以发挥，体育特色小镇内生产性服务业市场发育步履维艰。体育产业与其他产业融合较差、多产业协调发展程度较低对体育特色小镇的健康发展不利，旅游业市场萎缩，短时间内进入了停滞阶段，归根结底是体育产业结构不合理；产业项目难以形成集聚优势，基础设施重复，建设前期选择在远离城市或地处山区的未开发用地上进行，建设压力巨大。

（二）同质化、房地产化及区域生态资源保护问题导致资源浪费

主题定位特色不足、发展定位不够清晰导致同质化现象严重，造成大量资源的浪费；盲目立项、过度房地产化压缩体育休闲运动场所的面积等因素影响着体育特色小镇的可持续发展；地形分布上主要依托优势自然资源，气候上的气候带、温度、降水量因素和等区域生态资源对体育特色小镇空间分布的影响较为显著。例如，季节变化的影响造成设施的浪费和破损。

（三）严守生态功能、保护生态红线及协调人与自然环境的和谐共生

红线范围内，严禁占用土地、变更土地性质，小镇建设用地面积受限；建设体育特色小镇，需要有当地的自然条件和生态环境做保障；建设时大量引进现代化基础设施，未能很好地协调城市景观建筑和自然环境之间的和谐共生，游客无法进行系统性的乡村探索；传统模式下，体育特色小镇的衰败源于对"以人为本"理念的轻视、对"人与城市是命运共同体"的漠视。

三、融合机理

（一）习近平生态文明建设思想为我国体育特色小镇建设提供方向指引

习近平新时代生态文明思想蕴含着深厚的辩证唯物主义和历史唯物主义思想，是运用马克思主义哲学分析和解决中国生态问题的典范。在生态文明建设理论中，"生命共同体"思想诠释了人与自然之间和谐共生关系，"绿水青山就是金山银山"理论辩证阐释了生态文明建设与经济建设辩证统一的关系，"生态环境就是民生"论断了生态环境和人民美好生活福祉共享共建的关系。习近平总书记曾在全国会议讲话中多次强调指出，要坚持节约资源和保护环境的基本国策，走生态优先绿色发展道路。"生态优先绿色发展"不仅是我国经济社会高质量发展的导向，也是生态文明建设背景下，体育特色小镇可持续发展的指导思想和正确方向。

（二）生态文明建设理论为解决体育特色小镇建设难题提供理论基础

在新发展理念的驱动下，我国生态文明建设已经不再局限于生态环境保护和治理等内容，更多以实现人与自然和谐共生为目标，置于全局工作的突出位置，向经济、政治、社会和文化等领域进行全方位、深层次地延伸。与

此同时，新型城镇化建设与生态文明建设需要解决好经济、社会与环境一体化问题，实现综合的发展；需要协调好经济、社会和环境三者之间的矛盾。生态文明建设是新型城镇化的基础，新型城镇化为生态文明建设的载体。生态文明建设与新型城镇化必须协调发展、共同促进，否则会阻碍双方的共同发展。由此推论，生态文明建设融入体育特色小镇建设，能促进区域空间内的经济、社会、文化、生态、环境的进一步发展，改善人、自然、社会之间的关系。因此，生态文明建设理论研究和实践经验也将为解决我国体育特色小镇建设中的发展理念、生态环境保护、社会生态效益、风险防范等主要难题提供了新的思路。

（三）协同发展理念下促进生态文明建设与体育特色小镇融合发展

新时代人类社会发展中人、自然、社会交织复合而形成的人与自然、人与社会、社会与自然之间复杂关系，只有在协调同步发展下才能达成最优化的生态系统工程。从生态文明建设的理念来说，最劣化的生态系统莫过于以牺牲生态环境中的资源和能源为代价完成经济发展的目标，废弃物的肆意排放极大污染了人类的生存环境，无视人与自然是生命共同体的客观规律；反之，生态文明的生态系统工程会取而代之，即生态系统最优化。"协同发展"就是"关于人类社会、生态环境、经济系统协调同步发展，即社会、生态、经济协同发展的战略理论构想"。在协同发展理念下，体育特色小镇筹办和生态文明建设是一项复合交错的综合生态系统工程，此项工程只有坚持"绿色生态环境保护""走可持续发展道路""人与自然和谐共生"的理念才能达到生态系统的最优化，最终达成有效保护环境、推进社会经济发展、增进人民福祉的长远目标，实现中华民族永续发展。"目标"和"理念"相辅相成，互相促进，共同发展："目标"促进协同合作，追求生态系统最优化；"理念"维持协同合作，达成永续发展。因此，生态文明建设是体育特色小镇可持续发展的应有之义，同时，体育特色小镇可持续发展完全可以促进生态文明建设，两者可以互相促进、共同发展。

（四）生态文明建设的生态环境教育功能推进体育特色小镇可持续发展

党的十八大以来，习近平生态文明思想已经形成了系统科学的理论体系，要想真正认识生态文明建设规律、深刻理解生态文明思想理论、正确处理人类生产和自然环境之间的关系，势必要依赖于生态文明教育的真正实施。当前，我国生态文明建设正处于压力叠加、负重前行的关键期，此时的生态文明教育就是教育对"五位一体"的具体落实。生态文明教育是人类为了实现可持续发展和创建生态文明社会的需要，而将生态学思想、理念、原理、原则与方法融入现代全民性教育的生态学过程。其主要目标是解决人与自然之间的矛盾，通过教育手段提高人类环境危机意识、树立正确的生态价值观和塑造美好生态情感，最终达到生态环境保护和生态文明建设的目的。生态文明教育中，生态教育、生态意识、生态文明是主要内容，三者之间处于相互辐射、互利共生、协同发展的关系：实施生态教育是基础，增强生态意识是需求，建设生态文明是目标。

第三节　生态文明建设与体育特色小镇融合发展路径

一、国家区域发展战略推动生态文明建设与体育特色小镇协同发展

国家区域发展战略推动了生态文明建设与新型城镇化建设协同发展。京津冀协同发展是一项重大国家区域发展战略，该区域作为生态文明建设的重点区域，经过"十三五"规划的生动实践，逐步实现了京津冀经济社会发展从"相加"到"相融"，达到经济效益、社会效益和生态效益的高度协调统一，产生了"1+1+1＞3"的效果。在这一进程中，新型城镇化结合京津冀战略协

同发展，特别是冰雪体育特色小镇在产业、生态、交通三个方面共同推进生态文明建设。北京冬季奥林匹克运动会（以下简称"冬奥会"）则做催化剂的角色，促进生态文明建设与京津冀区域协同发展形成"化学反应"，带动了以冰雪为主的体育产业、服务业、休闲旅游业等生态产业发展；加速推进了京津冀区域绿色交通工程；提供契机，引爆边缘化地区打造绿色高端项目；精准定位，大力促进休闲健康消费能力；助推产业转型升级，解决近百万人就业；规划环境治理，京津冀呈现"冬奥蓝"；联防联控加速建立生态补偿机制等。由此可见，京津冀区域生态文明建设中的深度融合对区域经济的带动作用非常显著，带来三方共赢的良好局面，从而为体育特色小镇建设创造了良好的外部环境。

二、将体育特色小镇建设纳入地区规划达到共赢

北京市延庆区是北京冬奥会三大赛区之一，也是第一批国家生态文明建设示范区。冬奥会的筹办举办给延庆区带来了前所未有的重大历史机遇。从北京申办冬奥会开始，延庆区就着手研究、实行生态环境珍爱设计，加速冬奥会赛区生态修复、周全推进生态保护，着力打造"山林掩映的场馆群"，这也是冬奥会延庆赛区绘制出的生态蓝图。2015年，延庆区将冬奥会筹办工作纳入地区"十三五"规划，以冬奥会为契机推动地区达成建设国际一流的生态文明示范区的目标。延庆区采取一系列措施，有力推动国内外资源向延庆区集聚，加快推进基础设施、公共服务体系建设和环境质量提升；精细打造以冰雪产业、冬奥主题活动为主体的冰雪体育特色小镇，为地区百姓谋福祉，实现美丽乡村建设。2020年5月，北京市发展和改革委员会与北京市延庆区人民政府印发《抓住两大盛会机遇　推动延庆区加快绿色发展行动计划（2020—2022年）》，延庆区紧抓全力筹办冬奥会的三年宝贵窗口期，坚定不移实施生态文明发展战略，坚持以筹办举办冬奥会为主线，加快建设国际一流的生态文明示范区，在生态文明建设上取得明显成效。

三、绿色生态环境保护和实行碳普惠制促进体育特色小镇永续发展

在生态文明建设背景下，打造绿色生态环境和推行低碳生产生活自然成为我国体育特色小镇可持续发展的重要环节之一，始终把环境保护与可持续利用放在重要位置，绿色发展，坚持推进生态文明建设，创造碳普惠制，推行生态文明机制。2019 年 6 月 23 日，北京冬奥组委发布《北京 2022 年冬奥会和冬残奥会低碳管理工作方案》并提出要"打造低碳场馆，建设超低能耗场馆示范工程，努力实现所有场馆达到低碳节能节水标准"。为了努力实现低碳目标，北京冬奥会筹办过程中积极采取碳减排和碳中和措施，实现低碳100% 可再生能源、建立低碳管理核算标准、建设低碳交通基础设施和出行模式，共同推动低碳技术应用示范。同时，积极倡导全社会低碳生活方式，创造奥运会碳普惠制的"北京冬奥案例"。由此可见，京津冀地区的生态文明建设使该区域的体育特色小镇成为重要的受益者。2021 年 3 月 11 日，十三届全国人大四次会议表决通过的"十四五"规划中提出"推动绿色发展，促进人与自然和谐共生"，其中"碳减排和碳中和"成为我国生态文明建设的长远目标。从此，京津冀区域的体育特色小镇借助区域大型国际体育赛事和区域发展战略优势，建立了良好基础。

四、加强生态环境教育提升体育特色小镇建设和管理理念

生态环境教育是生态文明教育的主要组成部分，体育特色小镇可持续发展中的生态环境教育也是我国生态文明建设的重要展示方向。在体育特色小镇建设过程中，生态环境保护、可持续发展问题直接影响和制约着小镇经济、政治、社会和文化的和谐发展，同时也不断推动人们树立人与自然和谐发展的理念。为了提升全社会环保意识，加强环境治理和污染防控，体育特色小镇建设坚持生态文明建设理念，采取多元、务实、科技主导的管理措施。

第四节　总结与构想

一、总结

北京冬奥会成功举办，向世界展现了中国经济社会发展的水平和实力，体现了我国坚持生态环境保护和可持续发展的态度和信心。在稳步推进北京冬奥会筹办工作的同时，也大力推动了赛事举办区域及其辐射区的生态文明建设，不仅在经济、社会、生态方面收效显著，在环保、交通、低碳、旅游、健康等民生福祉方面也有显著提升。在生态文明理论的启发下，研究者们创新地进行了生态文明建设与体育特色小镇协同发展研究。研究发现，生态文明建设与体育特色小镇建设协同发展形成了共赢局面，而且也产生和收获了良好的社会生态效益。在此基础上，协同发展思维理念为我国生态文明建设和体育特色小镇建设提供了借鉴经验，也为我国体育产业发展和新型城镇化的创新发展提供了新的思想理念。

我国正处于从体育大国向体育强国迈进的关键时期，在习近平新时代中国特色社会主义思想指导下，为了实现建设体育强国的长远目标，坚持绿色生态和可持续发展将成为中国体育改革的创新理念，体育产业与生态文明协同建设理念也将成为新时代建设体育强国的重要战略思想，这对推动社会经济转型升级、实施健康中国行动等方面发挥着独特作用，也将成为迈进体育强国的重要行动指南。

二、构想

目前，我国体育特色小镇不断发展，但在发展过程中仍然存在许多问题。第一，区域发展不平衡。东部、中部、西部区域的体育特色小镇发展存在着很大差距，这些差异包含了体育配套设施、体育赛事、体育产业到体育消费等各个方面。第二，政策体制力度不强。体育特色小镇在发展过程中得到的

财政扶持少于教育和科技等行业，并且扶持效果不佳，存在落实到位难，甚至政策制定不切合实际的问题。第三，民间企业投资失衡。近年来，民间体育发展形势大好，对比发现，东部经济强省投资环境较好，中西部市场缺乏融资。第四，体育赛事影响力不佳。除奥运会外，我国未举办其他国际排名30名内的体育赛事；除乒乓球、羽毛球外，我国在"三大球"和田径等传统体育项目上取得的成绩均不佳，我国体育产业的未来发展任重而道远。

推动体育特色小镇发展也是一个复杂的社会生态系统工程，需要从各个方面去改变，包括体制、管理、治理等，不仅需要经济、社会、文化、生态等多维内容的改革，更需要正确把握政策方向和创新思想理念。如果将我国体育特色小镇发展融入生态文明建设，促成协同发展，也不失是一个战略构想的突破和创新。

2021年3月11日，十三届全国人大四次会议通过了"十四五"规划。对照"十三五"规划，我国在生态文明建设方面取得了突出成效。在此基础上，"十四五"规划提出了"扎实推进国家环境治理体系与治理能力的现代化"，及"生态环境根本好转、美丽中国建设目标基本实现"的2035年远景目标。每个阶段的生态文明建设思想如下。

过去，"十三五"时期是大力推进生态文明建设与生态文明体制改革的五年，这个时期的核心主题是"打好污染防治攻坚战"，其理论意涵是以生态环境保护为主，这不仅仅是指绿色可持续发展，而且也是"十四五"规划中生态文明建设目标制定实施的思想基础和坚持原则。

现在，"十四五"规划中的生态文明建设在自觉置于绿色可持续发展理念的引领下赋予的新使命："健全现代环境治理体系"，在生态环境保护的基础上追求大力度修复、高标准治理和治理能力现代化，并通过政策和制度实施，大大提升经济社会整体发展。

未来，"十四五"规划中已经勾勒出生态文明建设的2035年远景目标，"生态环境根本好转，美丽中国建设目标基本实现"，能源消费结构和生产生活结构实质性调整和绿色转型，这既关系到人民福祉，也关系到国家经济社会发

展结构的绿色转型。这个时期，也需要根据社会发展状况和国际关系变化等因素对生态文明建设目标做出适当的调整。

所以，生态文明建设与体育特色小镇可持续发展协同发展的研究思路要综合规划。我国体育特色小镇发展的特点决定了其发展研究思路需要借助生态文明建设短期、中期、长期和远景目标而进行合理规划，在推进体育特色小镇可持续发展过程中有意识地与生态文明建设达成协调适应、共同发展，达到共赢。

第七章　人与自然和谐共生下的
体育特色小镇可持续发展

　　人与自然和谐共生是构建体育特色小镇可持续发展体系的根本遵循，正确处理人与自然和谐共生和体育特色小镇可持续发展之间的重要关系，是实现体育特色小镇效益最大化的基础支撑，也是管理好、经营好体育特色小镇的重要抓手。在人与自然和谐共生理论视角下，本章对体育特色小镇可持续发展的实践意义进行深入探讨，研究了人与自然和谐共生理论下体育特色小镇可持续发展的现实障碍与纾解路径。

　　党的二十大报告中提出"推动绿色发展，促进人与自然和谐共生"，强调了"坚持可持续发展，坚持节约优先、保护优先、自然恢复为主的方针，像保护眼睛一样保护自然和生态环境"，建设人与自然和谐共生的现代化国家。我国新型城镇化已经进入了高质量发展阶段。在"十四五"规划期间及未来一个时期，新型城镇化将呈现新的趋势。推动新型城镇化高质量发展是构建新发展格局的重要举措，生态文明建设是推动新型城镇化高质量发展的方向和重点，是推动新型城镇化高质量发展的重要动力。对于体育特色小镇而言，必须牢固树立和践行绿水青山就是金山银山的理念，站在人与自然和谐共生的高度谋划发展。在国际社会可持续发展理念和实践不断深化的背景下，无论是从政策支持还是从生态环境保护实践来看，全球化发展愈发重视环境与发展的议题。因此，在人与自然和谐共生理论视角下，探讨体育特色小镇建设中的现实障碍和纾解路径，不仅有助于推动体育特色小镇可持续发展，也可以为新型城镇化高质量发展提供理论和实践支撑。

第一节　人与自然和谐共生理念下可持续发展的本质内涵

一、理论基础

从学理逻辑来看，马克思恩格斯生态哲学思想内涵的阐释为人与自然和谐共生理论下的可持续发展提供了理论资源。国内的学者对马克思恩格斯的生态哲学思想的具体内容进行了研究。归纳起来讲，学者大多从人与自然、人与环境之间的关系来考察马克思恩格斯的生态哲学思想。有学者指出，"在马克思主义创始人的著作中包含着丰富的生态哲学思想。学者们认为，人是自然的一部分，自然与人是内在统一的，不应该破坏大自然物质代谢的正常循环，违背生态规律必将受到大自然的惩罚。人对自然的调节控制应当是人性化的"。还有学者认为马克思恩格斯的生态哲学坚持了"实践唯物主义"的自然观和历史观，坚持科技进步、经济发展和生态保护的统一，促进社会关系的变革和人的生存方式的提升，是解决生态问题的真正途径。"马克思的生态哲学思想主要体现在他对自然、社会及人的相互关系的分析中，其主题是人与自然的关系。马克思的生态哲学思想中包含了自然是人类价值的源泉、异化是人与自然冲突的根源、循环的生态伦理理念以及制度是解决生态问题的途径等深刻思想，这些思想对于当代人类解决生态危机有着重要的启示。"还有学者认为，马克思、恩格斯的生态哲学思想诞生于19世纪，是工业文明时代精神的反映，资本主义机器大工业的社会化生产所带来的现实生态环境问题为马克思恩格斯研究人与自然的关系问题提供了现实性和可能性，他们的生态哲学思想对于我们反思当代经济社会发展所带来的环境负面效应，探讨生态环境保护与经济社会发展的协调，统筹人与自然关系，建设节约型社会，具有重要的理论和实践意义。

二、思想内涵

从实践逻辑来看，可持续发展思想是人类长期实践过程中不断转变思想方式和寻求发展道路的最终选择，是现代社会发展的必然产物。实施和实现可持续发展是关系到现代人和后代人生活美好和幸福的大问题。可持续发展是为了人类，为了当代人的利益，也是为了后代人的利益。要保护好资源和环境，保护好生物多样性。"人与自然相协调论"就是主张可持续发展是为了人类利益服务的，可持续发展观首先凸显的是人与自然界之间一体性的内在关系。可持续发展就是要在自然界的人化与人的自然化的有机统一中实现人类从自然界的真正提升和不断解放，确立人在自然界中合理的主体地位。可持续发展肯定了自然生态系统内除了人类有自身生存和发展的要求外，非人类自然物种同样有着生存和发展的需要，但可持续发展正是把后者的实现看成是实现人类的价值目的的必要前提和手段。

人与自然和谐共生是对中国共产党生态文明建设百年进程的继承与发展、集成与创新是对不同历史背景和发展阶段中中国人民对人与自然关系的认知态度、实践行动的反思总结。人与自然和谐共生不是单纯为了保护生态环境，而是把人与自然视为一个"生命共同体"，内在地包含了人的发展，既"要像保护眼睛一样保护生态环境，像对待生命一样对待生态环境"，又要不断提高人民群众的生活水平和质量。党的二十大报告中指出，"中国式现代化是人与自然和谐共生的现代化"。尊重自然、顺应自然、保护自然，是全面建设社会主义现代化国家的内在要求。党的十八大以来，党和国家大力推进生态文明建设，积极探索人与自然和谐共生之路，形成了习近平生态文明思想，进一步丰富和拓展了现代化的内涵与外延，不断丰富和发展了人类文明新形态。从理论逻辑来看，人与自然和谐共生是坚持和发展包括生态学马克思主义在内的马克思主义关于人和自然关系的学说，并以"生态兴则文明兴、生态衰则文明衰"的历史思维反思人类文明发展正反经验的结果。

三、本质观念

可持续发展观是一种创新观。处理好人与自然关系的根本不在于"保护"和"节制",而在于创新。这种创新观是一种创造条件、改变条件、突破自身的局限性的自觉创新观,是一种解决自然资源的有限性与人类需求发展的无限性这一基本矛盾的持续创新观,是一种涉及多元的、多层次的复杂非线性关系内容的全面创新观。可持续发展观是一种新文明观。可持续发展观是对农业文明和工业文明的辩证否定。在人与自然关系上,它用人与自然界的和谐代替了人与自然界的对立;在人与人的关系上,把人类生存和发展的共同利益提到首位。在上述意义中,可持续发展的文明观有可能超越社会制度、意识形态和宗教信仰而成为全人类联合起来的共同的精神财富。可持续发展观是一种战略管理观,即调控战略。以有力的措施保护环境,使人与自然相协调,保持生态平衡,确保现代文明生活的持续发展。

四、哲学思考

(一)人学角度

从人学的角度,探讨了可持续发展观的人学底蕴,认为全球生态危机的加剧,是人类提出可持续发展观的最主要的直接现实基点。

生态危机的加剧表明,人类与自然界的关系处于全面紧张乃至严重对立状态。生态模式所具有的反自然界的性质,要求人类重新审视自己在自然界中的地位。因此,消解传统"人类中心论"的纯功利主义性质,重建人在自然界中的主体地位,这既是可持续发展观得以形成的思想逻辑前提,又是可持续发展观内在固有的本质内容之一。

(二)自然价值观角度

从自然价值观的角度,认为自然界是一个系统整体,人对自然界的任何局部破坏都有可能影响到整个自然界的恶化,从而使人遭到自然界的报复。

在自然价值观上，可持续发展要求的是人与自然的和谐相处，强调的是人与自然的相互渗透、相互交织、相互补充和合作。可持续发展本质上是以人类中心为价值取向的。它试图确立人类社会存在与发展的最基本的行为准则，体现了一种人类中心价值观，即在人类与自然的关系方面坚持人类价值的本位性，强调人类在自然生态系统中的优先地位和目的地位。

（三）社会发展观角度

从社会发展观的角度，认为可持续发展与唯物史观有许多近似、相通、一致的观点和理论立场。可持续发展思想十分注重社会实践的意义。

可持续发展观主张人与自然的和谐发展，因而以自然主义和辩证思维作为理论基础；它呼唤社会公众的广泛参与，因而具有强烈的全人类意识；它要求人类代际之间的协调发展，因而体现了深厚的历史感。同时，可持续发展思想对于唯物史观理论现代形态的形成和发展，具有重要的理论意义和实践意义。

（四）生态价值论角度

从生态价值论的角度，认为生态的发展已经成为人类发展的一个重要维度，离开生态环境，人类就无法生存，正是基于对人类自身生存和发展要求的重视，人类开始关注生态问题，探讨生态价值。

①生态学家普遍认为自然界是生生不息的。自然界的任何一个部分都是生态系统的必要构成，自然物的存在本身就具有维护生态系统稳定的价值。②把生态价值理解为自然物对于人的需要的满足，或者理解为自然物对于人的意义。例如，有学者指出，生态价值是自然物所具有的满足人和社会需要的能力，它表现为人与环境（主体与客体）关系中环境属性对人类生存和发展的意义，良好的生态价值应是人类生存和发展所必需的，包括良好的生存条件、良好的生产条件、良好的美学条件。③把生态价值理解为人与自然之间的互动关系，主张在人与自然相互作用中理解和确证生态价值。例如，有学者指出，"生态价值观把人与自然看成高度相关的统一整体，强调人与自然

相互作用的整体性，代表了人对自然更为深刻的理解方式"。只有把价值视为主体与客体的互益性关系，才能在强调主体价值的同时重视生态价值。

第二节　人与自然和谐共生理论与体育特色小镇可持续发展的关系辨析

一、重要思想观念

（一）人与自然和谐共生的现代化

党的十九大报告中提到："人与自然是生命共同体，人类必须尊重自然、顺应自然、保护自然。"人与自然和谐共生的现代化是大力推动生态文明建设思想，走可持续发展道路是生态文明建设的方向，以满足人们美好生活需求的生产方式、生活方式根本转变的生态文明建设是"关系人民福祉、关乎民族未来的长远大计"。人与自然、人与社会、人与人的和谐关系是体育特色小镇可持续发展的核心思想。其发展目标是在实现体育特色小镇代内和代际的全面发展的基础上，创造一个更加美好的世界。

（二）"绿水青山就是金山银山"的绿色发展观

"绿水青山就是金山银山"理念是从生态系统的整体性及绿色发展观出发的，这一理念突破了对自然资源的传统认知，在创造冰雪体育特色小镇的同时助力社会经济蓬勃发展；"绿水青山就是金山银山"的绿色发展观植入体育特色小镇可持续发展理念，在极大程度上推动了新型城镇化建设倡导的环境保护和可持续发展理念的改革创新；"绿水青山就是金山银山"理论突破了对自然资源的传统认知，带来了新的发展理念转变，也深刻揭示了社会经济发展与生态环境保护的本质关系。2019 年 5 月，北京市延庆区制定了《"绿水青山就是金山银山"实践创新基地建设行动方案》，提出了"到 2025 年，在成功举办冬奥会、世园会的基础上，实现'冰天雪地'与'金山银山'互促共进。

实现人与人、人与自然、人与社会和谐共生"的建设目标，大力推进生态文明融入冰雪体育特色小镇建设。例如，某集团践行"绿水青山就是金山银山"理念，以"绿色办奥"理念打造奥运迎宾光伏廊道项目，通过对破损山体、废弃矿坑进行生态修复，在群山峻岭中修建立体光伏，开发"绿电"助力绿色冬奥，以生态光能科技扶贫模式促进新型城镇化，打造冰雪体育特色小镇，帮助当地百姓脱贫致富。

（三）"山水林田湖草是生命共同体"的整体系统观

"山水林田湖草是生命共同体"理念，从生态系统的系统性及其内在规律出发，以全局和系统的视角探讨生态治理修复之道，促进体育特色小镇与区域社会经济协同发展。在北京冬奥会申办成功后，京津冀区域坚持节约优先、保护优先、自然恢复为主的方针，统筹系统治理，"全方位、全地域、全过程开展生态文明建设"，创造了冰雪体育特色小镇。其间北京市于2018—2020年实施清洁空气计划的宏观战略，建立联防联控联治联动机制；完成京藏、京新、京礼高速两侧和京张高铁沿线绿化改造0.38万公顷；建立监测站，实时监测52项生物多样性指标，持续加大林业有害生物防控；新造林3.6万公顷，产生碳汇量约23.12万吨，同时布设160个碳汇监测样地，持续开展动态实测。北京延庆赛区建设初期便规划启动的自然资源保护与扰动生态修复工程，到2021年年初已完成赛区核心区周围的生态修复工程总量的94%，下一步将着重实现景观提升工程、生态保护和实现碳中和等目标。上述一系列工程为北京冬奥会的成功举办提供了良好的生态基础设施和优质的生态环境，同时也为冰雪体育特色小镇可持续发展打下了良好的生态环境基础。

二、共存关系辨析

尊重自然、顺应自然、保护自然，是全面建设社会主义现代化国家的内在要求，要牢固树立和践行"生命共同体"理念，站在人与自然和谐共生的高度谋划体育特色小镇的可持续发展。纵观习近平总书记关于"生命共同体"

的重要论断，一是从生态科学和系统科学对自然本身的理解出发，认为"山水林田湖草是一个生命共同体"，认为生态是统一的自然系统，将自然看作一个各要素相互依存、互惠共生、协同进化的有机生命共同体。二是强调人与自然的辩证统一关系，认为"人与自然是生命共同体"，从更高的层次将人与自然所构成的世界看作一个有机生命共同体，自然物为人的生存提供自然条件，人与自然在互动中构成一种共生共存的关系。

"绿色发展"和"可持续发展"是体育特色小镇发展的新动能，为实现体育特色小镇可持续发展提供有力支撑。进入新时代，体育特色小镇可持续发展与区域生态环境协同保护目标也需要与时俱进。生态环境是人类赖以生存和发展的基本条件，区域生态环境是体育特色小镇社会持续发展的基础，小镇发展、小镇繁荣、居民富裕，都离不开良好生态环境的支撑。为此，应围绕产业绿色发展、小镇人居环境整治、重要生态系统保护与修复等方面，积极推进小镇生态环境建设。一方面，区域生态环境保护与可持续发展相互联系，构成一个有机整体。《里约环境与发展宣言》指出，为了可持续发展，生态环境保护应是发展进程的一个整体部分，不能脱离这一进程来考虑。可持续发展非常重视生态环境保护，生态环境保护是可持续发展过程中积极追求实现的最基本目的之一，生态环境保护是区分可持续发展与传统发展的分水岭和试金石。从宏观上看，要深入贯彻落实《全国主体功能区规划》，构建高效、协调、可持续的国土空间开发格局，不断提高区域生态系统服务供给水平，更好实现国家重点生态功能区的主体功能定位。另一方面，要大力推进生态文明建设，实现中华民族永续发展。2015年4月30日，中共中央政治局召开会议通过《京津冀协同发展规划纲要》，以交通一体化、生态环境保护、产业升级转移等三大重点领域为突破口，引领并逐步带动京津冀区域经济、社会实现全方位、多层次一体化协同发展，坚持生态优先为前提，推进产业结构调整，建设绿色、可持续的人居环境。

第三节　人与自然和谐共生下体育特色小镇可持续发展的实践意义

一、发展方式绿色转型，推动冰雪经济高质量发展

推动经济社会发展绿色化、低碳化是实现高质量发展的关键环节。加快发展方式绿色转型，以绿色管理为保障，推进体育特色小镇资源节约循环利用、产业结构优化，实现体育特色小镇经济高质量发展。生态环境治理与体育特色小镇经济发展是协同促进、互利互惠的关系。一方面，生态环境保护做得好，人类赖以生存的基本条件得到改善，人民的美好生活就能得到保障。生态环境治理做得好，自然资源再生能力强，体育产业发展的空间才更广阔、后劲才更足，经济发展才具有可持续性。另一方面，体育特色小镇经济发展又能为生态补偿、生态环境治理修复提供坚实物质保障。自 2015 年北京冬奥会成功申办以来，京津冀及周边省市协同推进生态环境保护治理，实施治气、治沙、治水攻坚战，采取一系列精细化防控措施，区域生态环境持续改善，以此带动区域、国家经济发展，培育新的经济增长点。因此，推动体育特色小镇可持续发展，就是正确把握生态环境治理与体育特色小镇经济发展的关系，坚持生态优先和绿色发展观念，做到发展中保护、保护中发展，协同推进体育特色小镇高质量发展。

二、提升生态系统质量和稳定性，巩固体育特色小镇

提升生态系统质量和稳定性，是推动绿色发展、促进人与自然和谐共生在自然生态维度的重要目标之一，这要求体育特色小镇建设中要推动绿色低碳发展、坚持山水林田湖草系统治理。为了实现高质量发展，确定体育特色小镇可持续发展思路，2016 年 12 月，北京 2022 年冬奥会和冬残奥会组织委员会发布了《北京 2022 年冬奥会和冬残奥会可持续性政策》，明确了保护生态系统与生物多样性、开展环境管理等重点任务。北京冬奥会筹办的 7 年中，

采取了建立可持续性管理体系、低碳管理及可持续性目标融入供应链的工作措施，在确保北京冬奥会成功举办的基础上，为周边体育特色小镇创造了良好的生态环境：北京市和张家口市大气环境显著改善，森林覆盖率的提高，有效治理了赛区及周边风沙问题，京津冀地区水治收效明显，水环境质量持续提高，山地赛区保护和生态修复形成良好生态系统。因此，提升生态系统质量和稳定性就是要巩固扩大体育特色小镇的发展环境，全面提高资源利用效率，协同推进节能减排工作，持续实施造林绿化工程，合理配置能源资源。京津冀区域体育特色小镇作为生态系统的一部分，与生态系统组成了一个生命共同体，同样体现出有机关联、循环相依、生生不息的特点，持续改善的生态环境也为人类生存创造了良好的基础条件。

三、稳妥推进碳中和，开创冬奥低碳管理新高度

实现"碳达峰""碳中和"是一场广泛而深刻的经济社会系统性变革。北京冬奥会践行"绿色办奥"理念，全面推进低碳管理，进行低碳转型创新示范，助力京津冀协同绿色发展，推动体育特色小镇可持续发展。北京冬奥会落实2018年国际奥委会发布的《可持续性战略》。2020年5月，北京冬奥组委会发布的《北京2022年冬奥会和冬残奥会可持续性计划》提出"可持续·向未来"的发展愿景。2022年1月，北京冬奥组委发布了《北京冬奥会低碳管理报告（赛前）》，北京冬奥会兑现承诺，实现了"碳中和"的目标，开创了冬奥会低碳管理新高度。一方面，北京冬奥会在筹办全过程创新采用了林业碳汇、企业赞助和碳普惠制三种碳抵消措施，不仅打造了一届低碳管理的冬奥会，也为体育特色小镇可持续发展创造了良好条件；另一方面，北京冬奥会落实"绿色办奥"和"可持续计划"，通过从源头降低碳排放的系列措施，确保体育特色小镇建设实现"碳中和"。这不仅为今后体育特色小镇建设工作提供了坚实的理论和实践支撑，也为国家未来稳妥推进"碳达峰""碳中和"工作提供了可借鉴的经验和案例。

第四节 人与自然和谐共生理念下体育特色小镇可持续管理的现实障碍

一、意识薄弱，对生态环境问题认识不足

体育特色小镇可持续发展所回应的生态环境问题实质上也涉及人与自然之间的生产与发展的问题。党的二十大报告对人与自然和谐共生的现代化本质要求做了重要论述："我们坚持可持续发展，坚持节约优先、保护优先、自然恢复为主的方针，像保护眼睛一样保护自然和生态环境。"由于冰雪运动对环境具有高度依赖性，人工造雪造冰的场馆建设引发的生态破坏不容小觑，如造成地形地貌破坏、生物多样性减少、环境污染、气候灾害等，大量冰雪运动爱好者及传统交通工具涌入冰雪体育特色小镇也对当地人的生存环境产生极大影响，导致这些现象的主要原因在于人们对生态环境问题的认识不到位。一方面，多数人认为生态环境问题只是单一的、孤立的自然科学问题，而没有意识到生态环境是人赖以生存和发展的基础，生态环境问题就是人与人的生活世界之间的生存与发展的关系问题，仅仅依靠科学技术是无法解决的。另一方面，在人类生存发展的不同阶段，生态环境问题也会发生转变。自然主义社会关注于人如何依靠自然，近现代社会关注于人如何掠夺自然，在自然主义与人类主义融合的当代与未来社会关注如何促进人与自然和谐共生。

二、缺乏保障，生态环境保护管理不到位

构建生态环境治理体系，完善顶层设计明确职责，健全生态环境法律法规，是推进体育特色小镇可持续发展、促进人与自然和谐共生的必由之路。科学合理的制度机制是体育特色小镇发展实现社会效益和生态效益共赢、促进体育产业高质量发展的重要支撑。目前，在推进体育特色小镇可持续发展

的过程中，生态环境形势不容乐观，空气治理、风沙治理和水环境治理仍是一个长期过程，绿色发展、循环利用、可持续性管理的工作任重道远，其中制度保障是发展方式绿色转型的重要因素。北京冬奥会申办成功加速了冰雪体育特色小镇生态环境治理的步伐，持续性实施大力度多举措治气、治沙、治水。例如，构建区域大气污染治理协作机制、三地林业生态绿色发展格局、三地共治流域水环境合作协议等，在生态环境保护与持续改善方面取得重大突破。然而，在"后冬奥时代"，在缺少国家战略支撑的情况下，如何推动体育特色小镇可持续发展？这一问题不仅对生态环境的保护制度、责任制度、修复制度和管理制度提出了更高的要求，而且反映出我们在生态环境治理体系、补偿制度、法律法规等方面明显存在不足。例如，生态领域的法律执行力度普遍较弱，法治震慑力不强；生态环境保护的管理主要归属于地方政府，缺乏自身的管理体制；属地生态环境保护管理机制导致生态问题转嫁或生态问题恶化，一些地区甚至成为"三不管"的真空地带。

三、差距仍存，生态系统支撑能力仍需巩固

提升生态环境治理能力，提高治理评价标准是体育特色小镇可持续性管理的关键。借助筹办奥运会，带动主办城市、国家和区域经济发展，培育新的经济增长点，已经成为奥运会的重要目的和功能。在北京冬奥会筹办的7年中，冰雪运动快速普及，以满足群众冰雪健身需求为出发点，有力带动了冰雪产业高质量发展，已经形成了以冰雪运动、冰雪旅游等为产业的冰雪体育特色小镇。然而，大部分冰雪产业结构和产业链均受制于生态环境，而生态环境受制于人与自然和谐共生的关系。因此，从人与自然和谐共生理念来看，虽然北京冬奥会筹办过程中生态环境治理能力得到明显增强，但是自然资源匮乏、资源循环利用效率低下、资源环境支撑能力薄弱等问题，与社会生存发展需求仍存在巨大差距。另外，北京市和张家口市的生态环境保护治理的成效是显著的，空气中细颗粒物（$PM_{2.5}$）平均浓度下降至 33 μg/m³ 和 23 μg/m³、森林覆盖率增至 44.4% 和 50%、污水处理率提高到 95% 和 100%。但是，从

全球视角来看，PM$_{2.5}$平均浓度与世界卫生组织（WHO）设定的 10 μg/m³ 标准值相差甚远；森林覆盖率水平相较于苏里南的 98%、加蓬的 90%、芬兰的 73%、日本的 68.5% 等，仍有较大提升空间。且不说"后冬奥时代"环境遗产成果能否可持续发展达到世界标准，在对"冬奥双城"关注度减弱的情境下，生态保护政策治理创新不足和资金、技术保障的缩减都会增加推动冰雪体育特色小镇可持续发展的难度。

四、创新不足，绿色科技创新未能充分体现

绿色科技创新是在原创性科学发现与技术创新的基础上，实现人与自然和谐共生的一系列活动的统称。北京冬奥会筹办过程中，坚持"绿色办奥"理念，通过绿色科技创新创造了丰厚的环境遗产，利用绿色材料和生态技术打造冰雪场馆，低碳能源开发提供物质保障，绿色保护和修复技术保障环境可持续，绿色雪务技术保护和高效利用雪资源，氢燃料电池技术实现绿色出行。推进体育特色小镇可持续发展，在绿色科技创新上还存在四个方面的难题。①在冰雪绿色科技创新的资源配置上存在不足。例如：物力资源服务体系不健全、财力资源利用率低、人力资源匮乏且建设滞后、信息资源无法实现共享等。②体育企业研发低碳产品能力不足、低碳技术创新能力不足，在一定程度上制约了冰雪企业发展实现跨越式绿色转型。③绿色科技创新领域技术受制于人，一些大型绿色设备产品尚不能实现全面自主生产，技术的"空心化"还没有根本解决。因此，绿色科技创新的制度建设、能力建设、人才建设是体育特色小镇可持续性管理的关键。④北京冬奥会推动体育特色小镇发展方式的绿色转型只是个案，在低碳发展整体布局上需要探讨模式和机制创新形成整体系统化发展。

第五节 人与自然和谐共生理念下体育特色小镇可持续管理的纾解路径

一、树立生态文明思想，提升思想观念意识

体育特色小镇可持续发展是人与自然和谐共生的应有之义。北京冬奥会积极筹办的7年，是北京市和张家口市坚持绿色办奥理念，推进体育强国建设，推动构建人类命运共同体的 7 年。纵观上下，生态文明建设与北京冬奥举办同步前行，相互协助、相互依存，形成了协同共赢局面，促进冰雪体育特色小镇与生态环境和谐发展，体现了我国倡导的人类命运共同体思想。

树立绿色发展理念。绿色生态环境和低碳生产生活作为北京冬奥会成功举办的重要因素，也是北京冬奥会服务于京津冀协同发展战略的重要环节。应始终把环境保护与可持续利用放在重要位置，立足绿色发展理念，促进北京体育特色小镇可持续发展。

加强生态文明教育。生态文明教育是人类为了实现可持续发展的需要，而将生态学思想、理念、原理、原则与方法融入现代全民性教育的生态学过程。其主要目标是解决人与自然之间的矛盾，通过教育手段建立人类环境危机意识、树立正确的生态价值观和塑造美好生态情感，最终达到生态环境保护和生态文明建设的目的，发挥生态文明教育的唤醒生态危机意识、建立生态价值观念、培养生态文明理念等功能，能在培养生态环境保护和可持续发展理念意识的同时内化人的精神属性和精神需求，将生态环境教育的作用在推动可持续发展的过程中显现出来。

二、发展社会生态系统工作，实现效益最大化

要牢记和坚持人与自然和谐共生理念，让其成为社会生态系统工程的新动能，推动体育特色小镇可持续发展。首先，推动体育特色小镇可持续发展

是一个复杂的社会生态系统工程；其次，社会生态系统工程要产生社会生态效益（social and ecological benefit, SEB）。社会生态效益是社会生态系统提供给生存其中的人类的效益，也就是社会生态系统所具有与产出的社会效益、生态效益和经济效益有机整合的系统效益。体育特色小镇是新时代人类社会发展中人、自然、社会交织复合而形成的人与自然、人与社会、社会与自然之间复杂关系，在协调同步发展下达成最优化的生态系统工程。从人与自然和谐共生理论角度来说，最劣化的社会生态系统莫过于经济优先发展战略，以牺牲生态环境中的资源和能源完成经济发展的目标，肆意排放的废弃物极大污染了人类的生存环境，无视人与自然是生命共同体的客观规律。因此，人与自然和谐共生的社会生态系统工程会取而代之，即社会生态系统最优化。对于体育特色小镇可持续发展来说，作为一项复合交错的综合社会生态系统工程，坚持绿色发展、可持续发展理念，追求社会生态系统最优化，达成有效保护环境、推进社会经济发展、提升人民福祉的长远目标，最终实现人与自然和谐共生的目标。其中，"理念"和"目标"相辅相成，互相促进，共同发展："目标"促进了协同合作，追求生态系统最优化，"理念"维持了协同合作，达成永续发展。

三、协同发展生态系统，巩固支撑能力，达到共赢

协同发展就是关于人类社会、生态环境、经济系统协调同步发展即社会、生态、经济协同发展的战略理论构想。在协同理论下，人与自然和谐共生是体育特色小镇可持续发展的应然之举，推动体育特色小镇可持续发展必须立足人与自然和谐共生理念，两者互相促进，共同发展，达到共赢。北京市延庆区是北京冬奥会三大赛区之一，入选第一批国家生态文明建设示范区，北京冬奥会从筹办到举办，为延庆区体育特色小镇未来发展带来前所未有的重大机遇。延庆区充分利用北京冬奥会遗产成果，在大力推动地区建设国际一流的生态文明示范区的基础上，继续推动国内外资源向延庆区聚集，加快推

进基础设施、公共服务体系建设和环境质量提升，精细打造以冰雪产业、冰雪休闲小镇和冰雪主题活动为主题的冰雪体育特色小镇，为地区百姓谋福祉，实现美丽乡村建设。

四、以生态视角提升科技创新体系整体效能

牢固树立和践行"绿水青山就是金山银山"的理念，从人与自然和谐共生视角提升科技创新体系整体效能。"绿水青山就是金山银山"理念是生态文明思想的绿色发展观，突破了对自然资源的传统认知，带来了新的发展理念转变，也深刻揭示了社会经济发展与生态环境保护的本质关系。2022 年 11 月，国家五部委公布的《"十四五"生态环境领域科技创新专项规划》中提到："为积极应对'十四五'期间我国生态环境治理面临的挑战，需要加快生态环境科技创新，构建绿色技术创新体系，推动经济社会发展全面绿色转型，建设美丽中国。"①激发科技创新潜能绿色转型创新。充分挖掘冰雪品牌企业科技创新能力，打造中国科技创新名牌，推动政策创新，完成对技术创新、组织机构和能源配置的革新，政府引导和政策扶持打造创新创业平台，构建科技需求与相关利益区域合作网络，共促人才、资金、技术等创新要素流动。②推进科技创新治理生态环境污染难题。在生态环境监测、水污染防治与水生态修复、大气污染防治、土壤污染防治、固废减量与资源化利用、生态系统保护与修复、新污染物治理、应对气候变化、支撑国际生态环境公约履约等方面做到科技创新治理。③运用科技创新技术维护区域生态系统多样性、稳定性、持续性。在京津冀区域，突破已有的绿色发展技术，强化监测科技创新，重点提升治气、治土、治水等关键技术的治理效能。④构筑绿色低碳共同行动格局，提升碳汇能力，推动实现"碳达峰""碳中和"。强化引领作用，培育绿色发展新动能，优化产业结构，发展循环经济，提升能源利用效率，加强制度建设构建低碳法规标准，提升计量监测能力，完善管理制度，将科技创新成果融入城市、区域发展，形成整体布局协调统一，推动体育特色小镇可持续发展。

第六节 结语

在推动体育特色小镇可持续发展进程中，人与自然和谐共生理念是基础支撑，没有良好的生态环境就不能发挥其推动社会经济发展的新动能的作用，也就无法实现体育特色小镇优势利用的最大化。从发展理念来看，人与自然和谐共生是推动体育特色小镇可持续发展体系的根本遵循。正确处理环境发展和保护之间的重要关系，是体育特色小镇可持续发展的内在需要，也是实现生态环境利用效益的最大化。人与自然和谐共生理念下体育特色小镇可持续发展意义重大，能够带动区域空间内的生态环境治理，推动经济高质量发展，巩固生态环境支撑系统，开创低碳管理新高度。体育特色小镇可持续发展也不再局限于生态环境保护与持续改善、低碳奥运的措施与机制、可持续性管理的政策与体系等，而是以促进人与自然和谐共生为目标，并向多领域进行全方位、深层次延伸，开辟了人与自然和谐共生的中国式现代化的理论和实践新境界。

第八章　空间的生产与体育特色小镇

在推进体育产业、建设健康中国、助力新型城镇化的大形势下，建设和培育体育特色小镇成为社会发展的任务之一。体育特色小镇的地理特性构成了人类生活特有的空间，联系且影响着空间内政治、经济、社会和文化领域的实践活动。本章运用马克思主义政治经济学的"空间的生产"理论对体育特色小镇空间生产的理论框架进行解析；针对当前我国体育特色小镇具体实践活动中凸显出来的差序结构、资本泡沫、社会建构、人文消费的困境，探讨体育特色小镇空间生产逻辑下权力、资本、社会和文化的制约因素，最终提出我国体育特色小镇建设中政治上注重权力引导、经济上引入社会资本并遵循资本循环逻辑、社会上构建互动关系网络、文化上促进空间人文消费的路径。

第一节　"空间的生产"理论框架

国民收入增长扩大了对体育消费和体育服务的新需求，因此，打造以运动休闲为主题、以体育文化为内涵、以全民健身为平台的体育空间显得尤为重要。在推动新型城镇化建设中，体育特色小镇脱颖而出，突出了城镇空间社会化实践过程中独具特色的发展，充分体现出体育特色小镇的社会、经济、文化等功能。针对体育特色小镇实践中的职能转变、市场主导、产业推动、

资源优化、资本流动、文化消费、服务综合体等空间现象和深层问题，亟须采用新的理论视角去探究和解释。

一、"空间的生产"理论的起源

20世纪之前，哲学家们就已经开始对"空间"一词进行争论，此时的空间概念是形而上学的解释。欧几里得（Euclid）"严格的几何概念"、牛顿（Isaac Newton）的"力学绝对空间"、伊曼努尔·康德（Immanuel Kant）"纯直观形式空间"和迈克尔·福柯（Michel Foucault）"知识、权力都是空间"是典型代表，空间的实质在以往被看作是死亡、刻板和静止的东西。

二、"空间的生产"理论的发展

二十世纪五六十年代，在西方哲学家的思想的影响下，"空间转向"与马克思主义的社会批判理论实现汇合，诞生了"空间的生产"的相关理论。其中，亨利·列斐伏尔（Henri Lefebvre）的"空间的生产"理论影响力最大，随后，哈维（Harvey）的"资本循环"理论和爱德华·W.索亚（Edward W. Soja）的"第三空间"理论等也极具影响力，这些理论倡导事物空间化，也正是这个历史辩证思想改变了西方批判理论的视野。"空间的生产"理论于20世纪60—80年代被翻译成中文传入中国，并在马克思主义哲学、社会学、地理学、辩证法、政治经济学等方面产生了重要的影响，在一定程度上了启发了中国学者采用一种新的视角去探究复杂社会问题空间转向的研究范式。20世纪90年代，中国学者开始了对城市空间的生产理论的介绍，21世纪以后，我国开始了空间生产理论的研究热潮。

三、"空间的生产"理论的内涵

"空间的生产"理论的创始者是列斐伏尔，他是法国著名的马克思主义思想家、社会学家。1974年，列斐伏尔提出了"（社会的）空间是（社会的）产物"的核心观点，空间的生产就是空间被开发、设计、使用和改造的全过程。这个空间的形成不是一个自然而然的过程，而是各种利益角逐的产物，受到各种利益群体的牵制。这个全过程主要具有两大特性。第一，社会性。空间是生产资料和生产手段，进入生产模式后能够产生剩余价值。第二，政治性。空间是在国家政治和经济的作用下进行生产的。在此理论体系中，列斐伏尔构建了空间生产过程的三元一体理论框架。① "空间的实践（spatial practice）"：感知的空间，城市的社会生产与再生产，以及日常生活。② "空间的表征（representations of space）"：构想的空间，概念化的空间，科学家、规划者、社会工程师等的知识和意识形态所支配的空间。③ "表征的空间（space of representation）"：现实的空间，"居民"和"使用者"的空间，处于被支配和消极地体验的地位。空间的生产理论给社会科学领域带来了极大的影响，它将哲学、地理学、经济学、社会学、建筑学、城市规划和设计等多个学科有机融合起来，扩宽了各学科在科研上的视角。

四、"空间的生产"理论的延伸

（一）卡斯特罗的空间消费和哈维的空间与资本积累逻辑

美国社会学家卡斯特罗（Fidel Castro）将空间生产引入消费领域，认为空间生产的动因来自国家资本对于集体消费的投资。新马克思主义城市空间理论推行者哈维则将有关资本对空间的影响带进城市实践中，以此创建了"资本三级循环"观点。资本一级循环是资本投资一般生产资料和消费资料的投资，形成生产与消费的空间；资本二级循环是资本向生产性和消费性环境建设的投资；资本三级循环是资本向科教和社会领域的投资。

（二）布迪尔、福柯的权力空间论

法国社会学家布迪尔（Bourdier）提出了权力空间论，认为社会空间在本质上就是权力空间，这种权力空间形成了具有约束力的场域，可以影响资本的可进入或流动性。法国思想家福柯则认为空间的命运取决于权力，空间是"权力的逞能场所"。结合这两位学者的论述，可以认为在空间中不同社会要素占有不同的位置、拥有不同的社会资源，权力在空间中存在并发挥着作用。

（三）卡斯特尔的城市社会运动理论

著名的城市社会学家曼努埃尔·卡斯特尔（Manuel Castells），针对当时西方城市中出现的冲突与危机，于1973年在出版的《城市问题》一书中指出，城市是一个总体性系统的微观世界，这一系统由政治、文化、经济三个社会平台构成。其中，经济是唯一的社会实体，并与城市空间的相互作用成为城市结构和重组的基础，也成为决定城市某些特殊功能的因素。因此，现代城市已不再是传统意义上的生产和交换中心，而是劳动力再生产和集体性消费过程的中心。进入20世纪90年代，卡斯特尔相继推出了"信息时代三部曲"——《网络社会的兴起》《认同的力量》和《千年的终结》，提出了一种全新的城市空间概念，即流动空间（space of flows）和地域空间（space of places）。卡斯特尔的城市社会运动理论反映了资本主义社会进入"福利国家"历史阶段的劳动力再生产的情况，启发了当代马克思主义学者，使他们开始关注城市空间中居民工作之外的生活问题。

（四）索亚的"第三空间"概念

美国学者索亚提出并运用了"第三空间"的概念，此概念直接来源于列斐伏尔，理论来源主要是福柯的理论。索亚认为，全新的后现代文化的崛起不仅仅作为一种文化意识形态或者文化幻想，而且是一种扩张，每一次扩张都有其自身的文化特性，生成了与其动力相适应的各种新的空间形式。"第三空间"中描述的不是一个具体的空间，而是一种思维的方式和意识的状态，

是多文化并存下对于个人身份、都市空间的建构。

五、国内学者对"空间的生产"理论的认识

"空间的生产"理论传入我国后也引起了我国学术界的高度重视和认同。庄友刚基于"空间的生产"的理论视角审视了我国城市化发展的历史抉择，为现代化发展与城市化进程提供了理论资源和理论支撑，即"空间生产是指人们通过在物理空间中对物质资料的重置或重构，创造物质资料新的空间形式和空间关系，从而满足人的特定生活需要的生产过程"。这一理论是对空间认识的转向，让人们关注的视角从空间中事物的生产转向空间本身的生产，深刻揭示了"空间的生产"是社会关系生产的同时也被社会关系所生产，大大拓宽了人们对空间事物认识的视野。

六、我国体育特色小镇"空间的生产"的理论框架

在社会主义市场经济体制转型的背景下，中国经济高速增长，全球性的政治、经济、社会、文化因素在城市化大潮中逐一呈现。"社会、经济、政治、文化等要素共同支撑着城市空间正常协调地运行，而城市空间是人在社会、经济、政治、文化等要素面前最直接的运行载体，各类城市活动形成的功能区则构成了城市空间的基本框架。"体育特色小镇是城镇的一部分，是社会经济转型升级的重要空间载体。当前，我国体育特色小镇将要面临着一系列难题，这些难题恰好与马克思主义政治经济学的"空间的生产"理论研究范畴耦合，从而触发了推进体育特色小镇实践的思维创新。运用"空间的生产"理论对体育特色小镇空间实践进行哲学思辨，构建出体育特色小镇空间生产的理论框架：空间生产是人们对体育特色小镇空间认知的转向，即对体育特色小镇空间内部的生产转向对体育特色小镇空间本身的生产，也就是对体育特色小镇空间的政治、经济、社会和文化核心要素的生产；同时，政治、经济、社会、文化共同制约着体育特色小镇的空间本身的生产。因此，只有发挥政府引导、

实现经济资本增值、构建社会关系网络、促进人文消费四大核心要素的力量，才是体育特色小镇空间生产的主要实践路径（如图 8-1 所示）。

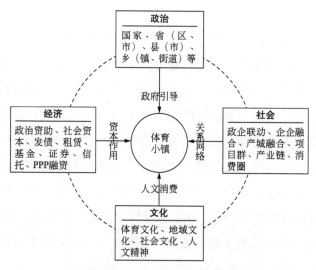

图 8-1　我国体育特色小镇"空间的生产"理论框架

第二节　体育特色小镇空间生产的逻辑

随着我国经济的发展、新型城镇化的推进，在体育特色小镇空间生产的作用下，权力、资本、社会和文化要素的结构形态不断地改变，相互之间的位置不停地转换。因此，城镇化发展的历史演变下出现的体育特色小镇空间实践中必然存在一定的逻辑关系。

一、权力与空间实践

"地方的或区域的生产不是飘浮在毫无地点性的'虚空'中，而是深深地扎根于地方 / 区域的制度环境、政治环境和文化环境之中，受其影响和制约。"

这正是福柯"权力—知识—空间"的一个重要的理论视角和研究方法。在此逻辑下，体育特色小镇空间的生产就是"权力—融合—空间"，即"强化政府在政策引导、平台搭建、公共服务等方面的保障作用"，融合特色小镇建设与发展体育产业，创建体育特色小镇的空间。改革开放以来，在我国城镇化发展的历史演变中，国家和地方尽可能地为城镇的发展创造可行的条件，体育特色小镇的发展更是需要国家、地方政府和体育相关部门给予相应的政策引导以及保障措施。例如，国家体育总局 73 号文件提出了"将运动休闲特色小镇建设和脱贫攻坚任务紧密结合起来，多措并举、综合施策、循序渐进、以点带面，促进体育与健康、旅游、文化等产业实现融合协调发展，带动区域经济社会各项事业全面发展"的指导思想；浙江省"十三五"规划中提出在政府引导下建设省级体育特色小镇、运动休闲基地、体育用品制造示范企业、体育服务示范企业、旅游示范基地共计 170 个以上，对于申报省级特色小镇所在的县（市、区）政府给予服务扶持举措和政策意见。

二、资本与空间实践

"城市的物质器皿层在整体上已经成为为资本的形成提供极其便利条件和必要条件的不变资本，而城市的文化价值观念层、行为层、制度—管理层这些无形的组成部分通过市民社会的锻造则成为资本诞生的助产士。"体育特色小镇资源具有资本的属性，其主要原因在于体育特色小镇对资本具有吸引力，并得益于资本对空间的投资。体育特色小镇的资本主要表现形式是物质资本、社会资本、人文资本。物质资本主要指户外、水上、航空、冰雪等相关的自然资源；社会资本指以市场为主导，多元化构建体育产业集聚，形成项目集群、服务链条、消费群体的体育特色小镇；人文资本则是以人民健康为中心，融合健康、旅游、文化、养老等多功能形成体育服务、休闲旅游、文化宜居的体育特色小镇。"在工业资本主义社会里，空间消费是空间资本一次完整运动过程的终点，也是下一次空间资本运动的起点，因为空间资本历经空间生产、

空间流通、空间交换这三个阶段之后，必须通过空间消费才能在最终意义上完成一次圆满的空间资本价值增运动，并在空间消费中产生一次空间生产活动的蓝图。"由此可见，体育特色小镇中的各个资源都具有价值属性，只有经历生产、流通、交换、消费这一完整过程才能成为体育特色小镇真正意义上的资本，才能够具备资本增值的作用。

三、社会与空间实践

美国社会学家卡斯特尔说："空间不是社会的反映，而是社会的表现。换言之，空间不是社会的拷贝，空间就是社会。"体育特色小镇是感性的社会存在，具有社会性。那么，在体育特色小镇中社会关系是如何构建的呢？在物质空间中，人与自然之间发生着物质、能量、信息变换的交往实践关系，人类通过在空间中所从事的劳动交往实践活动构成了相互交往关系结构，并在劳动时间活动中结成新的交往实践关系结构，塑造全新的交往实践空间。因此，体育特色小镇空间实践过程也就是社会关系网络互动的结果。当前，在我国新型城镇化的背景下，政府与各投资商是体育特色小镇空间的主要支配者，以满足人们体育需求为目的，构想和规划出各种形式的体育特色小镇（"空间的表征"想象出的体育特色小镇）；社会民众则属于体育特色小镇（"表征的空间"）的使用者，处于被支配和消极体验地位，在一定权力下某些地方民众的权益会被动地让位。

四、文化与空间实践

空间生产不仅会改变当地的物质形态，也潜移默化地影响着当地的文化。一个物质实体空间的产生，会吸引来自不同地域的个体因不同的原因汇聚于此，从而生产出丰富多彩的文化形态。在新型城镇化的建设中，文化具有非常积极的作用，并且同经济、社会一样都具有价值，不论是地域文化、社会

文化、企业文化、人文精神等都蕴含着巨大的无形资本。空间的生产并不是简单理解的物质实体空间的生产，而是包括了文化在内的抽象空间的生产。随着收入水平的提高，人们的消费已经不再局限于物质层面上的满足，而是上升到了精神层面，即身心、感官、审美、判断等多方面的需求。由此，人们在空间中追求的消费对象必须具备一定的标准、品位、地位、形象，更需要凸显出一种鲜明的文化价值。

第三节　体育特色小镇空间生产的难题

一、政治困境——差序结构

差序结构是由费孝通先生提出的，旨在描述中国社会特有的人际格局。体育特色小镇是一个具有认知能力的空间，在权力、资本、社会关系的作用下也会产生相应的差序格局，原本的小镇空间在历经规划、建造和功能改造后，形成不同的"社会（关系）—空间"复合结构的体育特色小镇。权力者、规划师、工程师、技术人员、投资者、企业者、当地居民、消费者作为体育特色小镇的推进者、规划者、建造者和服务者，群体之间相互关系和空间地位决定了体育特色小镇空间的生产。体育特色小镇建构是"空间的表征"，规划师、工程师和技术人员规划和建造相对科学理性的体育特色小镇。不过，权力者影响和支配了体育特色小镇空间的功能建设和区域划分；投资者、企业者追求的却是小镇空间的资本增值作用；当地居民、消费者则是以满足个人需求为目的。在三个不同意识共同制约着下，体育特色小镇建设发展的方向最终取决于权力、资本、社会关系意识在空间关系中的顺序，顺序靠前的影响着体育特色小镇建设发展的方向。这样看来，体育特色小镇建设更像是一道排序题，最终答案决定了体育特色小镇的发展方向。

二、经济困境——资本泡沫

体育特色小镇最开始是由固定投资的资本规划建造而成的，如果从资本运行的规律说，资本如不能及时通过运营管理创新重回实体经济部门，就会造成空间的资本泡沫。2014年，国务院发布《国务院关于加快发展体育产业促进体育消费的若干意见》（国发〔2014〕46号）（以下简称"46号"文件）之后，社会资本的投资在2015年、2016年呈上升趋势，体育产业和体育市场一度升温，但从2016年至今，资本对于体育产业的投资趋冷。其主要原因是部分项目的投资经历一到两年的时间验证，并没有收到预期效果。资本对体育行业的投资主要分体育创业投资和体育产业投资两类，体育特色小镇属于体育产业投资。当前的体育市场正处于早期阶段，体育产业市场刚刚起步，在市场投资中，专业性投资机构少，大部分投资机构对于体育缺乏了解，属跟风投资，况且投资项目之间缺乏相互支持和辅助，未形成回环，从而导致体育特色小镇资本的投资存在着很大的不确定性。体育特色小镇固定资本投资特点，在资本三级循环分类中可以属于资本的第三级循环，也是一种公益性投资，必然要面临空间的资本泡沫危机。

三、社会困境——社会建构

空间生产是社会发展的重要方式和基本途径，运用空间生产的内涵和理论范式来审视社会是一种新的思维。国家体育总局73号文件提出了推动运动休闲特色小镇建设的总体目标，体育特色小镇是在助力新型城镇化的基础上发展而来的，同样也具有中国城镇化过程中城乡发展不平衡的现象，社会关系网络变得复杂化和多样化，从而导致了体育特色小镇外来人员与当地居民之间产生隔阂，小镇社会失序，并引发各种社会关系间的矛盾等；运动休闲业态、体育文化氛围、与旅游相关产业融合、资源有效利用等显性的技术建构将带来直接效应，但相对于新型城镇化，体育特色小镇建设和发展中仍然存在着隐性的社会关系网络建构问题。第一，体育特色小镇中人与人之间社会

关系网络不明确；第二，运营主体之间社会关系网络融合不够；第三，相同主体之间社会关系网络互动不足。

四、文化困境——人文消费

"伴随着快速城市化，中国各种新型消费空间不断涌现，并对社会文化与空间结构带来巨大影响，成为转型过程中不可忽视的现象。"体育特色小镇作为新型城镇化特定时期发展的产物，小镇历史文化和体育空间特质相融合的人文空间必然成为体育特色小镇空间实践的消费核心之一。体育特色小镇空间生产的产品主要包括项目、场地、设施、综合服务体等，实质上这些产品是消费空间发展中社会生活方式、文化意识观念与体育文化和精神的结合，是小镇消费的名牌。从历史和时间维度来看，体育特色小镇的类型和特质决定了其发展的方向，也导致体育特色小镇文化消费过程中面临文化基础相对薄弱、体育功能与小镇文化融合未形成资本化、体育文化消费循环不畅的困境。"空间消费是空间资本一次完整运动过程的终点，也是下一次空间资本运动的起点"。以此逻辑，人文消费是体育特色小镇空间消费的对象、方式和动力，通过空间消费还能够创造出更新的、更满足人们需求的资源，最终达到体育特色小镇空间资本增值，并为下一次的空间生产活动提供更优的配置。

第四节 体育特色小镇空间的生产路径

一、在政治上注重政府权力职能引导作用

（一）体育特色小镇推进与政策空间的生产

体育特色小镇相关政策是特色小镇在以供给侧改革为平台，以新型城镇化为抓手，推动经济转型和动能转换，促进大小城市协调发展的前提下而出

现的，如何探索其发展的空间和潜力及未来导向，通过对相关政策文件的梳理是最直接的方式。第一，政策出台的顺序是先地方探索后国家推进。2016年3月，浙江省杭州市人民政府在发布的《杭州市人民政府关于加快发展体育产业促进体育消费的实施意见》中指出建设运动休闲发展带、创建体育产业特色小镇。2016年9月江苏省体育局在《省体育局关于开展体育健康特色小镇建设工作的通知》中提出打造引领和示范作用的体育类特色小镇，构筑多功能叠加的空间区域和发展平台。2017年3月和2017年5月福建与安徽先后出台了体育特色小镇相关政策。2017年5月9日国家体育总局办公厅出台了73号文件，从此体育特色小镇的建设工作才普遍推展开来。第二，国家政策生产的主要措施是资金和土地上的支持。2016年10月25日《国务院办公厅关于加快发展健身休闲产业的指导意见》中提出："推动开展政府和社会资本合作示范，符合条件的项目可申请政府和社会资本合作融资支持基金的支持。"2016年12月12日《国家旅游局、国家体育总局关于大力发展体育旅游的指导意见》中指出，鼓励引导社会资本、金融机构、投资项目资产证券化与体育旅游项目建设的合作，完善投融资机制。在土地政策上，《国务院办公厅关于加快发展健身休闲产业的指导意见》指出，要"优化规划和土地利用政策"，即控制规模、科学选址、合理规划。住房和城乡建设部《2017年创建特色小镇实施方案》中也对土地使用利用提出了相关的政策。

（二）形象塑造与制度空间的生产

城镇化发展立足于我国基本国情，遵循社会发展的规律。体育特色小镇则是深化推进新型城镇化、是在创建特色小镇的基础上进行创新。体育特色小镇确立了以体育产业发展为核心、以健康中国建设为目标的方向，因此，越来越多的地区致力于塑造地方特色形象，在指定的地区或区域内采取特殊的政策和措施构建一个融体育、文化、健康、旅游、养老等多功能的项目链、产业群和消费圈，提供体育服务的空间。其中，以体育赛事、健身休闲、装备及用品制造业等为中心，能够形成具有特色发展模式，并成为地方区域的

重要战略工具，即空间生产理论中的"空间的表征"。

二、在经济上引入社会资本、遵循资本循环逻辑

（一）投资规划规模

根据我国三部委联合发的《关于开展特色小镇培育工作的通知》中提出的到 2020 年要培育 1000 个左右的特色小镇的目标，并根据已经建成的部分特色小镇的企业进驻运营统计数据来进行分析，以每个特色小镇 50 亿~60 亿元人民币为投资资本计算，综合我国体育特色小镇发展的政府引导和市场主导前瞻性分析，到 2020 年我国特色体育特色小镇的建设数量达到 100~150 个，由此可以推算我国体育特色小镇将需要 5 万亿~6 万亿元人民币的投资额。

（二）引入社会资本，多模式融资

经济是社会发展的主要力量，也是体育特色小镇建设的重要支撑力量。过去的城镇化发展中主要采用的是政府资助的地方债务模式，而当前体育特色小镇空间生产的融资渠道主要是引入社会资本，在政府对市场的协调和监管下呈现了发债、融资租赁、基金、资产证券化、收益信托和 PPP 融资等多种融资模式。例如，浙江绍兴柯桥酷玩小镇建筑面积 3.7 平方千米，计划打造旅游、运动、产业小镇，项目投资 110 亿元人民币，核心项目东方山水乐园投资 80 亿元人民币；安徽合肥大圩马拉松小镇，以 PPP 模式与政府达成战略合作，政府投入 1.7 亿元人民币专用资金修建专业马拉松赛道。

（三）遵循资本循环逻辑

新马克思主义城市空间理论推行者哈维将有关资本对空间的影响带进城市实践中，以此创建了"资本三级循环"观点，第一级循环是资本投资一般生产资料和消费资料的投资，形成生产与消费的空间；第二级循环是资本向生产性和消费性环境建设的投资；第三级循环是资本向社会领域的投资。依据资本的第一级循环，体育特色小镇的资本可以通过对空间的开发去实现体

育＋资源的生产（优化配置），经历生产、分配、交换、消费四个环节，追求社会的再生产，最终成为体育特色小镇空间资本增值工具。第二级循环，将体育特色小镇空间本身视为生产的直接对象，致力于小镇环境的生产，主要表现在自然环境保护、基础设施建设、体育多功能区的打造等。第三级循环，打造体育特色小镇内企业劳动者、当地居民、体验者等相适应的综合服务体，并完成生产和再生产，成功积累体育需求的综合服务体。例如：体育旅游（生态旅游、探险小镇等）、体育赛事中心（足球小镇、冲浪小镇、攀岩小镇等）、健身休闲（养生小镇、休闲小镇等）、体育装备及用品制造（体育用品装备生产基地、骑行小镇、汽车小镇等）等相关业态的发展，即"以运动休闲为主题，打造具有体育文化内涵，集多功能于一体的空间区域、健身平台和体育产业基地"。

三、在社会上构建社会关系网络互动

在市场主导下，体育特色小镇建设融合多种功能于一身，创新机制，多元化构建，坚持"以人为本、分类指导"基本原则，形成健康生活方式、提高人民健康水平、促进经济社会发展等方面的综合作用。

（一）体育特色小镇空间生产对社会的影响

第一，满足体育需求，促进消费。近年来，国民收入水平、信息网络技术提升和新型城镇化扩大了体育消费的新需求、新渠道和新空间，体育特色小镇以增加体育服务和提高体育服务质量为目的，融合体育多功能，优化资源配置，满足人们的体育消费需求，成为促进供给侧改革的新支点。第二，促进社会的和谐。体育特色小镇形成生产、生活、生态空间的合理布局，企业人员、体验者、旅游者、当地居民等不同群体对体育服务的需求融为一体，形成产业群、项目链、消费圈统一发展的体育服务新空间。第三，建设"健康中国"新平台。积极发挥体育对健康生活方式的引导作用，全方位服务全体人民，促进健康事业的深度融合与协调发展，推动"健康中国"建设的新平台。

（二）构建社会关系网络互动

第一，协调人与人之间的社会关系网络。确定当地居民、创业者、企业者、体验者和消费者等不同群体在小镇中的角色，协调相互之间的社会关系网络构成。例如：明确服务主体和客体形成消费圈。第二，融合运营主体之间的社会关系网络。政府、企业、非营利组织是体育特色小镇主要的三大核心运营力量，三者之间主客体的确立和相互融合构成社会关系网络，例如：政企联动、产城融合。第三，协同主体之间的社会关系网络互动。充分发挥市场的决定性作用，注重体育特色小镇运营主体中产业企业各个环节的协同关系构建。例如：企企合作、行业融合、产业链等。

四、在文化上促进空间人文消费

从实践过程可知，民众对体育特色小镇的青睐主要在于对体育的需求，体育特色小镇作为一种空间，突出了顽强进取、勇于竞争、挑战极限、超越现实的理想主义色彩，以及通过体育活动获得心理释放感和自我能力实现的快乐感的人文特征，体育特色小镇色彩、雕塑、标志物都是对精神和思想的物质文化的诠释，更是文化艺术与体育精神交融的整体文化空间的展示。我国体育特色小镇文化营销式空间生产有以下几个方面。第一，打造突出自然、历史和人文方面特质的知名品牌体育特色小镇。例如：南京汤山温泉养生文化旅游小镇、贵州龙门武侠小镇和海龙屯文化体育创意小镇、浙江银湖智慧小镇等。第二，塑造特色形象的体育特色小镇。例如：浙江龙泉宝剑小镇、江苏武进太湖湾休闲体育特色小镇。第三，具备承接体育赛事的体育特色小镇。例如：安徽黄山国际户外运动基地。

随着国民经济的普遍增长，民众在体育特色小镇的空间消费过程中也包含着文化消费行为，民众由"空间中的消费"扩大到"空间的消费"。我国体育特色小镇人文消费路径可分为四种：第一，以体育资源为基础，开发民族体育文化；第二，赋予体育特色小镇体育休闲文化内涵，实现资源资本化；第三，体育特色小镇文化商品化、市场化，将体育表演与当地文化融为一体，转化为商品出售；第四，挖掘体育特色小镇品牌文化，发挥人文资源的经济价值和社会价值。例如：浙江上虞 e 游小镇着力打造以游戏综合体验区、互联网创业产业区、生活配套服务区、文化艺术展区泛娱乐信息经济产业为主导的小镇；贵州遵义海龙屯规划建设传承海龙屯村的军屯文化、土司文化、建筑文化，形成文化形态、建筑形态、商业形态、环境形态"四态合一"的文化体育创意小镇。

第五节　结语

在推进体育产业、建设健康中国、助力新型城镇化、取得脱贫攻坚战决定性胜利的大形势下，我国体育特色小镇实践推行融合体育、休闲、健康、旅游、文化、养老等多功能，构建产业群、项目链、消费圈的体育综合服务区域空间。此过程耦合于当前社会城市化空间实践的过程，具有鲜明的政治、经济、社会和文化的空间生产特性。因此，本章借鉴了马克思主义政治经济学"空间的生产"的理论框架研究成果，构建体育特色小镇空间实践的理论框架。2017 年，国家体育总局 73 号文件发布后，以"空间的生产"理论和逻辑对体育特色小镇空间实践进行探究是一种思维转向，更为体育特色小镇的发展开辟了新的路径：政治权力对体育特色小镇生产进行引导；遵循资本的循环逻辑，借助资本的力量，吸纳和利用社会资本发展体育特色小镇；形成体育特色小镇特定的生产关系和社会关系网络互动；推广和弘扬体育文化与体育精神，借助体育特色小镇促进人文消费。

第九章 体育特色小镇空间生产的主要动力

体育特色小镇建设已经成为基层经济社会事业、全民健身与健康事业、体育产业发展的重要举措。然而，我国体育特色小镇建设起步较晚、理论滞后，出现了内驱动力不足、资本增值搁浅等问题。为此，本章以新马克思主义"空间的生产"理论为启发，明确资本和权力是我国体育特色小镇空间生产的主要动力，以资本拉动小镇建设，以权力平衡和调控小镇发展。通过深入分析浙江体育特色小镇空间生产的动力机制，最终提出基础设施先行、引导资本投入公共服务领域、确立权力引导地位及明晰权能的对策。

第一节 空间生产逻辑与体育特色小镇

一、资本与空间生产

新马克思主义城市空间理论推行者哈维，将有关资本对空间的影响带进城市实践中，提出了"资本的城市化"理论，认为城市建构环境的生产和创建过程实质上是资本控制和作用的结果，以此提出了"资本三级循环"理论，第一级循环是资本投资向一般生产资料和消费资料的投资，形成生产与消费

的空间；第二级循环是资本向生产性和消费性环境建设的投资；第三级循环是资本向社会领域的投资。此理论的提出揭示了在资本运动中能够创造出与之相适应的生产方式和生产关系的空间，并直接参与和建构资本循环。

二、权力与空间生产

法国社会学家布迪尔提出了权力空间论，认为社会空间在本质上就是权力空间，这种权力空间形成了具有约束力的场域，可以影响资本的可进入或流动性。另一位法国思想家福柯则认为空间的命运取决于权力，空间是"权力的逐能场所"，是权力发挥的途径和媒介。结合这两位学者的论述可知，在空间中的不同社会要素占有不同的位置，拥有不同的社会资源，权力在其空间中存在并发挥着作用。

三、城市化发展中的空间生产理论

美国社会学家卡斯特尔的代表作《城市问题：马克思主义的视角》一书，通过对城市中的社会组织运动的研究，对城市领域空间生产的研究产生了广泛的影响。哈维的《社会公正与城市》中把空间划分成三个方面——绝对的空间、相对的空间和关联的空间，认为空间和空间的政治组织体现了各种社会关系，但又反过来作用于这些关系。

四、体育特色小镇空间生产的逻辑

空间生产的发生机制是基于社会生产关系之上的再生产，是资本、权力和社会等政治经济要素和力量对空间重新塑造，并以其作为底板、介质和产物，形成社会化结构和社会的空间性关系过程。为了促进我国社会经济转型，推进城镇化发展，建设体育特色小镇作为特色小镇发展背景下的创新尝试，更是推进我国体育产业发展和满足我国人民美好生活需要的一种表现形式。具体地说，体育特色小镇是政府职能部门权力作用的发挥，是市场作用下资

本的创新和转移及人民美好物质生活需要提升的综合体现，其中，资本是通过在体育特色小镇空间中的循环来完成小镇社会经济的发展的；权力则是政府职能介入资本循环过程中，通过出台政治制度推动和调节市场的运行。

（一）资本循环与体育特色小镇空间生产

体育特色小镇资本的集中、转移和创新是新型城镇化扩大再生产的过程，在本质上切合了哈维的资本循环理论模型分析过程。按照一般规律，资本主要是用于空间本身生产投资的第一级循环及促进生产和消费环境的第二级循环，进而极大地推动了体育特色小镇建设，更是促进了体育特色小镇不断地空间重组和社会经济发展；然而，为了促使体育特色小镇的空间生产达到资本增值的目标，势必要在保证资本在完成前两级循环的基础上加强第三级循环，也就是对公共服务领域的投资。

（二）空间权力与体育特色小镇空间生产

体育特色小镇空间具有政治性，是政府职能部门的意识形态，而且与空间权力存在着密切关联，这就是福柯所说的空间是"权力的退能场所"。当前，体育特色小镇在建设中已经显现出其空间的交换价值，为了避免体育特色小镇追求资本增值所引发的市场混乱局面，亟须政府职能部门发挥权力的作用：第一，利用与权力关联的制度、统筹规划、特色优化等因素吸引资本促成对体育特色小镇建设的投入；第二，通过权力行使规划资源、引导资本和协调社会关系，达成对体育特色小镇建设的服务。

第二节　体育特色小镇空间生产的动力

体育特色小镇是以体育产业为核心的，围绕体育、休闲、健康、养生等功能对小镇进行规划改造、要素重整和业态融合的区域空间。体育特色小镇

不是无缘无故产生的，而是在我国推动特色小镇建设背景下，以及多种要素力量共同作用下的创新尝试。为了促进体育特色小镇建设，国家体育总局的73号文中提出"政府引导、市场主导"的原则，其中，"政府"指国家公共行政权力的象征、承载体和实际行为体，"市场"则是必须围绕资本关系进行诸多调整和改变而满足各种需要的要素总和。新马克思主义者学者认为"资本和权力是空间生产的主要动力源泉"，这一观点恰恰与前面的论述相吻合。因此可以判定，资本和权力是我国体育特色小镇空间生产的主要动力。

一、市场主导——资本

"城市中各种空间结构的变迁、各种景观的形成，以及城市社会中的各种关系、生活习惯等空间生产方式，都是市场和资本运作的体现和必然结果。"在当今世界经济受国际化和全球化形势影响下，城市空间发展一定要依赖资本逻辑，以达到追求资本增值的目的，因此，资本无时无刻不发挥着对我国体育特色小镇空间的侵占和控制作用，这势必要求体育特色小镇对空间内诸多制约要素进行重新组织和统筹规划。第一，发挥资本的推力作用，实现经济社会发展。通过资本运作推动体育特色小镇生产、生活、生态环境的高度融合，形成体育项目集群的消费群体和综合体育服务体。第二，发挥资本的拉力作用，实现健康可持续发展。利用自然资源的优势，通过鼓励、引导、支持企业和社会力量参与营造良好市场环境，提供有效供给，形成良性循环，促进体育特色小镇的发展。

二、政府引导——权力

权力的影响主要指相关集团和组织利用自身利益所拥有的资本优势或政治优势，优先考虑自己的利益与观念，来改变城市土地利用的方式。我国体育特色小镇建设起步晚、基础薄弱，亟须通过资本运作快速推进小镇发展。但是，急于追求资本增值，一定会导致市场失衡，如果任由资本自由发挥，

会加剧市场失衡状态，最终则会导致市场失控。因此，政府职能部门的平衡协调能力和宏观调控作用显得尤为重要。第一，发挥权力的平衡作用，在体育特色小镇空间生产中平衡政治、经济、社会、文化和生态各职能之间的关系，使之相辅相成，共同影响和制约着区域空间。政府部门要发挥在运营管理和政策意见、扶持措施等方面的政治职能，在土地配置、投融资体制上的经济职能，在功能融合、服务模式、环境保护、权益维护上的社会职能，在文化传承、健康养老、教育培训等上的文化职能，在生态问题应对、解决和保护上的生态职能。第二，发挥权力的调控力作用，统筹、控制、规划体育特色小镇空间的各种因素。对生产空间、生活空间和生态空间布局进行统筹规划，对产业、消费、自然环境保护等进行业态融合，对政治要素、生产要素、社会要素和文化要素进行重新组合并高效利用，对公共服务模式、产业资本集聚进行运营管理和完善创新。

第三节　资本与权力对体育特色小镇空间生产的影响

一、资本对体育特色小镇空间生产的影响

新马克思主义理论追随者哈维的资本三级循环理论对于体育特色小镇发展具有重要的意义，资本三级循环理论有利于更深层次地理解体育特色小镇资本运动过程。在资本运动的过程中，资本总是试图创造出与自己的生产方式和生产关系相适应的空间。体育特色小镇空间包括自然空间和物理空间，是被利用的空间和被生产的空间，在体育特色小镇空间生产过程中，两个空间直接参与了资本循环，在某种程度上可以视为生产资本要素的转移与流动过程，为了保证资本循环能够连续进行，势必要注重发挥市场资源配置的作用。因此，"资本三级循环"理论可为新型城镇化建设和经济转型升级下体育

特色小镇空间生产的动力机制提供更好的解读（如图 9-1 所示）。

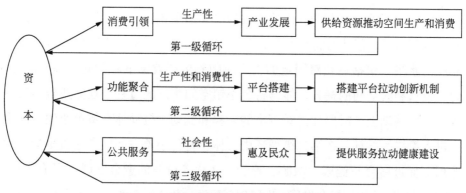

图 9-1 体育特色小镇的资本三级循环图

（一）第一级循环：依靠资源供给推动空间生产和消费

在新型城镇化建设和经济转型升级的背景下，小镇依赖自然资源、传统文化、运动习惯、体育赛事形成了以体育为特色的、以产业为引领的小镇（如冰雪小镇、足球小镇、国际户外运动小镇、温泉小镇）。为了保证小镇空间生产中物质和信息流通的顺畅和高效，必须通过资本运动加强空间流通的构建（公路、铁路、港口、机场，以及高速信息网络和区域基础设施的修建）。

资本循环是资本从一定的职能形式出发，经过"购买—生产—销售"并分别采取货币资本、生产资本、商品资本三种职能形式，实现价值增值，并回到原点的全过程。在资本运动的过程中，资本经历了空间生产、空间流通、空间交换三个环节且必须达到空间消费，才能在最终意义上完成一次完整的资本价值增值运动。空间消费是资本完整运动的终点，又是下一次资本运动的起点，而空间消费则又反映出新的空间生产需求。曾经我国社会是根据人们需求而进行空间的生产（需求侧），现在恰恰相反，生产企业控制着市场行为，引导并培育着社会生产态度和需求（供给侧）。消费是所有生产的唯一的终点和目的，消费逻辑主动控制并创造着体育特色小镇的空间生产。因此，在体育特色小镇的资本第一级循环中，资本为体育特色小镇提供充足资源，推动空间的生产和消费。

（二）第二级循环：搭建平台拉动内部资源转化创新成果

空间为了追求新利润和高质量发展必须追求创新，也必须要充分利用空间的创新特质，但体育特色小镇建设在某种程度上受限于空间内的资源基础和经济水平，包括在相对固定的生产时间和生产效率下对利润的提升能力。为了追求利润空间的提升，体育特色小镇空间生产的过程中在完成资本第一级循环的基础上，需要加强对资本的转移和流动，拉动体育特色小镇空间生产进入第二级循环。在第二级循环中，体育特色小镇空间生产在资本运动的作用下促进体育与健康、旅游、养老、文化等行业的融合发展，促成运动、休闲、娱乐等功能的聚合发展，集聚创新资源，激活创新产业，形成体育服务、休闲旅游、产业发展、文化宜居的创新成果转化，同时也搭建顺应体育特色小镇功能聚合和业态融合发展的新平台。

（三）第三级循环：提供多层次、多元化公共服务拉动全域综合发展

卡斯特尔称第三级循环为政府能提供的集体消费方式，主要是为社会提供某些必要的功能，维护区域集体消费去实现增值。体育特色小镇空间生产通过完成资本第一级循环、第二级循环，以期完成资源、产业、服务的合理配置和有效集聚，形成宜居宜业宜消费的体育特色区域，但此时仍然不能实现体育特色小镇良性运转和高质量持续发展。依据哈维的资本循环理论，体育特色小镇空间生产中的一部分资本势必要转向社会公共领域投资而进入第三级循环，发挥资本对体育特色小镇空间的秩序维护和生产保障作用，通过拓宽服务领域，丰富服务内容，创新服务方式，完善保障机制等方式推动体育特色小镇的社会公共领域建设，以满足企业者、创业者、消费者、体验者、当地居民等不同群体的差异性需求为目的，提供多层次、多元化的公共服务供给，拉动体育特色小镇健康可持续发展。

二、权力对体育特色小镇空间生产的影响

政府是体育特色小镇发展的推动主体，发挥着对体育特色小镇空间生产的重要引导作用。准确地说，对体育特色小镇空间生产具有影响作用的权力是当地政府权力，即国家权力机关或上级政府部门通过一定程序，授予地方政府在当地公共事务的管理与协调过程中执行法律、履行政府职能，对自然人、法人和非法人组织直接施加强制性、支配性的影响，最终实现地方社会经济发展目标的强制性权力。权力对体育特色小镇空间生产的影响主要体现在对政治、经济、社会、文化和生态的力量要素的平衡，对社会关系网络中多元主体之间的协调，对生产、生活、生态空间布局的统筹规划，对区域合力治理模式要素的重组，对公共服务模式和运营管理机制、投融资机制的完善创新。（如图 9-2 所示）

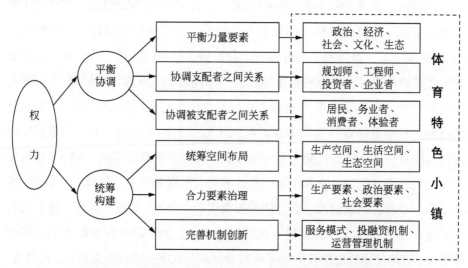

图 9-2　体育特色小镇空间生产中的权力影响因素框架图

（一）对体育特色小镇空间生产的平衡协调作用

1. 平衡力量要素

政治、经济、社会、文化和生态是体育特色小镇空间生产中重要的职能

要素。其中，政治职能体现在运营管理和政策意见、扶持措施等方面，经济职能体现在土地配置、投融资体制等方面，社会职能体现在功能融合、服务模式、环境保护、权益维护等方面，文化职能主要体现在对文化传承、体育教育培训的支持等方面，生态职能体现在向社会提供生态服务、促进人与自然协调发展的职责和功能等方面。其具体职能所关注的主要方面是：①经济发展。小镇经济发展，助力生活水平的改善。②社会责任。社会关系网络维护、社会保障机制。③文化贡献。地区文化传承与体育文化发展的融合。④生态保护。应对和解决生态问题、向社会提供生态服务、促进人与自然协调发展。由此可见，体育特色小镇空间生产中会受到各力量要素共同影响和制约，只有发挥权力的规范作用才能平衡各力量要素。

2. 协调平衡支配者之间的关系

在权力、资本和社会关系共同作用下，体育特色小镇构成了"社会（关系）—空间"的复合结构，即社会关系网络。体育特色小镇是"构想的空间（空间的表征）"，是国家"推进体育产业发展、助力城镇化"的实现，是支配者们的思维体现。在体育特色小镇社会关系网络中，政府、规划师、工程师、投资者和企业者处于支配的地位，直接参与体育特色小镇的规划、建造、投资过程，对推进体育特色小镇建设起到了至关重要的作用。由于追求目标的不同，体育特色小镇的社会关系网络形成了相对应的差序结构。例如：以科学理想化的思维支配和影响着小镇功能区域规划的规划师、工程师；为了追求资本增值，以自己的意识改变着空间的投资者和企业者；等等。因此，体育特色小镇空间生产在决定今后发展方向的关键点上，为了避免在支配者们之间产生分歧，必然需要政府的权力去平衡彼此之间的关系，即政企关系、企企关系、政社关系。

3. 协调被支配者之间的关系

体育特色小镇是"生活的空间（表征的空间）"，是体育特色小镇使用者——社会民众生存生活的空间。在体育特色小镇社会关系网络中，社会民

众处于被支配者的地位，他们被动地让位而处于被支配和消极体验的地位。被支配者们根据来源可以划分成三类，分别是当地居民、外来务业人员、消费体验者，他们分别以不同角度关注和审视体育特色小镇空间的发展，正是因为对体育特色小镇空间关注点的不一致，导致三者在体育特色小镇空间生产中产生地位、利益、风俗等一系列矛盾和问题。这就需要合理行使权力，协调利益和权益之间关系，促成关系共存，并根据不同群众的不同层次的需求达成空间共享。

（二）对体育特色小镇空间生产的统筹构建作用

1. 统筹空间、规划布局

统筹规划是权力的主要职能之一。统筹生产空间、生活空间和生态空间，规划空间区域资源和功能，形成产业资源互补和功能服务集聚的体育特色小镇。生产空间、生态空间和生活空间是体育特色小镇生产的主体空间，三类空间的布局决定了体育特色小镇发展的特色。生产空间是生命力，体育产业是体育特色小镇发展的主要驱动力，以体育的特色，从产业来引领和带动小镇的发展；生态空间是基础，体育特色小镇以区域的自然资源为基础，重点打造基础条件好、禀赋突出的体育空间，建造有影响力集群的特色品牌产业；生活空间是目标，打造体育与健康的旅游、文化、养老、健身等行业融合多功能聚合的体育服务体，建造休闲旅游、文化宜居、惠及民众的体育特色小镇空间。

2. 要素重整、治理高效

政治要素、生产要素、社会要素、文化要素和生态要素是城镇空间的发展要素。体育特色小镇是特色城镇化发展的创新，对特定区域空间内要素的重新定义和整合；体育特色小镇是新型城镇化模式的治理，是对传统模式空间要素的重新组合。政治要素是衔接和支撑，体育特色小镇在政府的大力引导下重点扶持、倾斜支持，优化整合国家和地方机构，积极配套促进体育特色小镇发展的政策措施，共同引导、指导、管理体育特色小镇的发展；生产要素

是内核，内聚成核。体育特色小镇植入相关体育项目，形成项目串联、产业集群、服务链条、消费引领的新时代体育特色小镇，成为地方社会经济发展新动力；生态要素是依托，依托地理环境和自然资源，结合当地文化建构宜居环境；社会要素和文化要素是拓展，增加社会公共服务，构建体育文化平台，满足不同群众的差异性需求，供给多层次、多元化公共服务，共同实现体育特色小镇的繁荣。

3. 机制完善、模式创新

在体育特色小镇空间生产过程中要坚持市场主导作用，一定要突出运营管理机制和投融资体制的完善和服务模式的创新。其一，运营管理机制是发展之路。政府是新型城镇化特色发展的推动者，市场是资源配置的决定性力量。在市场的作用下，体育特色小镇的运营管理理念随着国家政策方针和市场决定性力量发生转变：核心运营主体由政府主导转变为由市场主导，运营客体由土地为重转变为由产业为重，收益模式由土地收益转变为由综合收益。其二，投融资体制是路之血脉。经济的发展是城镇化建设的重要支撑力量，体育特色小镇建设正摆脱政府"地方债"融资模式，在政府引导和服务保障下，引入社会资本，搭建投资平台，促成政府和企业对接互动机制，政府更多的是以监管者的身份帮助解决投融资模式下市场出现过度逐利等负面问题。其三，创新服务模式是路的方向。体育特色小镇空间生产以人民健康为宗旨，体现体育引导健康的功效，创建新的服务模式、拓宽领域、丰富内容、创新方式，提供全方位全周期服务保障。

第四节 浙江体育特色小镇发展的动力解析

特色小镇始创于浙江省。浙江省依靠雄厚的发展基础推进体育特色小镇建设，主要体现在以下几方面。第一，高度发达的经济资本提供动力。2016

年浙江省全年生产总值为 4.6 万亿元人民币，人均 GDP 为 83538 元人民币。第二，特色小镇转型发展体育产业升级拓宽了发展空间。第三，丰富的生态旅游资源为健康运动、休闲养生等功能性体育特色小镇市场发展提供了广阔基础。第四，政府引导与社会资本融入相结合，共同打造体育特色小镇。第五，精品体育赛事奠定了体育特色小镇深厚的市场和群众基础。因此，深入分析浙江体育特色小镇空间生产的动力机制，能够对全国各地体育特色小镇建设提供可借鉴的经验。

一、体育特色小镇资本动力循环分析——以莫干山镇为例

莫干山风景名胜区位于浙江省属天目山余脉。浙江省湖州市德清县利用环莫干山区域优美的生态环境、良好的旅游市场，发展高端生态旅游，2015 年接待游客达 1400 万人次，旅游收入为 133 亿元人民币，德清县通过发展旅游业促进消费在资本第一级循环中实现了资本积累，并为今后建设提供了充足的生产资料。（如图 9-3 所示）

为了追求新利润和持续发展，德清县坚持以"政府引导，市场主导"的基本原则，搭建体育功能聚合和业态融合发展的新平台，利用旅游业的资本积累推动体育产业发展，集聚创新资源，激活创新产业，形成资本第二级循环。主要体现在两个方面：一方面，带动了德清体育产品制造业，初步形成了以泰普森、伍洲体育、乐居户外、久胜车业为主的四大体育产业集群；另一方面，通过政府投资和招商引资，打造了 Discovery 极限基地、象月湖户外休闲体验基地、莫干山沈园户外运动基地、久祺国际骑行营的体育休闲服务业集群。

在政策助力下，德清县为了拉动户外休闲运动市场、满足社会需求，进一步规划整合体育产业资源，发挥集聚效应，优化产业布局，创建特色体育产业新格局，规划出"一心""一带""两翼""多区"功能布局的莫干山体育特色小镇。"一心"是镇区核心区域的产业文化中心（商务洽谈、技术研发、

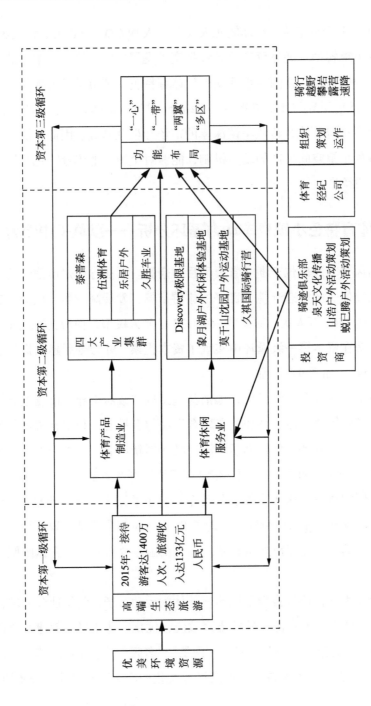

图 9-3　浙江省莫干山体育特色小镇资本三级循环图

162

会议研讨、体验娱乐等）；"一带"是沿黄郛路体育文化产业展示带（体育产品、文化创意、休闲娱乐、餐饮美食、主题住宿等）；"两翼"是镇区北侧燎原村的 Discovery 极限基地和久祺国际骑行营；"多区"主要包括竹海登山区、骑行天堂区、森氧居宿区、莫干门户区、历史创意区。德清县利用资本对社会性的投资最终要实现资源、产业、服务的合理配置和有效集聚，资本第三级循环在此得以体现。

二、浙江体育特色小镇政策与权力引导的分析

浙江省人民政府发挥引导作用，平衡协调社会关系，推进体育特色小镇的发展。《浙江省人民政府关于加快特色小镇规划建设的指导意见》（浙政发〔2015〕8号）中提出"土地要素保障"——"既节约用地，充分利用缓坡、滩涂资源和存量建设用地"；《浙江省特色小镇创建导则》（浙特镇办〔2015〕9号）中提到，特色小镇明确建设主体，由企业为主体推进，政府做好规划编制、基础设施配备、项目监管、文化内涵挖掘、生态环境保护、统计数据审核上报等工作。《浙江省人民政府办公厅关于高质量加快推进特色小镇建设的通知》（浙政办发〔2016〕30号）指出要坚持宽进严定的创建制。

政府职能发挥统筹规划能力，打造高质量体育特色小镇。浙江省坚持"以人为本、惠民优先"的原则，陆续颁布了《浙江省人民政府关于加快特色小镇规划建设的指导意见》（浙政发〔2015〕8号）、《浙江省特色小镇创建导则》（浙特镇办〔2015〕9号）、《浙江省人民政府办公厅关于高质量加快推进特色小镇建设的通知》（浙政办发〔2016〕30号）和《浙江省文化厅关于加快推进特色小镇文化建设的若干意见》（浙文法〔2016〕7号）等相关文件，完善了创新建设和运营管理机制，突出了制度衔接和政策支持，加速特色小镇的建设和发展，社会更多的目光聚焦在体育特色小镇。《浙江省人民政府办公厅关于高质量加快推进特色小镇建设的通知》（浙政办发〔2016〕30号）中同时提出引导高端要素集聚：充分整合利用已有资源，积极运用各类平台，

加快推进人才、资金、技术向特色小镇集聚；指出坚持宽进严定的创建制，规划建设"三生融合"（生产、生活、生态）、"四位一体"（产业、文化、旅游和一定社区功能）的高质量特色小镇。

第五节　体育特色小镇发展主要动力的激发

一、基础设施先行，营造体育特色小镇良好市场环境

体育特色小镇基础设施是有效吸引资本和劳动力、提供生产性消费的重要基础条件，只有基础设施得到完善，才能激发体育特色小镇活力，营造体育特色小镇良好的市场环境，从而进一步促进消费，确保体育特色小镇建设中持续完成资本的第一、二级循环运动，达到资本增值的目的。更重要的是，体育特色小镇基础设施的建设完善也是以人为本的特色小镇建设推进的前提和基础。

二、引导资本投入公共服务领域，增强体育特色小镇竞争力

通过对体育特色小镇资本三级循环理论框架的审视，可以发现，当前我国体育特色小镇的资本已经由第一级循环转移到第二级循环，并且逐步向第三级循环转移，体育特色小镇资本已经从提供生产性消费转移到搭建功能聚合的生产性和消费性平台，而且正处于向体育特色小镇公共服务领域转移的进程中。当前，我国很多地区的体育特色小镇在公共服务事业建设力度和规模方面严重不足，影响了体育特色小镇整体建设进程，因此，必须通过权力引导，加强对社会公共服务领域的资本第三级循环投入。

三、确立权力引导地位，约束和规范体育特色小镇建设

一直以来，我国在推进城镇化过程中一直具有行政权力主导的传统习惯和行为惯性（王佃利等，2016）。随着我国经济社会的转型，体育特色小镇作为特色小镇建设的创新尝试，行政权力会继续在体育特色小镇空间生产中发挥约束和规范的作用。由此，确定体育特色小镇空间生产的多元主体权力的引导地位显得极为重要。

四、明晰权能影响因素，平衡和调控体育特色小镇建设

为了发挥权力在体育特色小镇空间生产的平衡协调和统筹构建作用，增强政府职能部门的平衡力和调控力，在体育特色小镇空间生产中，在行使权力之前必须明确其权能影响因素，主要包括：第一，决定体育特色小镇发展的政治、经济、社会、文化、生态力量要素；第二，建构体育特色小镇社会关系网络的多元主体；第三，需要统筹规划体育特色小镇的生产空间、生活空间、生态空间；第四，创新完善体育特色小镇的运营管理机制、投融资体制和综合服务模式。

第六节　结语

新马克思主义"空间的生产"理论中指出，资本与权力是空间生产的主要源泉，这是城市分析和区域空间重组的理论支撑。因此，在我国新型城镇化建设和经济转型升级的大背景下，为了能够从根本上解决体育特色小镇理论滞后、内驱动力不足、资本增值搁浅等问题，本章运用"空间的生产"理论深入分析我国体育特色小镇建设的主要动力，发现资本在体育特色小镇内借助资本三级循环展现出强大的推力和拉力，权力在体育特色小镇中充分发

挥政府职能的平衡协调和统筹构建作用的调控力。为了清晰地认识资本和权力，本章深入分析了浙江体育特色小镇空间生产的动力机制。通过对我国体育特色小镇空间生产进行理论结合实践的论证，更清楚地了解了体育特色小镇空间生产的内力机制。最后，本章探索性地提出了基础设施先行、引导资本投入公共服务领域、确立权力引导地位和明晰权能影响因素的对策，指出要在体育特色小镇建设中发挥其主要动力，以此推动我国体育特色小镇健康可持续发展。

第十章　供给侧结构性改革与体育特色小镇

体育产业是一个综合多元化的产业系统，包括多个行业，在整个产业发展的各个环节之间存在着双向联系，相互影响、相互制约。体育特色小镇作为加快发展体育产业的重要组成部分，对整个产业顺利运行具有巨大的推动作用。所以，我国体育特色小镇发展既需要质量上的提升，更需要功能上的完善。2015 年 11 月 10 日，习近平总书记在中央财经领导小组第十一次会议上提出了"着力加强供给侧结构性改革，着力提高供给体系质量和效率，增强经济持续增长动力"。受此启发，面对目前大型体育特色小镇赛后利用的供给侧与需求侧要素建设分布相对单一集中、利用率低且运营情况不佳、社会开放度不够、综合服务体系不完善等结构性问题，要求我国体育特色小镇必须从供给侧与需求侧入手改革，以促进增加有效供给的中长期视野的宏观调控的结构性改革。

在社会主义市场经济体制转型的背景下，全球性的经济、政治、社会、文化等各种因素都逐一出现在中国市场经济高速增长和城市化大潮之中。体育作为城市文化和经济构成要素之一，必然成为承担社会经济转型升级的重要空间载体。2014 年 10 月 2 日，国务院发布的 46 号文件提出了加快发展体育产业、促进体育消费的战略思想。在此过程中，体育产业发展的物质基础和发展依托——体育特色小镇建设、完善和发展的重要性显而易见，并能够

助力于体育产业的发展。但是，在加快体育产业发展的过程中也暴露出诸多复杂问题，因此，需要寻找能够促使我国体育特色小镇建设新机制动力来源整体转型的策略。

2015年10月10日，中央财办主任、国家发展改革委副主任刘鹤在广东调研时首次提出"供给侧"概念，强调要大力推进市场取向的改革，更加重视"供给侧"调整，具体措施有加快淘汰"僵尸"企业，有效化解过剩产能，提升产业核心竞争力，不断提高全要素生产率。2015年11月10日，习近平总书记在中央财经领导小组第十一次会议上首次提出"供给侧结构性改革"概念；2015年11月11日，国务院常务会议再次强调了"供给侧"改革的思路；2016年1月26日，习近平总书记在中央财经领导小组第十二次会议上，再次强调"供给侧结构性改革的根本目的是提高社会生产力水平"。就我国当时的经济状况而言，供给侧改革强调从供给侧入手，意在解决中国消费供需不匹配及由消费供需不匹配引起的矛盾。当前，我国大力推进体育产业发展，在《体育产业发展"十三五"规划》中提出了"推进体育供给侧结构性改革、挖掘和释放消费潜力"。目前，在我国市场经济转型、推动体育产业发展的形势下，推动体育特色小镇建设成为重点发展目标，如何扩大体育特色小镇运营的有效供给，满足有效需求力量促进体育消费成为研究热点。

第一节　供给侧结构性改革理论的内在逻辑

供给侧结构性改革，就是从提高供给质量出发，用改革的办法推进结构调整，矫正要素配置扭曲，扩大有效供给，提高供给结构对需求变化的适应性和灵活性，提高全要素生产率，更好满足广大人民群众的需要，促进经济社会持续健康发展。实质上就是改革政府公共政策的供给方式，也就是改革公共政策的产生、输出、执行及修正和调整方式，更好地与市场导向相协调，

充分发挥市场在配置资源中的决定性作用。供给侧改革理论背后是供给学派，从理论发展逻辑来看，供给侧结构性改革理论是与需求侧有着巨大差异，需要辨析。供给学派是在美国兴起的一个经济学派，20 世纪 70 年代，美国经济发展陷入"滞胀"，供给学派在经济实践中主张生产的增长决定了劳动力和资本等生产要素的供给和有效利用，在市场作用下能够自动调节生产要素的供给和利用，从而消除阻碍经济增长的因素。

一、萨伊定律

"供给创造自己的需求"是供给学派先导者萨伊（Jean-Baptiste Say）在 19 世纪初提出来的，也是萨伊定律的重要表达形式。萨伊定律表示，经济一般不会发生任何生产过剩的危机，更不会出现就业不足。后来，詹姆斯·穆勒（James Mill）真正提出了相关概念，正如他所说，生产者最终目的是为了消费而形成对需求商品进行生产劳动的，主要是因为生产者的生产会引起其他生产者对商品的需求，也就形成了循环的经济体系，某一数量商品的供给带动了相同数量商品的需求。这一理论带来经济短时期的增长。但在 20 世纪 30 年代世界经济危机时，萨伊定律失去作用。20 世纪 70 年代，美国社会经济发展呈现了经济停滞与通货膨胀并存的"滞胀"局面，为了解决这一经济发展难题，美国学者阿瑟·拉弗（Arthur Betz Laffer）提出了"拉弗曲线"理论。

二、拉弗曲线

"拉弗曲线"是供给学派代表人拉弗的理论，他主张以大幅度减税来刺激供给从而刺激经济活动，其基本含义是"税收并不是随着税率的增高在增高，当税率高过一定点后，税收的总额不仅不会增加，反而还会下降"。20 世纪 70 年代，为了使美国摆脱"滞胀"局面，拉弗发现消费是生产的结果，当消费不足时就是生产环节出现了问题，所以通过减免税收达到最终实际税收增加的效果。"拉弗曲线"的主要意义在于找寻政府税收与税率之间的一个关

键转折点，在税率处于关键点时，实际税收能够达到最高值。这个理论仅仅是为了解决美国长期经济条件下的"滞胀"问题，但是其缺乏体系的完整性，具有一定的"时滞性"。

三、供给侧与需求侧的差异比较

供给侧结构性改革政策的含义是：从提高供给质量出发，用改革的办法推进结构调整，矫正要素配置扭曲，扩大有效供给，提高供给结构对需求变化的适应性和灵活性，提高全要素生产率，更好满足广大人民群众的需要，促进经济社会持续健康发展。供给侧结构性改革旨在调整经济结构，实现资源要素配置最优，促进经济增长的数量和质量。它主要从供给侧的劳动力、土地、资本、创新四大要素上进行结构性改革，有别于需求侧对投资、消费、出口的管理。

第二节　供给侧结构性改革理论下体育特色小镇

受供给侧结构性改革理论的含义和核心内容的启发，大型体育特色小镇的供给侧结构性改革实质上就是对政府公共政策供给方式的改革，充分发挥市场在资源配置中的决定性作用，更好地与市场导向相协调。也就是说，改革要以市场为导向，依照市场所需供给约束为标准的政府改革，从改革的阶段性任务来看，放松行政管制，释放活力，发挥市场机制作用，降低场馆建设资本，提高供给体系的效率和质量，增大融资比例，构建复合化、多功能化、空间的多元化的体育综合服务体系。

为了全面贯彻落实党和政府的机关政策，以及 46 号文件的指导思想，以坚持改革创新、发挥市场作用、倡导健康生活、创造发展条件、注重统筹协调为基本原则，以建立布局合理、功能完善、门类齐全的体育产业体系为发

展目标，以满足人民群众日益增长的体育需求。由此可见，大型体育特色小镇供给侧可分为制度、产业、要素三个层面，对应着改革、转型、创新。在我国大型体育特色小镇的供给侧结构性改革中，"供给侧"是改革的切入点，"结构性"是改革方式，"改革"是核心内容，契合了"改革是保障、转型是目标、创新是手段"的逻辑思维。

第三节　体育特色小镇供给侧结构性改革的实践路径

一、改革体制机制，实现市场机制转变

改革体制机制就是要改革行政体制，简政放权，尽可能减少对体育特色小镇建设运营的干预，让市场在资源配置中真正起到决定性作用，利用市场机制主动有效地配置体育特色小镇资源。进一步改革转变政府职能，提高政府效能，推行简政放权，全面梳理不利于体育特色小镇运营的相关规定，优化行政审批流程，取消不合理规定，规定范围内全面对社会开放。构建新体制，加快形成有利于体育特色小镇运营的市场环境、投融资体制；完善场馆消费、税费价格、场馆规划布局、场馆开发保护和创新政策，重点消除市场壁垒，提高资源配置效率性；健全场馆工作机制，加强场馆管理和督查落实工作。

二、促进场馆转型升级，实现向体育服务综合体系的转变

要想推动场馆转型升级，就必须重视体育特色小镇内部区域的创新与完善，对体育特色小镇功能单一、与城市发展不协调、群众体育设施不够的现象进行改造。如今，体育已经被确认为一个极具潜力的产业，一个体育特色小镇本身就可以产生巨大的经济效益，充分发挥体育特色小镇的灵活性与城

市发展，接轨城市，结合餐饮、商务、办公、娱乐、居住、服务等功能，共同发挥系统功能效应，提高体育特色小镇使用效率，构建集体育业、商业、餐饮业、服务业、休闲娱乐业等为一体的庞大的体育综合服务体系，在提高城市空间品质的基础上，为人们提供高质量的运动、休闲、聚会场所，以满足人们在进行体育运动的同时，对其他服务的需求。另外，还要加强体育场馆周边基础设施建设，完善公益设施，提升体育特色小镇周边土地的商业价值。与此同时，更多的商业设施在体育特色小镇内也具备了更大潜力。

三、发挥资源配置作用，向要素创新驱动转变

提高体育特色小镇运营效益，归根结底要激活资源配置的新动力，加快发展方式的转变。这就必须进行转型升级，以提质增效为目标，推动体育特色小镇运营的要素投入型增长模式转变成创新驱动型增长。鼓励社会力量，通过优化市场环境，促使人才、资本等要素的快速流动，优化体育特色小镇资源配置，全面吸引社会资本，鼓励与体育产业行业协会合作，引导体育特色小镇的运营转向和改造。大力培育体育服务业精品工程，打造一批优质、典型的体育特色小镇。丰富市场供给，完善场馆设施，建设复合化、多功能化、空间多元化的体育特色小镇。加强对体育特色小镇无形资产的开发，提升对无形资产的创造、运用、保护和管理能力。体育特色小镇的建设中要充分利用已经具备的科技资源，让体育特色小镇更具吸引力。

第十一章　复杂适应系统与体育特色小镇

近年来，各地区体育特色小镇建设呈现多元化发展趋势，涌现出一批精品体育特色小镇，促进了经济转型升级和新型城镇化建设，但也出现了部分体育特色小镇概念混淆、内涵不清、同质化等问题。为了推进体育特色小镇规范健康发展，从学理研究上对体育特色小镇的本质和演进规律进行探讨是有必要的。由于体育特色小镇除具有明确体育产业定位外，还融合了文化、健康、生态、科技、旅游等多种元素，是具有一定社区功能的综合性空间。体育特色小镇不同于体育产业园区和一般行政划分单元，是一个具有开发元素众多、类型多样的复杂系统。因此，亟须采用新思维和新理论去探索我国体育特色小镇的内涵本质、演进机理及实践路径。

第一节　体育特色小镇复杂适应系统的理论内涵

一、复杂适应系统理论

复杂适应系统理论（complex adaptive system，CAS）是 1994 年由美国圣塔菲研究所的约翰·H. 霍兰（John H. Holland）教授提出的，他认为，系统的复杂性来自系统的适应性。霍兰在《隐秩序——适应性造就复杂性》中写

道，"每个系统的协调性和持续性都依赖于广泛的相互作用、多种元素的聚集，以及适应性或学习"。其核心思想是，复杂适应系统中的主体是具有自身适应性的，能够与周围环境中的主体进行交互作用，在这个过程中，主体通过持续不断的"学习"或"经验积累"，且根据获取的经验转变自身的结构和行为方式，从而产生和分化新层次，形成新聚合的多样而大的主体。霍兰依据复杂适应系统中各主体的交互作用及层次性，提出了关于复杂适应系统应具备的七个基本特征，其中包含聚集、非线性、流、多样性、标识、内部模型、积木。复杂适应系统理论研究侧重于揭示客观事物的本质及其演进，在复杂系统内部动力交互作用下，探讨具有适应性的微观主体的分化层次、重新组合过程，以及形成具有复杂适应系统特性的宏观系统的规律。因此，复杂适应系统理论视角下体育特色小镇演进研究的主要思路应采取"由下而上"的路线，重点应置于体育特色小镇复杂系统内主体交互作用的适应演进机理、层次和过程。

复杂适应系统理论具有坚实基础及广泛适用性。一方面，国内外学者对复杂适应系统理论的研究逐步趋于成熟，涉及自然科学、社会科学、经济学等多个领域；另一方面，复杂适应系统是一类很常见、很普遍的系统，现实生活中，许多系统都具有复杂适应系统的特点，特别是有人参与的系统，更是一种适应性系统。近年来，在城乡规划领域研究中，部分学者运用复杂适应系统理论对我国城乡发展的内涵本质及其演化规律进行深入探讨，具体包含了一定时期内城乡社会和经济发展、土地利用、空间布局及各项建设的综合部署、具体安排和实施管理等方面。微观上，第一，城镇及地方区域显现出复杂适应系统基本特征的复杂性：孙小涛等结合复杂适应系统的七个基本特征，探讨城市系统适应性主体的交互性、复杂性以及适应过程机制；陈喆等认为中国传统村落作为一个复杂系统，在演化发展过程中表现出自组织和自适应特征。第二，复杂适应系统内部主体间交互作用的关联性：黄茸等认为渔业社区是由多个主体在其彼此的刺激—反应过程中，以相互作用形成主体间的耦合性关联为纽带的复杂适应系统；陈其荣剖析了特色小城镇复杂系统与产

业发展的内生关系以及空间结构演化的聚集、增长和优化三个阶段。宏观上，第一，城乡整体规划及更新转型中形成的复杂适应系统：李娜和朱晨光将老旧小区改造系统解构为多元主体与建筑修缮与节能、配套基础设施、环境综合整治的子系统；冯锐在复杂适应系统理论的视角下提出城市更新应从政府一元管理转向多元适应性主体共治。第二，以复杂适应系统理论的基本特征、结构构成和适应机制视角出发研究复杂系统的演化规律：李伯华等基于 CAS 理论分析传统村落人居环境的系统特征，研究其人居环境演化过程；陈雅诗和刘明广依据隐喻的方法，以基本内涵和特征为基础，重点探讨了区域创新生态系统中的主体及从主体到系统整体的创新演化过程等。基于此，接下来通过引用复杂适应系统理论对我国体育特色小镇内涵本质、演进过程和演进机制进行深入探讨，以期为体育特色小镇规范健康发展提供指引策略。

二、体育特色小镇复杂适应系统

复杂适应系统理论为体育特色小镇演化研究提供了具体的理论支撑。根据霍兰提出的复杂适应系统的理论框架，围绕复杂适应系统核心思想中的"适应性主体"及七个基本特征来判定体育特色小镇的系统属性，从体育特色小镇复杂适应系统的主体适应性角度揭示体育特色小镇的内涵本质。

（一）主体性存在

复杂适应系统理论的核心思想是"系统的复杂性来自系统的适应性"。霍兰把系统的基本单元称为具有适应性的主体，即构成系统基本单元是相互作用的主体。主体是将微观个体的主动性纳入系统内部进化中，成为系统的本质动因以及宏观演进现象研究的起点。个体是基本元素，活的个体造就了主体的适应性，主体的适应性构成了系统的复杂性，从而使"适应性主体"具备了复杂性系统的基础地位。

适应性主体既是复杂适应系统的基础概念，又是复杂性系统下研究系统演进规律的必然起点。适应性主体是体育特色小镇本质的主要体现，可以是

实体存在的自适应系统的参与者，也可以是单个主体或者多个主体共同存在。体育特色小镇主体可以是个体的人、由人组成的机构或者不同功能结构组织；也可以是载体，承载人类参与获得的体育项目、配套服务、基础设施、体育产业或资源环境等。可见，体育特色小镇主体的存在环境由其他主体提供并受其他主体影响，同时，体育特色小镇主体能够参与其他主体生存环境的提供且影响其他主体。

从国外体育特色小镇适应性发展主体看，有以世界田径锦标赛等大型体育赛事为适应性主体而形成的美国尤金镇；有依托禀赋生态和地理环境，以户外运动、冰雪运动等休闲运动为适应性主体的新西兰皇后镇；有以生产冰刀和滑雪靴等冰雪产品的体育产业为适应性主体的意大利蒙特贝卢纳镇；等等。目前，我国体育特色小镇主要是在推行新型城镇化加速发展、开展国家级特色小镇的背景下应运而生的。2015年，我国体育旅游实际完成投资791亿元人民币，同比增长71.9%，从而涌现出一批健身休闲产业，山地户外、冰雪运动、水上运动呈现井喷式发展，体育特色小镇由此成为热门。例如，以足球产业聚群和产业生态链为适应性主体的北京市丰台区足球小镇、以体育旅游新概念为适应性主体的绍兴柯桥酷玩小镇、以新型智慧体育健身娱乐活动为适应性主体的银湖智慧体育产业基地，等等。

（二）基本要素

1. 聚集

聚集是一种特殊形式的关联。复杂适应系统理论下，聚集是主体间关联的特殊形式。在复杂适应系统中，简单的主体聚集可以涌现为初级的复杂聚集体，当初级的复杂聚集体作为主体再次聚集时就可以涌现出更高一级的复杂聚集体。可见，简单的适应性主体通过聚集会涌现出具有高度适应性聚集体。就体育特色小镇而言，人、创业团体、组织机构、基础设施、配套服务、金融资本等均是处于低级地位的主体，正是部分或者更多的低级主体在空间上的聚集形成了具有一定发展规模和复杂性结构的体育特色小镇。主体的聚集

有利于降低小镇空间实践的成本，实现了文化、经济、生态等全方面资源的共享，有助于推动体育特色小镇多元化和高质量发展。例如，卡丁赛车、航空运动、登山拓展等运动训练项目主体聚集的河南登封嵩皇体育小镇，探索运动、户外休闲、骑行文化等主体聚集造就的德清莫干山裸心体育小镇。

2. 标识

标识指标示识别或指用来识别的记号。复杂适应系统理论中，标识是为了相互识别和选择个体或主体而在环境中呈现出的重要信息记号或者体现出不同的属性、功能和效率。首先，标识具有引导作用，能够引导系统内部主体的流动、交换和重组；其次，标识拥有主体识别、相互选择和适应聚集功能，能够有效增强复杂性系统的适应能力；最后，标识具有造新和避免趋同的能力，系统主体间在相互作用下会造就出新的标识，为新的主体聚集体及其适应度的提升提供可能性，因而具有避免系统整体同质化和解决主体个体低效率问题的作用。就体育特色小镇而言，主体特异性及其差异化导向决定了体育特色小镇发展的道路。体育特色是小镇的适应性主体，是识别和区分小镇类别的特色标识。例如，2017 年 8 月，国家体育总局公布了首批 96 个体育特色小镇，其类型主要包括产业型、休闲型、康体型和赛事型体育特色小镇，而其中与体育运动相关的旅游、赛事、文化、科技、休闲、康养、产业、培训等标识成为体育特色小镇发展的核心动力。

3. 非线性

狭义的非线性是变量之间的数学关系，并呈现出曲线、曲面等不确定的属性；广义上的非线性是自变量在特殊环境下发生转变，并呈区别于传统的有迹可循映射关系。在复杂适应系统理论中，非线性是复杂性系统的重要性质之一，被应用于客观事物复杂本质的研究、系统内部主体及主体之间相互作用下动态关系的析解。就体育特色小镇而言，体育特色小镇主体可以是人，也可以是载体。从主体属性分辨，体育特色小镇主体可以是物质的（赛道、冰雪、湖泊等）和非物质的（创新、管理、产业等），也可以是具体的（政府、

企业、居民等）和抽象的（社会、经济、文化等），而且这些主体之间不是简单的独立关系，而是交互联动的非线性关系。

4. 流

流指水或液体的移动，但在复杂适应系统理论中，"流"被引申为系统中具体要素在主体与主体、主体与外部环境之间持续动态流动或交换而引发的连锁反应。流是系统间作用的传递，传递的速度影响系统的演化，"流"是复杂性系统各主体间相互作用的主要动力和正常运转的基本条件，"流"速和"流"量决定了系统运转的活力。在体育特色小镇复杂适应系统中，人流、资金流、物质流、能量流、信息流等都是体育特色小镇的要素流，小镇各主体间通过要素流取得直接联系，畅通"流"动，促进主体间的协同合作，高速"流"动可提高小镇建设的活力，循环"流"动可推进复杂性系统的可持续发展。反之，则割断了复杂性系统中主体间的联系。可见"流"直接影响着体育特色小镇的演化过程。以浙江衢州柯城体育特色小镇为例，小镇的崛起主要依靠多元要素的动力流，通过调动、激活小镇各主体要素进一步流动，构建出"运动协会＋训练康复＋赛事运营＋体育营销＋教育培训＋设计服务"的全产业链体育特色小镇。例如，抽调专家组建工作专组的人才流，导入中国极限运动协会的资源流，举办极限运动高峰论坛推出特色赛事的品牌信息流，成立公司专门负责投融资和项目运营工作的技术流，每年财政安排5000万元人民币的专项资金流，等等。

5. 多样性

复杂适应系统中多样性的产生主要有两种形式。一种形式是各主体在主体间、主体与外部环境间的相互作用下向自适应方向发展，主体间的差异因发展走向而不断扩大，导致主体间分化而产生多样化；另一种形式是在不断变化的环境中，部分主体因适应性减弱被淘汰甚至消失，也会重新组合或者融生出新的适应性主体填补空缺，构成了系统主体多样性。体育特色小镇就是适应性主体在不断的"分化—重组（融生）—再分化"过程中形成多样性形

态的复杂性系统。各主体间在复杂性系统和多样性形态的互为环境、相互作用下引发适应性变化，这种适应性变化过程时常发生，而且每一次适应变化都会成为下一次适应变化的基础，也为下一次适应创新提供了必要条件，进而保持了体育特色小镇复杂性系统的恒新性。以法国霞慕尼（Chamonix）小镇为例。1924 年，第一届冬季奥林匹克运动会在霞慕尼小镇举办，这一盛会成为霞慕尼小镇发展的重要基石。霞慕尼小镇坐落在阿尔卑斯山最高峰勃朗峰下，海拔 1035 米，是法国最高的镇之一，毗邻意大利和瑞士。该地的山地和滑雪资源、得天独厚的气候和地形的地理优势为霞慕尼分化出滑雪、登山、跳伞、攀岩、跑步等运动。在当地政府和居民的协同合作下，霞慕尼完善了基础设施和体育旅游服务。1955 年建成的欧洲最高的缆车将霞慕尼与海拔3842 米的南针峰连接起来，便利的交通促进霞慕尼小镇附近分化出 13 家大型滑雪场，百余条雪道总计上百千米，每年数以万计的各地游客，带动了滑雪、登山运动及向导服务，分化出世界性的滑雪教练训练中心、法国国家滑雪登山学校（ENSA），还有国家滑雪和高山警察培训中心、高山军校、高山医学研究所等相关的高山机构。可见，"分化—重组（融生）—再分化"是霞慕尼小镇构成要素多样性的形成过程，也是系统恒新性的维持条件。

6. 内部模型

内部模型是系统主体间互动联系的规则。理解内部模型的概念要从两点出发。一是系统各主体的存在是内部模型构建的前提，系统主体间必然存在一种相互协调的关系模型；二是协调各主体间关系一定具有一种具体的运行方式。因此，复杂适应系统中的内部模型，既可以用来表示系统中不断变化的主体间或系统间相互联系、作用和调节的方式，也可以用来解释复杂系统的层次结构以及各层次相互联系转化的规律，还可以基于上述经验对系统今后发展做出预判，为主体的适应性变化制定出前瞻性规划。因此，内部模型是动态适应性的发展，随着系统适应能力的提升，不断向高水平演化发展。在复杂适应系统中，内部模型分为隐式内部模型和显式内部模型。隐式内部模型靠显式内部模型来保障，显式内部模型靠隐式内部模型来实现，两者相互

联系、相互依存。体育特色小镇内部模型的构建是一项复杂的系统工程，隐式内部模型和显式内部模型不是孤立的，也不是简单的"1+1=2"，而是在不同侧面、不同层次相互呼应、相互补充。隐式内部模型是人们在长期实践中无意识产生的，是具有长久生命力的非正式规则，如健康意识、运动习惯、民俗礼制和伦理规范等；显式内部模型则是为了达成一定的目的和程序有意识创造的一系列政治、经济规则及契约等规章制度或运作模式等，如土地管理法规、企业规划、产业模式、生态治理、税收奖励和运营管理等。在体育特色小镇建设中还要特别重视人的因素，避免因人的政策执行力不足而导致内部模型整体功效受阻。同时，隐式内部模型和显式内部模型相互交融且不能完全分离，显式内部模型可以规范隐式内部模型的运行，隐式内部模型可以保证显式内部模型的落实。

7. 积木

积木指可构成复杂系统且具有组合作用的简单部件。事实上，复杂适应系统常常是通过一些相对简单部件按照一定的模式和方式组合而形成的，随着积木块数量增多，复杂适应系统的规模会增大、数量会增多，也会重新构成多种模式组合的新系统。因此，积木可以是一个相对稳定的简单部件，也可以理解为复杂的积木模式，即复杂适应系统的基本构成的组织方式和思维理念。在复杂适应系统中，积木决定了系统主体的适应性和可靠性，并作为主导因素对系统内部多层次间的互动规律起着关键性、决定性的作用。而且积木能通过某种规则建立起紧密联系、互动性强、具备进化适应不同外部环境的系统。以芬兰罗瓦涅米市体育特色小镇为例。罗瓦涅米小镇由赛事运营、运动村和体育科研三个子系统组合而成。罗瓦涅米小镇以冰雪运动起步，在 1927 年举办了冬季运动会后，成为北欧一些国际运动赛事的举办地；该地以 SANTA 集团旗下的 SANTASPORT 体育村为核心，配有各类赛事场馆、市民健身中心、四星级餐饮酒店、便利交通设施等；设立的 SANTA 体育学院历史悠久，拥有系统的体育专业培训体系，学研服务和体育培训在其中扮演着十分重要的角色。

（三）本质内涵

复杂适应系统的适应性主体和七个基本特征为体育特色小镇复杂性系统研究提供了坚实的理论基础。体育特色小镇作为一个相对独立发展的聚合体，在时间维度中持续运动、空间维度中相互作用，从而形成了一个动态演进、开放发展的复杂适应系统，是以内部模型主体为积木，通过以体育特色为标识聚集而成的相互作用且层层涌现的动态系统。其中，适应性主体是体育特色小镇复杂适应系统的逻辑起点，是特色发展的重要基石；"流"是主体间、主体与外部环境间相互作用的动力及"流"动的载体，体育特色标识决定了"流"速和"流"量；非线性体现了主体间交互联动的关系；多样性则是体育特色小镇不断分化动态适应的结果，维持了主体异质性和恒新性。由此可以判定，在上述主体行为中，不论主体采取怎样的行为方式，主体性存在才是复杂适应系统理论视角下体育特色小镇本质内涵研究的起点，是体育特色小镇生存及健康规范发展的基础。

第二节　体育特色小镇复杂适应系统的本质特征

适应性造就复杂性，这是霍兰复杂适应系统理论的基本思想。在体育特色小镇复杂适应系统中，系统的主体是自主适应的主体，为了能够适应外部环境的变化，它在相互作用中能持续不断地演变或进化。这一过程中，体育特色小镇主体以涌现、分化和多样性的特点或形态在复杂适应系统中呈现出来，从而也形成了新层次的、新空间的、新聚集体的或更高级别的适应性主体。所以说，体育特色小镇复杂适应系统主体的适应性造就了相互作用的复杂性特征。

一、多元主体适应性

体育特色小镇复杂适应系统形成的基础是大量主体的存在，这些主体具有主动学习和经验积累的能力，能够在外部环境变化的影响下进行记忆并形成模块，当系统主体再次遇到类似环境变化时会主动产生适应性主体。例如，地方政府、社会体育组织机构、体育文化公司、体育培训创业者、资本投资商等多元主体都能够呈现出主体适应性。

二、结构关联非线性

体育特色小镇复杂适应系统是由系统、子系统、主体积木等成分聚集而成的，受外部环境变化的影响，系统内部形成了非线性关联，在主体间、主体与外部环境间的相互作用下，系统内部涌现或分化出新的主体，在标识的作用下聚集成区别于之前的子系统，此模式下，更多的子系统产生并呈现出多种新形态。在子系统间的相互作用下会产生更高层次的复杂系统。为了不断适应外部环境变化，体育特色小镇系统内部不断演进形成了非线性结构。

三、内部循环层次性

体育特色小镇复杂适应系统每次完成"分化—生成—聚集—互动—再分化"循环时都会产生新的主体或子系统，系统内部就是在这种往复循环模式中不断演进出更高层次的系统。例如，体育特色小镇空间生产在资本的第二级循环中，促进体育与健康、旅游、养老、文化等行业的融合发展，促成运动、休闲、娱乐等功能的聚合发展，集聚创新资源，激活创新产业，形成体育服务、休闲旅游、产业发展、文化宜居的创新成果转化，同时也搭建顺应体育小镇功能聚合和业态融合发展的新平台。

四、核心要素空间性

我国体育特色小镇主体是在新型城镇化、特色小镇建设中分化出来的，在具体空间实践活动中凸显出来的差序结构、资本泡沫、社会建构、人文消费困境，只有发挥政府引导作用、实现经济资本增值、构建社会关系网络、促进人文消费，才能有效推进体育小镇的空间生产。由此可见，复杂适应系统视角下体育特色小镇主体的核心要素是由具有空间性的政治（国家、省、市、区、乡镇等）、社会（产业链、项目群、消费圈、产城融合等）、经济（政府资助、社会资本、信托、PPP 融资等）、文化（体育文化、传统文化、人文精神等）等要素构建而成的。

五、外部环境开放性

体育特色小镇主体与外部环境间相互作用形成的互动关系直接或间接影响着系统内部变化，而且这种变化过程是开放性的，也就是说，体育特色小镇复杂适应系统是在开放的外部环境下进行演进的。例如，提供物质基础的自然资源环境（山地、森林、湖泊等）、保障演进生存的政策环境（国家政策、地方法规等）、制约系统复杂演变的社会环境（社会结构、消费水平、人口分布等）、突出特色标识的人文环境（体育文化、民风习俗、价值观念等）、推动经济发展的资本环境（社会资本、投资融资等）以及影响发展观念的信息环境（信息网络、数据采集、传播媒介等）等。

·第三节　体育特色小镇复杂适应系统的演进过程·

体育特色小镇复杂适应系统是一个围绕体育特色主体发展的动态演进系统，其适应性主体主要由体育特色主体和一般主体构成。因此，探讨体育特

色小镇复杂适应系统的演进过程，首先要确立系统性的存在，即把适应性主体间、主体与外部环境间的相互作用置于基础地位；其次，根据霍兰在复杂适应系统理论中对主体性实现的两个阶段的论述（记忆和学习的准备阶段、选择与适应的执行阶段）将我国体育特色小镇复杂适应系统的动态演进过程的研究主要分成两个阶段。

一、系统主体的获取和积累

（一）形式多样化，以人为主

体育特色小镇系统主体具备的信息获取和经验积累能力起始于人，选择的获取和积累方式适用于人。人强大的获取和积累能力奠定了体育特色小镇复杂适应系统适应性主体的核心地位，能够确认和塑造系统的主体并适应外部环境；人是体育特色小镇复杂适应系统中最具活性的，最具复杂性和适应性的主体，也是整个系统中各主体的共同的随机因素。因此，体育特色小镇得以规范健康发展必须坚持以人为本，分类指导。

（二）结构模型化，适应为主

"主体能够预知某些事情"，预知是获取和积累的过程，也是结果。在体育特色小镇复杂适应系统中，主体的获取和积累就是"预知"，系统主体在获取和积累过程中获得了信息和经验，进而转化为主体适应外部复杂环境产生结构变化的机制——内部模型。例如：石秀廷通过对国外体育特色小镇建设与发展的研究获得了经验和启示。一个是隐式的内部模型，利用现有资源选择特色主题等经验，揭示了当前国外体育特色小镇系统演进中主体的行为；另一个是显式的内部模型，积极创新规划和建设工作机制等启示，对中国体育特色小镇系统未来发展进行前瞻性的推断。这种结构模式化不仅有利于我国体育特色小镇建设适应当前我国基本国情和时代特征的大环境，也有助于体育特色小镇规范健康发展。

二、系统主体的规划和融生

（一）聚集标识化，特色为主

复杂适应系统理论下，体育特色小镇适应性主体的形成主要依赖于主体的聚集性和标识机制。

首先，系统主体的聚集不是简单的叠加和复合，而是有目的的以适应为目标的主动复杂性的集聚。一方面，系统主体的聚集是有序的规划和标识化适应。例如：北京冬奥会背景下体育特色小镇旅游发展建设，就是以景观生态学中斑块—廊道—基质景观格局理论为内部模型，通过对系统主体规划制定复杂性聚集的景观格局适应体育旅游产业发展。另一方面，体育特色小镇复杂适应系统主体的聚集在很大程度上依赖于其他主体的行为。规划的适应不是一成不变的，而是随着外部环境的变化产生分散的主体，部分无序的面临淘汰而消失的主体如果通过寻求适应主体融合发展将会获得新的生命。如黄卓等在对我国体育小镇群体发展特征研究中提出，"进一步加强空间、产业及编制规划等方面的探索，杜绝'一哄而上'的情况发生"。

其次，在体育特色小镇复杂适应系统中，标识是主体聚集和边界划分的一个机制，也是系统主体规划和适应的依据。沈媛媛在对体育特色小镇旅游发展研究中重新审视保定市体育旅游的景观格局及发展，并且根据其分布特征制定"一核、三带、多点"的发展规划和布局，促进体育旅游产业升级，优化体育产业结构，完善体育产业形态。体育旅游是河北保定市体育特色小镇复杂适应系统及主体的本质特征反映，并成为区别于其他特色小镇的重要标识。一方面，体育旅游引导小镇系统主体为形成适应性主体而进行规划；另一方面，体育旅游作为小镇系统主体的一种适应性行为方式实现此规划的目的。由此可见，体育特色小镇复杂适应系统的主体行为之所以能够在以体育特色为标识的引导下执行，主要是因为体育特色是一个重要条件，只要主体符合外部环境条件，就能够与体育特色标识的主体产生相互作用，从而形成突出体育特色的小镇聚集体。

（二）系统异质化，融生为主

系统异质化是体育特色小镇能够从新型城镇化、特色小镇建设中分化出来的主要原因之一，即在外部环境作用下能与其他多元主体产生差异。异质化是体育特色小镇的一个根本属性，具有高度异质性的生命要素、自然资源、生态系统、景观资源、社会文化的多元主体是体育特色小镇良好发展的基础。因此，体育特色小镇演进过程也是复杂适应系统异质化的过程，是对现实发展不平衡和外部环境的动态变化的适应，特别是主体人对外部环境的行为适应，主要体现在三个方面：对自然环境的适应、对社会环境的适应及对其他各主体动态变化的适应。体育特色小镇就是在复杂适应系统异质化过程中显现出其结构、功能、性质和地位的。此外，对体育特色小镇复杂适应系统来说，过度的规划相当于极度的有序，也意味着封闭；适度的规划则是合理的无序，体现出系统的开放性，主体在开放的状态下无序参与，在相互作用中形成融合共生。对于复杂适应系统的生成，正如霍兰所说"这样组成的聚集又可以成为更高一级的主体——介主体，这些主体能够进行再聚集、产生介介主体。这个过程重复几次后，就得到了CAS非常典型的层次组织"，虽然这是对具有复杂性聚集的简化说明，但事实上复杂适应系统的聚集是复杂的，既有有序的聚集，也有无序的分散，分散是为了更高一级的聚集。所以，体育特色小镇系统在主体的规划中寻求适应与发展，而且在系统主体间、主体与外部环境间的相互作用中协调融合、提升能力，在"主体—介主体—介介主体"的融生过程中形成复杂适应系统。

第四节　体育特色小镇复杂适应系统的演进机制

复杂适应系统理论视角下，适应性主体是体育特色小镇系统演进规律的必然起点。基本主体的人、特色主体的体育载体及其他一般主体作为体育特

色小镇的适应性主体，为了适应外部环境的变化，这些适应性主体会主动分辨和调整自我行为，在经验的不断累积中学习和记忆，通过规划进行有目的性的标识化聚集，从而产生有特色的、异质化的融合共生系统，推进体育特色小镇适应性发展。

一、主体适应性行为规则生成机制

体育特色小镇复杂适应系统主体通过获取和积累的能力，在不断地经验积累中修订和调整行为规则适应外部环境。根据霍兰的复杂适应系统理论，创新主体行为是通过"刺激—反应"规则来确定的。因此，运用霍兰的创新主体行为规则设计了体育特色小镇复杂适应系统主体行为规则的宏观模型（如图 11-1 所示）。首先，体育特色小镇主体本身具有外部环境变化信息的刺激感知能力和信息的过滤分辨能力；其次，系统主体把探测器感知到的其他主体或外部环境的信息通过过滤分辨传递给系统主体，主体再通过效应器，运用经验累积总结的规则，加工处理有用的信息并产生相应的行为。例如，2017 年 5 月，国家体育总局印发的 73 号文件明确指出，到 2020 年，在全国扶持建设一批体育特征鲜明、文化气息浓厚、产业集聚融合、生态环境良好、惠及人民健康的运动休闲特色小镇。这一利好政策（探测器）吸引了各类社会企业的目光，体育 IP 企业、地产企业、旅游企业和投资企业纷纷涌入，对体育特色小镇本地企业产品带来强大冲击。为了能够抓住这个发展的政策契机和外来资源，避免轻易地被外来产品所替代，势必需要本地企业从小镇特性、目标客群、功能业态等方面进行战略转型升级。就体育特色小镇建设中缺乏的开发资金和科学指引的问题来说，体育特色小镇在"刺激—反应"规则作用下通过探测器感知有利信息，寻求政府、专家、外来投资等其他主体的合作，获得经费资助、方案规划等方面的支持，再通过效应器输出作用于外部环境的信息，以此产生适应性主体行为，推进体育特色小镇发展。由此可见，体育特色小镇的主体适应性行为规则的形成是复杂的，既与外部环境和其他主

体的行为有关，也与自身的主体行为有关。

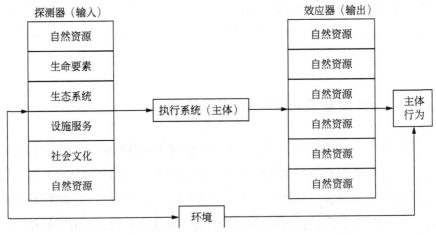

图 11-1　体育特色小镇主体行为规则生成机制的宏观模型

二、主体行为规则的信息反馈机制

在复杂适应系统主体行为规则生成机制中，信息是触动"刺激—反应"的重要元素，并且以"流"的输入形式表现出复杂适应系统的特性，从而成为系统形成和动态演进的重要条件。因此，在体育特色小镇复杂适应系统的主体行为规则探索中，可以通过对系统内物流、能量流和信息流的分析来探讨其演进机制。在"流"的输入过程中，物流和能量流不仅能在信息流中显现出来，而且物流和能量流的变化对小镇系统主体行为规则机制的作用完全可以在信息流中反映出来。就体育特色小镇来说，政策制度、生态文明建设理念、体育产业市场信息、体育传统文化、体育旅游资源等都可能成为作用于体育特色小镇复杂适应系统的重要信息。之所以把这些信息看作一种重要的资源，是因为如果没有信息与信息传递，就不会形成有组织的系统，也不会具备有序的能量转化与物质交换。因此，并不是将一切资源都称之为信息，只有能够以信息流的形式作用于体育特色小镇系统，并促进形成系统组织及有序的物流和能量流行为的才能被称为信息。从本体论的角度看，信息是对

客观世界中各种事物的运动状态与变化的反映，是客观事物之间相互联系与相互作用的表征，表现的是客观事物运动状态与变化的实质内容。由此可见，体育特色小镇复杂适应系统主体在信息刺激作用下运用获取和积累能力做出相应规划和融生反应行为，就是信息在主体间、主体与外部环境间相互作用中对行为规则的反馈机制。

三、主体行为规则的交叉机制

为了适应外部环境的变化，对体育特色小镇复杂适应系统的主体或主体行为规则进行交叉重组，融合生产介主体、介介主体或新的规则是非常必要的。首先，多元主体的交叉机制是前提和基础。既要有两个主体以上的"量"的规定，也要有主体间存在异质性的"质"的规定，这样才能构成具有异质性、多样性的主体行为规则。其次，异质主体交叉，融通生新。主体间的交叉不是随意混杂的，而是在对信息的"感知—刺激—反应"过程中发现契机起点、共同生长点和互补契合点，重组融生出新的有机统一主体。再次，多层次、全方位开放系统下的主体交叉。主要包括系统内部对流互动、系统外部广泛信息交流吸纳外部资源、与外部环境全方位相互作用。最后，协同合作体现增值效应。系统主体交叉也是一种协作、整合的行为，体现出系统内部合力增值、外部协调优化环境增值的功能和积极成果。

体育特色小镇复杂适应系统主体行为的积木交叉机制可以通过微观变化模型（图 11-2）来表达，假设体育域、文化域、产业域、政策域、市场域等分别用 Ω_a、Ω_c、Ω_i、Ω_m、Ω_p 等来表示，其中，S_1、S_2、S_3、S_4 等为刺激，A_S、C_S、I_S、M_S、P_S 等为积木，适应度与积木的函数关系可以用如下公式表示：FIT（Y）$=f$（A_S，C_S，I_S，M_S，$P_S\cdots$），由复杂适应系统理论的特性可知，FIT（Y）为非线性函数。

$\Omega_a=$（A_S），A_S 为体育积木 $S=1$，2，3，4…

$\Omega_c=$（C_S），C_S 为文化积木 $S=1$，2，3，4…

$\Omega_i = (I_S)$，I_S 为产业积木 $S=1$，2，3，4…

$\Omega_m = (M_S)$，M_S 为政策积木 $S=1$，2，3，4…

$\Omega_p = (P_S)$，P_S 为市场积木 $S=1$，2，3，4…

……

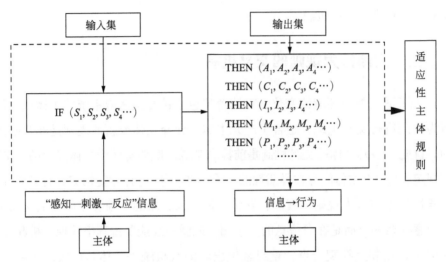

图 11-2　体育特色小镇系统主体行为规则的微观模型

系统主体的积木交叉重组具有复杂多样性，下面选择三种方式加以说明。假设两个主体行为规则的积木分别为 $\{A_1, C_1, I_1, M_1, P_1\cdots\}$，$\{A_2, C_2, I_2, M_2, P_2\cdots\}$，其中 A_1，A_2 为体育域中的等位积木，其他域以此类推。则：

R1	A_1	C_1	I_1	M_1	P_1	…
R2	A_2	C_2	I_2	M_2	P_2	…

交叉后，形成新的行为规则的积木：

第一种：单点交叉。

R3	A_1	C_1	I_1	M_2	P_2	…
R4	A_2	C_2	I_2	M_1	P_1	…

第二种：多点交叉。

R5	A_1	C_2	I_1	M_2	P_1	…
R6	A_2	C_1	I_2	M_1	P_2	…

第三种：启发式交叉。

如果体育域 A_1 和 A_2，其中 A_1 有较好的适应度，其他域中 C_2，I_2，M_1，P_2…同样有较好的适应度。那么，由于较高适应度主体的重组产生的 R7 规则具有了更高适应度，使其可持续健康地发展，而较低适应度主体的合并产生的 R8 规则处于劣势，则会在演进中被淘汰甚至消失。

R7	A_1	C_2	I_2	M_1	P_2	…	较高适应度
R8	A_2	C_1	I_1	M_2	P_1	…	较低适应度

由此可见，体育特色小镇系统主体的积木交叉可以融生出新的比前一代适应性更强的行为规则，这一新规则是否能够适应并融入动态变化的环境，有待检验。

四、主体行为规则的等位积木变异机制

变异在生物体上泛指生物物种与个体之间的各种差异，变异是生物进化和人类育种的根源。由于环境影响和基因型之间的相互作用，表现为种群的个体表型变异、环境型变异、遗传型变异，这是生物进化的一个主要因素。引介变异的概念，探讨体育特色小镇复杂适应系统的积木变异机制。研究发现，体育特色小镇复杂适应系统在与外部环境的相互作用过程中，主体行为规则的积木集中的某一等位积木产生了变异，会导致其系统主体行为规则产生歧义，从而融生出新的行为特性。在体育特色小镇复杂适应系统中，Ω_a，Ω_c，Ω_i，Ω_m，Ω_p 等的每个积木块都存在发生变异产生新的积木的可能，而新的积木块在适应和学习后会融入原有的积木块而形成新的主体行为规则（如图 11-3 所示）。

以政策积木（Ω_m）为例，在我国，信贷政策与商业银行政策委员会、贷款委员会或者职员配置等内部因素相关，不同所有制商业银行的经营目标和经营方针不同，在信贷政策上存在较大差异，商业银行领导层更迭、信贷人员素质、银行自身规模大小等因素都会对银行的信贷政策产生影响，导致政

策域的等位积木发生变异（M_S）。因此，在体育特色小镇复杂适应系统中融生出新的政策积木块取代了原有的政策块（Ω_m^{*}），形成了新的主体行为规则，有助于推动小镇持续发展。

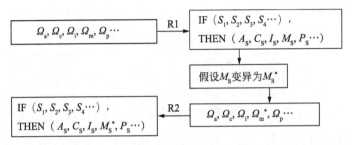

图 11-3　体育特色小镇复杂适应系统的等位积木变异机制模型

•第五节　体育特色小镇复杂适应系统的发展路径•

一、构建多元主体信息链

当今社会的发展，除必须依托大规模的物资流、资金流、人才流、消费流外，还离不开强大的信息流来实现物质与能量之间的无缝衔接。体育特色小镇作为一个复杂适应系统，包含复杂适应系统本身及其周围的物质、能量、信息的流动与交换，主体间、主体与外部环境间的信息流形成了体育特色小镇多元主体信息链，且信息链的构建有助于促进形成系统组织及多元主体间有序的物流和能量流，信息链的流畅运转有益于主体适应性行为规则的产生。所以说，对体育特色小镇发展而言，构建体育特色小镇复杂适应系统多元主体信息链是规划者实现体育特色小镇各个主体间信息快速流动、有效交换的基础，也是提升系统主体行为规则适应度的关键。此外，系统多元主体信息链也是规范系统主体行为的重要手段。

二、构建体育标识积木模型

随着新型城镇化的快速发展，特色小镇建设除了要满足人们对美好生活的向往，还要围绕不同群体的个性化需求，开发独具特色的小镇。体育特色小镇就是基于一定的体育资源，以体育产业为主导及特色的旅游景区、产业聚集区、新型城镇化区等综合发展的区域。在复杂适应系统理论视角下，很多具有体育标识特性的主体与其他相关主体作为积木，依据一定的内部模型聚集在一起，体育特色小镇底层主体积木为了适应外部环境，通过获取与积累产生适应性主体行为，选取与情境最适合的主体积木组合在一起，融生出新一层的介主体积木块，并适应新的外部环境。在此过程中，每个主体积木都必须采取协同合作、融合共生的原则方能成功构建出具有体育标识的积木模型。体育特色小镇也恰恰可以通过积木模型，协同发挥核心主体的优势资源和系统性能力，融合不同职能主体，派生出新的主体行为规则，共同促进体育特色小镇发展。

三、构建"适应—融生""开放—增值"机制链

可持续性是复杂适应系统理论视角下体育特色小镇演进的终极目标，为了实现体育特色小镇可持续发展，应充分发挥机制链的内外互补、交相互动的作用。首先，在体育特色小镇复杂适应系统主体行为规则的交叉机制中，适应性主体是起点和基础，是交叉产生行为规则的前提条件；其次，系统内部的多元主体是在内部模型下融合共生的具有体育标识的完整系统；再次，系统主体间并不是割断与周围网络的联系而孤立存在的一个封闭系统，恰恰相反，微观主体间相互联系、相互作用，形成多层面、多维度对外开放的宏观系统，而且能够为大量的信息不断流动、交换提供了广泛而持久的载体；最后，微观主体依靠系统开放，由外而内的输入信息，能够与其他主体合并在一起形成介主体，提升了系统的适应性——增值，而系统适应的成效又与由内而外的输出息息相关。因此，在体育特色小镇复杂适应系统的主体行为交叉过程中

可以构建两条机制链：一条是"适应—融生"机制链，它是系统主体交叉最主要的内在行为，表现出内化功能，它使交叉主体逐步聚集成一个独立而完整的复杂适应系统；另一条是"开放—增值"机制链，是系统主体与外部环境交换、互动的外在行为，表现出外化功能，它使主体交叉过程始终保持着与外部环境的联系。

四、构建最优内部模型系统

合理利用等位积木变异机制对体育特色小镇复杂适应系统进行数量、质量最优革新，促使系统具备兼顾全局和局部的均衡能力。生物学上的变异是由简单到复杂、由低级到高级不断进化，变异为生物进化提供了原始材料，其中，有利的变异会通过遗传不断积累和加强，使生物群体更加适应周围的环境，而不利的变异会被淘汰，最终消失。基于此，在了解体育特色小镇系统主体间的进化顺序和亲缘关系、主体起源及主体的迁徙演进背景的基础上，通过对系统内部等位积木交叉和变异的局部比较分析，梳理出系统最优内部模型，是体育特色小镇复杂适应系统主体适应外部环境的重要路径。此外，当整个系统进化处于某一时空并陷于某种困境，仅依靠交叉机制不能摆脱时，可以通过变异操作实现突破；当交叉机制已形成所期望的积木块时，也可以通过变异操作重构积木模型，形成适应度更高的行为规则。

第三部分
实践部分

第十二章　体育特色小镇发展实践

党的十八大以来，体育特色小镇建设已经成为拓展体育公共服务空间、满足人民对体育服务需求、推进供给侧结构性改革的重要举措。2017 年，国家体育总局颁发了 73 号文件，并与四部委联合印发《关于规范推进特色小镇和特色小城镇建设的若干意见》，旨在为深化体育改革提供内驱动力并搭建平台。然而，我国体育特色小镇建设起步较晚、缺乏经验、理论滞后，出现了定位不准、空间规划不足、产业增值搁浅等问题。为此，本章从国内外体育特色小镇发展的研究现状入手，并以辽宁省为例，通过深入探讨体育特色小镇发展现状与域外经验，为我国体育特色小镇建设提供新的发展思路，为体育事业改革提供理论依据。

第一节　国外体育特色小镇发展实践分析

国外的体育特色小镇建设无论从理论上还是实践上都积累了丰富的经验，值得我们深入学习与借鉴。这些成果为本研究提供翔实的理论素材和研究基础的同时，也为本研究留下了可以继续拓展的空间。

一、体育特色小镇的界定标准

以"sports town""sports specialized towns"为关键词在国外的学术期刊网

站进行相关搜索，未发现针对性的研究。近年来，世界上多个城市在其周边地区兴建了主题化的运动区域或者"体育城"。例如：英国曼彻斯特 Sport City、英国加的夫国际体育村和阿联酋迪拜体育城。中文里的"镇"是一个比较含糊的概念，体育特色小镇的概念在国际上也没有统一的界定和标准，但对小城镇、特色小镇要素的相关研究全面而深入。Frydman（1978）认为特色小镇是规模大体一致的 5 万人口的农区单位；Antonin Vaishar（2009）认为基础具备的城市公共服务功能小城镇吸引力更大；Michela & Nicola（2013）从地域文化角度研究了位于大城市周边的小城镇的发展模式。

二、国外体育特色小镇发展模式

国外体育城市的发展注重空间规划、政治建构、产业集聚和功能集群的功效。发展模式主要体现在三个方面：第一，多元主体合作模式，一些国家通常会围绕当地特色资源重视不同的文化和制度，促成各部门合作网络，促进以特色产业为发展主题的小镇或地区的整体发展；第二，业态融合发展模式，2016 年，Skyscanner 推出了意大利 15 个受欢迎的体育城市，其主要特点是自然风光与悠久历史文化融合、体育品牌与赛事节日结合、休闲旅游与高质服务聚集；第三，产业集聚整合发展模式，旅游、文化、休闲等行业的融合能够极大地推动当地特色产业的迅猛发展，并有效增加当地居民和企业的收入（Melania，2004）。

三、国外体育特色小镇功能特征

（一）推动城市发展

Garreau（1991）解释了城市边缘区小城镇的形成原因、疏解城市中心作用及中心城市功能分配问题；Smith（2010）对四个城市周边运动区域进行了比较分析和评估，认为体育城市区要成功规划，不仅仅是现有活动设施的便利品牌；Marco Vizzar（2011）以美国小城镇为例，探讨如何做好产业交接促进城市化发展。

（二）推动经济社会发展

Handeson（1986）运用城市发展理论进行分析，认为聚集经济是城市存在和发展的重要原因；克鲁格曼（1991）从新经济地理学视角强调了市场规模经济；Gibson（2005）认为体育特色小镇是为促进区域经济的发展需要对特色产业进行适当聚集并进行升级整合；Claire Murphy & Boyle（2006）以旅游特色小镇为案例，得出了这些小镇在经济和社会上都取得了巨大效益的结论；Issa（2012）认为完善基础设施建设、配备高效的通信网络、建立完整物流体系是经济持续稳定发展的关键。

（三）推动特色产业发展

Handeson（1986）提出聚集经济是城市存在和发展的重要原因，地方化经济是指由于某一产业的地理集中而提升生产效率的效应；Melania Smith（2004）提出旅游、文化、休闲等行业的融合能够极大地推动当地特色产业的迅猛发展，并有效增加当地居民和企业的收入。

（四）推动城镇保护环境

Lejeune（1993）从新城市主义角度强调保护环境、以人为本实现城市持续协调发展；Smith（2010）对新城市区的潜在价值进行分析，旨在提高城市的知名度和发展持续性。此外，国外围绕可持续发展、环境和社会等问题开展了关于小城镇的研究（Bradbury & Kirkby，1996；Mayer & Knox，2010）。

四、国外体育特色小镇发展路径

对国外知名特色小镇发展路径进行梳理（图 12-1）发现：特色小镇特点鲜明，突出了区位、产业、功能、空间、经营的特征，总结归纳主要发展路径如下。

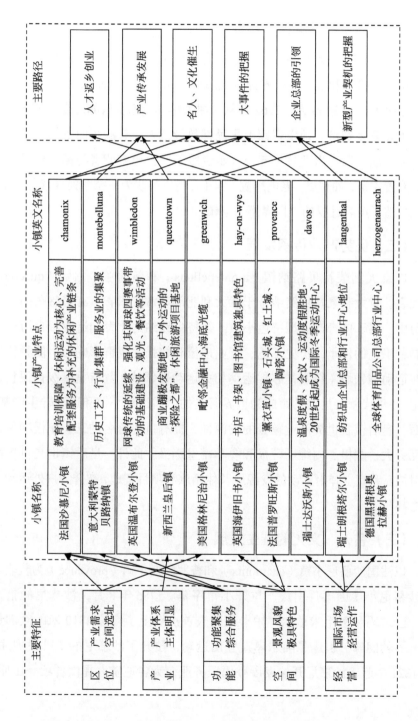

图 12-1　国外体育特色小镇发展路径分析图

（一）人才的返乡创新创业

以每 50 个人就拥有一家书店的英国海伊镇（Hay-on-wye）为代表。海伊镇位于英格兰和威尔士交界处，地理位置相对偏僻，面积不过 2 平方千米，常住居民不超过 2000 人。1962 年从牛津大学毕业返乡后的理查德·布斯通过创业推动家乡经济。他发现镇上居民都热爱读书，有购买旧书的需求，开了一家旧书店。旧书事业日见起色，她说服了一批忠实读者与镇上居民，将小镇的弃置建筑，如城堡、老电影院、旧工厂等，都改为一家家独具特色的书店。从此打造了声名远扬的"世界第一书镇"。

（二）优势产业传承发展

以意大利蒙特贝路纳镇（montebelluna）和新西兰皇后镇（queentown）为代表。意大利蒙特贝路纳位于意大利北部特雷维索省，有着悠久的手工制鞋历史，属于体育产业型特色小镇。蒙特贝路纳的体育制造业源自历史积淀和制鞋工艺的传承，历史工艺、行业地位和较强的集群影响力，使蒙特贝路纳在运动鞋领域（特别是冰雪运动相关运动鞋领域）具有重量级话语权，20 世纪 70 年代蒙特贝路纳镇成为世界著名的冰雪运动小镇和运动鞋生产基地。新西兰皇后镇是世界商业蹦极的发源地，拥有世界著名的三大蹦极项目，即卡瓦劳大桥蹦极、内维斯蹦极和缆车峭壁蹦极。此外，皇后镇也是世界商业喷射快艇和高空弹射运动的发源地及休闲旅游项目基地，被誉为户外运动"探险之都"。

（三）名人、文化的催生发展

以法国沙慕尼小镇（chamonix）和普罗旺斯小镇（provence）为代表。法国沙慕尼小镇因事件引爆，拉开小镇序幕。1786 年 8 月，沙慕尼的猎人杰克·巴尔玛和医生米歇尔·帕卡尔两人首次登上了海拔 4810 米的欧洲最高峰——勃朗峰，引爆了阿尔卑斯登山运动，拉开了沙慕尼的户外发展序幕。自 1821 年起，沙慕尼开始发展登山服务业，为各地游客提供各项登山服务。

经过仅百余年的发展，高山运动项目及专业服务方面已逐步成熟，成为欧洲乃至全世界最吸引人的高山运动圣地，并形成教育培训保障、休闲运动为核心、完善配套服务为补充的休闲产业链条；法国普罗旺斯小镇位于法国东南部，以其美丽的自然风景，浓厚的文化氛围和宜人的气候而闻名于世。法国最著名的薰衣草花田所在地——瓦尔谢讷；流传千年的浪漫凄婉的爱情传说的秘境、凄美绝艳的红土城——鲁西永；由当地的花岗岩制成的一座具有苍凉、悠远感的石头城——戈尔德；绿水山间的红房子简直如童话中的小村落——陶瓷小镇，这里完全就是花园小街，每条通向家门的小径都被鲜花绿草点缀。

（四）抓住大事件带来的机遇

以英国温布尔登小镇（wimbledon）和瑞士达沃斯小镇（davos）为代表。英国温布尔登小镇在英国伦敦的西南部，这座举世闻名的网球小镇主要来源于一项赛事，就是被我们称为"温网"的温布尔登网球锦标赛。有着100多年的网球赛事传承，在场地和赛事组织服务方面非常专业，塑造了独具影响力的品牌，这是小镇的核心竞争力。温布尔登网球锦标赛是全球级别最高的网球赛事，吸引着世界网球迷们热切的目光。瑞士达沃斯小镇是位于瑞士东南部格里松斯地区的一个城镇，靠近奥地利边境，是阿尔卑斯山系最高的小镇，海拔1529米。19世纪初达沃斯成为肺病患者最佳的疗养地，随着医疗优势被减弱后，将高山寒冷的劣势转为优势，大力发展休闲旅游，完善休闲、体育运动设施建设，在举办了第一届国际冰球锦标赛——斯宾格勒杯后的几十年间，达沃斯不时地根据小镇发展的需要改变着自己的面貌，成为瑞士知名的温泉度假、会议、运动度假胜地，20世纪起成为国际冬季运动中心之一。

（五）依托企业总部的引领发展

以德国黑措根奥拉赫小镇（herzogenaurach）为代表。德国黑措根奥拉赫小镇是巴伐利亚州埃尔朗根——赫西施塔特县的一座古老城市，凭借中心历史城区、手工业发展传统以及良好的就业市场等因素，成为全球体育用品产业小镇，阿迪达斯、彪马、舍弗勒等企业总部均落户于此。

（六）抓住新型产业发展契机

以美国格林尼治小镇（greenwich）为代表。美国格林尼治小镇毗邻金融中心海底光缆。作为全球金融中心纽约的卫星镇，与纽约相比极高的税收优惠，是对冲基金产业成功发展的核心驱动因素。格林尼治是一个小城镇，依托前期的税收、良好的风景、生活环境形成一个自然集聚的小社区。格林尼治小镇以总部经济为主导产业，大量集聚对冲基金公司，推动居住与产业互动，实现土地资源利用最大化和单位面积产值最大化。通过产业培育和布局规划实现由"产城互促"到"产城融合"，这是格林尼治基金小镇繁荣发展的路径。

第二节　辽宁体育特色小镇发展实践分析

建设体育特色小镇，是新型城镇化背景下助推城镇化建设的重要举措，是实施全民健身和健康中国背景下发展全民健身事业的重要举措，是供给侧结构性改革背景下发展体育产业的重要举措。由于体育特色小镇的建设是一项开创性工作，无现成经验和模式可循，所以，探索辽宁已有相关建设工作，梳理其发展现状，总结其发展经验，意义重大。

一、大连瓦房店市将军石体育特色小镇

大连瓦房店市将军石体育特色小镇是国家 4A 级景区，该小镇以帆船帆板赛事而兴起，在后期建设发展的过程中，结合小镇依山傍水的实际情况，形成运动与养生协同发展模式，打造了"康体＋赛事"型体育特色小镇。

大连瓦房店市将军石体育特色小镇位于辽宁大连瓦房店市西杨乡北海村，距瓦房店市中心 45 千米，占地面积 10 平方千米，其所处的地理位置在多个

经济发展区域的重叠处，依附地域特点和资源优势，小镇规划建设了六大主要功能区：水上休闲乐园区、山地越野挑战区、休闲运动养生区、温泉海洋度假区、生态农业采摘区和海参养殖参观区。功能区内容主要包括将军石水上运动中心、将军石海景滑雪场、海立方风情沙滩、蒙古风情园、马术体验场、将军石温泉酒店、将军石别墅酒店及海参养殖基地、海参育苗观光工厂和海产品交易市场。

目前，大连瓦房店市将军石体育特色小镇主要依靠将军石水上运动中心、将军石海景滑雪场、将军石马术体验俱乐部开展体育特色活动。①依托第十二届全运会建造将军石水上运动中心暨帆船帆板比赛基地。此中心用地面积达到 24099 平方米，含建筑面积 6603.81 平方米（竞赛管理中心面积为 2130.44 平方米、供船只停放的船库面积为 4473.37 平方米）、绿化面积 12000 平方米和直升机停机坪 5500 平方米等。自将军石水上运动中心建成以来相继举办了第十二届全运会帆船帆板比赛、亚运会帆船帆板选拔赛和全国帆船帆板锦标赛等赛事。②依托独特的人文及自然景观建造将军石海景滑雪场。滑雪场占地面积约为 20 万平方米，其中滑雪体验部分包括 600 米的高级雪道、350 米的初中级雪道、350 米的雪圈道及一定面积的儿童戏雪区；雪具服务大厅占地 2400 平方米，并购入 "NORDICA" "ATOMIC" 的雪板雪具等装备供滑雪体验者使用。③依托山林沙滩资源建造将军石马术体验俱乐部。场地属于野外天然丛林型，场地土质为干爽清洁的沙土，其拥有宽 30 米，总长 1400 米的专业赛道，同时提供了各种其他配套设施供游客使用。

二、丹东凤城市大梨树定向运动体育特色小镇

丹东凤城市大梨树定向运动体育特色小镇是国家 4A 级旅游景区，主打优质的山体资源，以其优美的自然环境营造轻松和谐的氛围，将大梨树打造成中国最美乡村之一，形成旅游观光与定向运动协同发展模式，打造了"休闲＋赛事"型体育特色小镇。

丹东凤城市大梨树定向运动体育特色小镇位于辽宁丹东凤城市西南郊 10 千米处，在距丹阜高速公路凤城出口处 5 千米的大梨树生态旅游区之中，大梨树生态旅游区总面积达到了 21.37 平方千米。小镇规划建设了四大主要功能区：养生文化体验区、生态休闲采摘区、民族建筑观赏区和综合管理服务区，主要包括影视城、七彩田园、龙潭、药王谷、干字广场、花果山广场、水果文化驿站和瑶池。

目前，丹东凤城市大梨树定向运动体育特色小镇主要以定向运动及科技体育项目为起点，牵引贯穿大梨树影视城、七彩田园、龙潭及药王谷周边山地，塑造以休闲养生、定向运动为代表的体育特色小镇。①依托大梨树的建设模式及自然条件，为承接定向运动赛事提供良好的环境。例如：2017 年该地第一次举办辽宁省第一届定向越野锦标赛，随后又相继不定时承接举办其他定向赛事。②依托丰富的农业资源打造休闲农业体验区。其休闲体验区为 2.6 万公顷的花果山，利用上百万株果树精心打造出赏花摘果体验游，一般每年 4 月至 10 月可供游客休闲体验。

三、营口市鲅鱼圈区红旗镇何家沟体育运动特色小镇

营口市鲅鱼圈区红旗镇何家沟体育运动特色小镇以滑雪运动为主要代表，以多类型休闲运动项目为坚实辅助，结合其他类型的产业集群，打造了"产业＋休闲"型体育特色小镇。

营口市鲅鱼圈区红旗镇何家沟体育运动特色小镇地处营口经济开发区，占地面积 3.9 平方千米，小镇周边三面环山，有着优质、独特的山体自然资源。小镇以何家沟滑雪场为基础，通过扩展土地、打造运动项目和相关产业，并结合实际情况将体育运动、休闲养生、精神文化等融入小镇的功能建设规划中，目前小镇已建设的功能区有特色运动品牌区、休闲健身养生区、体育生态园林区和国防科技体验区，还有正在建设的旅游休闲功能区。

营口市鲅鱼圈区红旗镇何家沟体育运动特色小镇主要依托品牌体育园和国防教育基地开展体育特色项目活动。①品牌体育园中的滑雪场目前开放高、

中、初级共 5 条雪道，总长 5000 米，平均宽度 45 米，最大落差 120 米，最大坡度 31 度，该地曾举办辽宁省全民冰雪运动会（营口站）赛事；②国防教育基地包括真人 CS 野战、攀岩、飞碟及野外露营等项目。

第三节　辽宁体育特色小镇发展 PEST 分析

一、经济环境因素

无论从体育产业有效发展的层面还是体育特色小镇建设考究的层面，经济基础要素的基本条件都起着至关重要的作用。从相互作用的角度来分析，体育产业的发展情况就是直接影响体育特色小镇发展优劣的重要指标，而在当地经济和体育产业的相互共通、良性循环的作用下，体育特色小镇会在经济发展中发挥重要作用。无论是国内还是国外，体育产业发展水平的高低往往会引发一种现象，即在经济发展水平较高的地区，人们对于体育运动的认识、参与程度会普遍高于经济发展水平较低的地区，由此带来的良性效果就是人们认识、参与体育运动的程度将直接带动当地体育产业的发展壮大。体育运动不仅是一个人的行为活动，同时还是竞技、娱乐、文化等融合后的人类文明产物，可以将体育运动理解为人们对于美好精神生活、丰富文化内涵的新的追求。因此，在经济环境基础之上孕育出来的体育特色小镇的核心发展观念也不例外。

另外，体育特色小镇建设对原居民生活的影响是非常显著的，主要体现在以下几个方面。第一，对原居民生活常态的影响。季节性特点突出的体育特色小镇使得小镇建设相关工作破坏了当地许多居民的生活常态，也导致曾经从事传统生产活动的居民减少，而从事体育特色小镇新生产活动的居民增多。第二，居民角色变换推动就业结构转变。在体育特色小镇建设驱动下，部分农村居民所扮演的角色由农民转变为小镇产业经营者，小镇建设间接带

来了更多的就业机会，推动了居民就业结构的转变。第三，居住地价格失衡导致居民利益纠争。体育特色小镇建设从直观上为居民带来了可观的经济收益，但经济效益提升也会引发居住地价格体制失衡，地方产业结构不合理，同时也可导致居民间关系不和睦。第四，经济利益竞争瓦解社会关系网络。体育特色小镇建设致使当地的社会空间演化，以经济利益为目的的体育小镇建设使得当地土地、房租价格上升，居民间贫富差距拉大，更主要的是瓦解了当地稳定和亲密的社会关系网络。

根据国家统计局统计，2018 年辽宁省生产总值为 25315 亿元人民币，排在全国经济总量的第 14 位；辽宁省居民人均可支配收入为 27835 元人民币，排在全国人均可支配收入的第 8 位。以上数据反映出辽宁省经济生产条件能够为体育特色小镇的建设提供保障，同时人均可支配收入及消费的水平能够适应体育特色小镇中种类丰富的体育运动项目。在具有了一定经济基础后，体育特色小镇建设发展的实质性条件就是资金支持要素。在小镇建设的初期，体育特色小镇往往都是没有建制的"特殊类型小镇"，需要大量、持续的资金进行有力的支持，这就在一定程度上出现建设资金供给力不足、无法进一步满足建设发展的需求等问题。一般来讲，无论是土地资源的开发、基础设施的建设还是运营管理的成本，资金层面的需求量和备用量都是巨大的，仅仅依赖于政府的财政支持是不现实的，为此，建设体育特色小镇需要将目光放在市场上。通过政府政策的支持，进行招商引资，这样有利于避免小镇外强中干，因此资金支持要素在体育特色小镇的建设中显得举足轻重。体育特色小镇的建设不仅是国家层面的倡导，更是辽宁省新形势下的经济转型升级的机遇，因此辽宁省政府也对体育特色小镇有了充分重视，相继发布了一系列文件，并积极进行招商、规划、土地开发投资等。在政策支持方面，要求各地结合本地区国土空间总体规划，统筹安排特色小镇用地规模和布局，以确保辽宁省特色小镇建设健康有序开展。省内每年安排一定额度预算投资用来支持特色小镇建设，并整合优化政策资源，积极争取中央财政专项资金、特色小镇建设专项基金，为特色小镇建设提供资金支持。同时，建立政府、银行、

企业对接长效机制，支持符合条件的特色小镇投资运营企业、发行企业债券，鼓励开发性、政策性和商业性金融机构在债务风险可控前提下增加中长期融资支持。

二、政治环境因素

在本节，政治环境指辽宁体育特色小镇发展的外部政治形势、方针政策及其变化。安定团结的政治局面不仅有利于经济的发展和人们收入的增加，而且影响到人们的心理状况，使市场需求发生变化。党和政府的方针、政策规定了国民经济的发展方向，也直接关系到社会购买力的提高和市场消费需求的增长变化。为贯彻落实《国务院办公厅转发国家发展改革委关于促进特色小镇规范健康发展意见的通知》（国办发〔2020〕33号）和《全国特色小镇规范健康发展导则》（发改规划〔2021〕1383号）要求，引导辽宁省特色小镇规范健康发展，2021年12月28日，辽宁省发展改革委、自然资源厅、生态环境厅、科技厅、工信厅等十家省直部门联合印发了《辽宁省特色小镇管理细则》，围绕特色小镇基本原则、建设标准、清单管理、政策措施等方面，提出了特色小镇建设操作规范，以推动全省特色小镇高质量发展。要求各县（市、区）建立以乡镇政府为主的长效管理机制，科学制定实施方案，充分发挥职能部门作用，建立部门联动机制，确保各项工作按照时间节点和计划要求规范有序推进。省政府各有关部门要按照职责分工，建立相应行业主管部门对口联系制度和严格的责任体系。

特色小镇的建设需要良好的地理位置和充足的空间资源，这同样是建设体育特色小镇的基础条件之一。根据《辽宁省人民政府关于推进特色乡镇建设的指导意见》的文件要求，各地区要将特色乡镇建设用地纳入调整完善后的土地利用总体规划中。按照节约集约用地原则，充分利用低丘缓坡、荒地、废地资源和存量建设用地。这反映了一种现实情况：城市的迅猛发展必然造成土地资源紧缺，因而会出现越来越难以规划的局面。在这样的严峻形势下，

特色小镇的建设需要重视以往出现的与土地相关的一系列问题。辽宁省作为重要的工业基地之一，具有独具特色的区位优势，在新时代背景下，辽宁省已然成为我国面向东北亚进行开放合作的重要区域。辽宁省土地面积 14.8 万平方千米，整体地势大概呈现出北高南低的形势，有山有海有平原，体育特色小镇的选址既要符合实际意义又要符合区位实际情况。因此，良好的政策环境成为辽宁体育特色小镇建设的重要支撑。

三、社会环境因素

社会环境对体育特色小镇的形成和发展起着重要作用，同时体育特色小镇发展给予社会环境以深刻的影响，而体育特色小镇本身在适应改造社会环境的过程中也在不断变化。体育特色小镇的发展促使当地居民生活方式、社会结构和价值观念等产生了鲜明的转变。因此，体育特色小镇建设对当地居民生活的社会文化影响的是多方面的。第一，对少数民族地区的影响。受到体育特色小镇建设的影响，少数民族地区居民生活方式等发生了较为显著的变化，主要体现在部分村落在建设中被改造成现代生活的旅店，或转变为永久的居住地。第二，加速思想价值观念的转变。体育特色小镇建设推动了当地生产、生活方式的转型，外来人员的涌入也加速了当地居民思想意识和价值观念的转变，促进了当地居民文明水平、思想开放程度的提高。第三，对原居住地生活方式产生负面影响。体育特色小镇建设促使当地居民的住房用地转变为项目用地，改变了当地居民的社会生活、家庭生活和休闲娱乐的方式，部分活动的开展也会导致社会失序。第四，居民居住地的文化受到冲击。体育特色小镇建设对当地居民居住地进行重新规划布局，打破了当地建筑风格和建筑体量，导致原居住地建筑风格的多样化；而外来人员的服饰和文化更是推动了原居民的生活文化的转变。

社会环境对辽宁体育特色小镇建设有重大影响。首先，体育特色小镇的建设应表现出促进区域城市经济的发展、提高人民生活水平、改善生态环境、

增强文化软实力、促进社会体系建设和基础设施建设、改善公共服务、提高社会公平与社会适应程度等方面的效益。体育特色小镇建设效率的提高，在追求社会利益最大化方面扮演着重要的角色，对于促进供给侧结构性改革、城镇特色产业的可持续和均衡发展、促进人们的身体健康等方面都发挥着重要的作用。其次，经过多年努力，辽宁省在经济社会发展方面形成了较强的支撑能力，积蓄了强劲的发展势能，具备了迈上高质量发展新台阶的有利条件。具体体现在：区域发展战略深入推进产业、交通、社会保障等一体化发展机制不断完善；基础设施加快完善，优化综合交通运输网络、能源供应结构、信息传输网络；生态环境明显改善，地方金融风险防控能力不断加强；社会事业全面进步，教育发展水平稳步提高，覆盖城乡的公共文化服务网络体系基本建成，全民健身和群众体育活动蓬勃开展；人民生活明显改善，社会治理效能实现提升，人民群众的获得感、幸福感、安全感不断增强。再次，辽宁省作为国家体育运动竞赛、人才培养储备大省，体育背景深厚并且拥有良好的体育文化传承，人们对于体育运动的认识普遍较高，这对于体育特色小镇的建设起到了一定的前期铺垫作用，体育特色小镇的建设不仅能够满足辽宁省人民对于体育运动休闲的期许，一定程度上也能带动其他地区人民投入到休闲健身运动中。最后，要清醒地认识到，辽宁省经济社会发展仍处于攻坚克难的关键阶段，由传统模式加速向新科技革命驱动模式转型，面对更为激烈的全球产业竞争和日渐复杂的治理趋势，需要破解更多深层次问题。例如，体制机制不够完善，市场化程度不高，营商环境有待进一步改善，经济结构、产业结构调整步伐不快，新增长点没有系统形成，创新对经济社会发展的支撑引领作用不突出，民营经济发展不充分，人口结构性问题日益突出，防范化解风险任务较重，一些干部思想观念解放不够到位、干事创业激情不足。

四、技术环境因素

技术环境指一个企业所在国家或地区的技术水平、技术政策、新产品的

开发能力及技术发展的动向，等等。对辽宁体育特色小镇建设而言，技术的影响体现在新产品、新机器、新工具、新资源和新服务上。来自技术的益处就是取得更高的生产率、更高的生活水平、更多的休闲时间和更加多样化的产品。对于决定生产何种产品及提供何种服务，采用何种模式及如何管理，技术水平是一个重要因素。例如，不少人认为，由于科技的突飞猛进，中级管理人员可能会被淘汰，因为目前已有许多企业的生产预算及计划已采用计算机操作，而这原本是中级管理人员的工作。技术环境对辽宁体育特色小镇的影响主要表现在以下几个方面。①技术进步迅速。当前世界技术发展迅速，技术的影响范围广泛且深入，以至人们把各种技术发展称之为"革命"。体育特色小镇若能跟上技术进步的步伐，小镇的变化将是剧烈的，所以各小镇必须对技术给予高度的重视。②产品寿命缩短。从一项新的科学技术发明出来到成为社会生产力的时间大大缩短，从而加速了技术的更新换代，使得新产品寿命周期也大为缩短。另外，在产品生命周期的原则下，每一个产品都有其一定的生命极限，所以企业不能只依赖某一"祖传秘方"，否则企业的生命将同该产品的生命一样短。③集体研究。集体研究即组织一支队伍，有目标地联合攻关，重大的发明大多在集体研究机构或众多人合作下出现。体育特色小镇要学习集体研究的做法，合理组建研究开发队伍，发挥研究开发队伍的集体效应。体育特色小镇要想在市场上立于不败之地，就应该十分注意自身技术、设备的更新，尽可能采用最新技术，生产出受社会欢迎的新产品。作为管理者，尤其是小镇高层决策人士，必须留意企业外部的技术环境，了解当前新技术发展的趋势，使小镇处于新技术领先位置，至少不能失去竞争能力。

辽宁体育特色小镇技术环境现状主要有以下几个方面。①科技创新投入现状。辽宁省的科学研究与试验发展（research and development，R&D）人员全时当量（该指标常用于衡量在科技人力投入上的强度）从 2005 年的 66104 人增加到了 2020 年的 110589 人，增加了超过 50%。R&D 经费内部支出（可以体现出被使用到科技创新部分的资金情况）从 2005 年的 203.1 亿元人民

币增长到 2020 年的 549.1 亿元人民币，扩大了约 2.7 倍。②科技创新产出现状。随着辽宁省科技创新投入的逐渐增加，辽宁的科技创新产出也越来越多。2005—2020 年间，辽宁的国内专利授权数及技术市场成交额整体都呈上升趋势，从 2011 年的 37 102 件，2015 年的 42 153 件，增长到 2020 年的 60 185 件，高技术产业新产品开发项目数 2561 项，新产品销售收入 386 亿元人民币。③科技创新环境现状。辽宁省的科技创新环境正在逐渐改善，科技创新的政策环境也在逐步完善。近年来，国家不断支持辽宁经济发展，帮助辽宁老工业基地振兴。辽宁省政府财政科学技术支出由 2005 年的 23.4 亿元人民币增加到 2020 年的 72.7 亿元人民币。

辽宁体育特色小镇技术环境制约因素方面。对于辽宁而言，科技创新能力虽然整体呈现上升趋势，但仍存在诸多不足之处。①科技创新资金投入不足，科研人才缺乏。虽然辽宁省的科技创新投入整体呈增长状态，但与经济发达省份相比，就可以看到辽宁省在科技创新部分的投入是远远不够的，其研发投入强度远低于经济发达省份，甚至低于全国平均水平。与此同时，辽宁省还面临着人才流失、人口老龄化问题。②产学研协作水平不高，成果转化率低。从全国来看，2020 年辽宁省的有效专利授权数仅为江苏省的 12.1%，新产品销售收入在 2020 年仅为江苏省的 11.26%，差距明显。

第四节　体育特色小镇发展案例解析

一、沙慕尼体育旅游小镇

（一）基本情况

沙慕尼体育特色小镇位于法国中部，毗邻意大利和瑞士，在阿尔卑斯山主峰勃朗峰下，市中心海拔 1035 米，是法国著名高原小镇之一。

（二）发展特色

沙慕尼是现代登山运动发源地，当地体育旅游服务与设施完善，包括登山缆车、山地救援及登山向导等。沙慕尼设有高山救援队，负责该区域山区救援，全天候值班巡逻。该地目前有超过 150 名的高山向导，每年服务数以万计的各地游客。沙慕尼有世界上第一所登山向导学校——法国国家滑雪登山学校（ENSA）。此外，小镇还设有国家滑雪和高山警察培训中心、高山军校、高山医学研究所等相关的高山机构。

（三）借鉴意义

借助知名国际体育赛事，打造特色体育旅游品牌。沙木尼登山运动经历百余年发展已经逐步成熟，为现代山地运动奠定了坚实的基础。1924 年，第一届冬奥会在此举办，世界性滑雪教练训练中心也在这里落户。

二、五云山康养小镇

（一）基本情况

五云山康养小镇位于河南省郑州市上街区南部，小镇北连上街城区，东部与南部接荥阳，西邻巩义。距离郑州 38 千米，车程约 30 分钟，距离新郑国际机场 50 分钟车程，交通便利，区位优势明显。该地有生态农业、休闲服务、山地运动和庄园生活四大体系。作为典型的康养小镇，五云山立足于得天独厚的区域资源，发展现代生态农业，并进一步完善丰富产业链，建立更为鲜明的产业集群，打造特色生态小镇。

（二）发展特色

五云山以优美的自然景观、独特的山地运动、精品的旅游休闲、完备的商业配套、舒适的田园社区，形成一个以绿色生态为核心，以健康、运动、养老养生、休闲为特色，集农业、观光、休闲、度假为一体的，具有浓郁山地特色的大型、复合式、国际化山地生态公园，成为中原地区文化旅游、休

闲运动的一张名片。

（三）规划策略

针对小镇发展中的难题，五云山康养小镇设计了一套具有科技、健康、智慧而又可持续发展特点的"养老＋互联网""生态＋互联网"等创新理念，将健康养老理念上升为全民理念，构建一个从未有过的科技、创新、养生、生态的产业综合体。

小镇以养生为名，以旅游为主体、以健康为灵魂，与政府 PPP 模式的城市基础建设充分结合，以"旅游产业＋生态居住＋养老产业"构成产业核心，颐养产业、亲子产业、文创产业作为项目的辐射产业为项目注入更多的发展空间，整体规划时不仅保存了小镇风貌，还加入了前沿的生态规划、科技创新、智慧生态的理念，打造成为一个满足都市人养老、养生的田园生活需求，以生态健康度假为主导产业的小镇。

（四）借鉴意义

在一系列的政策指引下，五云山康养小镇的建设依托养老产业、生态产业，充分发展康养产业，并围绕智慧养老、科技创新、旅游度假、康体养生等相关产业，广泛应用云计算、物联网、人工智能等新一代信息技术，不断提升线上、线下营销服务水平，建设成国内一流智慧康养小镇。

第十三章　体育特色小镇建设标准

党的十九大报告指出，中国特色社会主义进入新时代，我国社会主要矛盾已经转化为人民日益增长的美好生活需要和不平衡不充分的发展之间的矛盾。发展体育产业，打造体育特色小镇是顺应历史发展潮流、满足人民对美好生活需要的期待。随着"健康中国"上升为国家战略、居民消费升级需求日益加深，我国体育特色小镇的发展显得尤为重要。近年来，辽宁体育特色小镇建设尚处于起步阶段，特别是对体育特色小镇建设标准的研究仍然是个空白。对体育特色小镇建设标准进行研究是一项复杂而重要的工作，指标体系能够在辽宁体育特色小镇建设新阶段促进乡镇的分化和可持续高质量发展，为体育特色小镇建设规划和标准设计的综合状况提供理论依据。

第一节　辽宁体育特色小镇建设分析

一、大连瓦房店市将军石体育特色小镇建设

大连瓦房店市将军石处于辽宁南段渤海海岸，将军石港是一座历史悠久的天然海港，是中国北部最优良的海湾渔港。2012年4月，该地以建设全运会帆船帆板比赛场地为契机，换土改造盐碱地，植树种草绿化，污水深度治理，

完善交通等基础设施。2013年9月成功承办的第十二届全运会帆船帆板比赛，成为该地巨变的开始。经过五年的持续投资建设，将军石的道路、供水、供电等主要基础设施及绿化、美化、亮化等配套基础设施实现了升级改造，将军石海岸线资源得到了激活和唤醒，地方百姓对区域环境提升和未来经济发展有了更多的期待感和获得感，该区域在资本第一级循环中实现了资本积累，并为今后建设提供了充足的生产资料。

为了追求新利润和持续发展，将军石体育特色小镇坚持以"政府引导，市场主导"的基本原则，搭建体育功能聚合和业态融合发展的新平台，利用帆船帆板赛事形成资本积累，推动体育产业发展，集聚创新资源，激活创新体育服务产业，形成了资本的第二级循环。主要体现在两个方面：一方面，继举办第十二届全运会帆船帆板比赛后，将军石又相继举办了亚运会帆船帆板选拔赛、全国帆船帆板锦标赛、全国帆船帆板冠军赛、中国环渤海帆船拉力赛、第十三届全运会帆船帆板预赛、全国青少年帆板训练营、沙滩排球邀请赛、辽东半岛国际帆船赛等国家级赛事，并挂牌成为大连市青少年科普基地、沈阳大学体育产业实习基地、辽宁省科学技术普及基地、辽宁省帆船帆板训练基地和中国帆船帆板训练基地；另一方面，利用区位优势和资源条件，将军石体育特色小镇总体布局了海洋温泉度假区、水上运动区、山地运动区、休闲养生区、生态采摘区、养殖体验区六大功能区。

在资本的助力下，将军石积极创建国家体育特色小镇和国家级旅游度假区，一座"小而特、小而活、小而精、小而美、小而尚"的滨海宜居生态小镇悄然崛起。资本对社会性的投资最终要实现资源、产业、服务的合理配置和有效集聚，资本第三级循环在此体现明显：投资5000万元人民币的将军石海景滑雪场已于2015年开门纳客，并成功举办辽宁省冰雪季启幕仪式；金港汽车文化公园、大连市航空运动学校已初步完成选址，被列为辽宁省重点支持的体育旅游项目，将军石体育园区被纳入辽宁省、大连市"十三五"重点扶持的体育园区，正在创建国家体育旅游产业示范基地；投资1.5亿元人民币，被专家誉为"渤海第一泉"的将军石海洋温泉已于2015年5月投入运营，与

港中旅等国内知名旅行社签订合作协议，采取"旅游＋互联网"方式，对海洋温泉进行线上线下营销；投资 300 万元人民币的将军石房车露营地已开门纳客，并被大连市旅游局评为最佳房车露营地；融合温泉滑雪、滨海旅游、生态观光等产业，着力发展体育旅游，加快推动休闲经济，已成功举办了国际海洋啤酒节、蓝色嘉年华等重要活动。将军石体育特色小镇于 2016 年和 2017 年分别被国家体育总局评为中国体育旅游精品景区，已通过辽宁省特色乡镇初审，正在创建国家级旅游度假区。

5 年完成蜕变，将军石体育特色小镇带来的多业发展蝴蝶效应也开始显现。2015 年将军石接待游客 50 万人次，2016 年将军石接待游客 60 万人次，2017 年突破 70 万人次，这些递增数据表明，产业良性互动、互为映射作用正在显现。2016 年将军石海洋温泉年接待游客 30 万人次，实现利润近 400 万元人民币。将军石酒店有限公司和大连帷幄旅游发展有限公司推出的海钓岸钓、赶海体验、生态采摘、马术休闲、帆船观光和沙滩娱乐等系列活动引领东北三省大批游客把将军石作为旅游目的地。2016 年将军石海景滑雪场年接待游客 3 万人次，实现利润超百万元人民币。将军石体育特色小镇一跃成为环渤海经济圈滨海宜居生态小镇，体育旅游、休闲观光、健康养老、现代农业、美丽乡村和蓝色经济等多业并进发展。"政府引导，企业主体，社会参与，市场运作"模式引领"三业融合，四宜兼具"的效应已初步显现，这些业态已叠加形成了多业共赢的发展局面，为将军石体育特色小镇可持续发展提供了新动能。

二、丹东凤城市大梨树定向运动体育特色小镇建设

辽宁省体育总会非奥部、丹东市体育局、丹东市体育总会、丹东市定向运动协会经过前期考察、分析、规划，深入策划定向运动与大梨树景区旅游项目结合方案，并对项目启动后预期可产生的经济效益进行可行性评估，最后决定将定向运动作为体育特色小镇项目进行立项。2017 年 2 月，在辽宁省丹东凤城市大梨树村签署《关于建设大梨树定向运动体育特色小镇样板示范

工程项目战略合作框架协议》。这意味着辽宁省首个定向运动体育特色小镇样板示范工程项目——大梨树定向运动体育特色小镇正式签约运行，"体育＋旅游"的新旅游形态成为大梨树定向运动小镇主要发展形态之一。

　　2017年8月10日，国家体育总局公布首批96个体育特色小镇试点名单，丹东凤城市大梨树定向运动体育特色小镇成功入选。紧接着小镇承办了两个活动：2017年8月12日，"2017丹东市科技体育夏令营"在丹东凤城市大梨树开营，此次科技体育夏令营以"研学教育，科技体育"为理念，融合了定向越野、航模、海模、纸飞机模型、车辆模型、露营六大科技体育项目，建立了全新的夏令营模式，探索了科技体育在丹东的发展道路，凤城市大梨树生态农业观光旅游区为孩子们提供了安全卫生的后勤保障及舒适的露营环境，成为小镇后续建设发展的有利资源。2017年8月25—27日，"2017年辽宁省第一届定向越野锦标赛"在大梨树定向运动体育特色小镇举办。丹东市定向运动协会积极响应国家体育总局号召，在体育特色小镇多办赛事、多办高级别赛事，为定向类体育特色小镇的发展进行积极深入探索。辽宁省体育总会为配合国家体育总局工作要求，积极为定向运动体育特色小镇配置高级别专业竞技赛事。

　　大梨树依托定向运动体育特色小镇和特有的山地户外场地，使专业赛事和趣味比赛在大梨树常态化落地。每年的8月8日是全民健身日，由中华全国体育总会、中国无线电和定向运动协会主办的2020年"全民健身，活力中国"系列赛事——"历经风雨终见彩虹"抗击疫情主题定向活动丹东系列赛在凤城市大梨树举办，凤城市大梨树也以此被打造成为目前全国唯一的国家级定向运动体育特色小镇。与此同时，凤城市大梨树依托此赛事成功开展了生态农业观光旅游活动。此项活动之前，丹东站系列赛克服了疫情带来的巨大困难，已于2020年6月成功举办了四站。从承办过程来看，活动体现出了政府和社会协同合作的特点：丹东系列赛承办单位为丹东市文化旅游和广播电视局、丹东市定向运动协会和丹东爱登客体育产业有限公司，总体运营单位为中体产业集体股份有限公司。从赛事内容来看，定向赛事体现出内容多样、

技术标准高的特点：此赛事中的中距离个人赛采用国际定向运动联合会（IOF）最新修订的 ISOM 2017-2 定向地图制图标准，符合国际山地定向赛事技术标准。从小镇发展模式看，体现出"旅游+"的模式，形成了文体旅融合发展的良好局面：2020 年系列赛的成功举办，在本地区满足了疫情期间人们对体育健身的需求，掀起了全民运动健身新高潮，刺激大众体育健身消费，助力体育行业的复工复产。

近年来，大梨树乡村旅游年平均接待量为 50.5 万人次，年旅游综合收入平均为 6310 万元人民币，各项指标总体保持稳定上升。大梨树依托良好的生态禀赋，发展辽东山水生态旅游和乡村旅游，并凸显出旅游特色，以"干"字文化为精髓，打造出的民俗文化、知青文化、影视文化、养生文化等文化旅游项目，成为该地区未来重点发展的支柱产业，树立了东北乡村旅游的新标杆。村党委被中共中央授予"全国先进基层党组织"，村和旅游区先后被授予了"全国首批农业旅游示范点""全国旅游系统先进集体""全国特色景观名村""中国乡村旅游模范村""全国休闲农业与乡村旅游示范点"等荣誉。

三、营口市鲅鱼圈区红旗镇何家沟体育运动小镇建设

2017 年 8 月，营口市鲅鱼圈红旗镇何家沟体育运动小镇被国家体育总局列为第一批体育特色小镇试点项目。何家沟优越的自然环境和多年积累下来的小镇发展经验为体育特色小镇建设打下了坚实基础。首先，该地形成了集室内学习、户外活动和党史展示于一体的综合性党建基地。基地包括室内大会议室、党群活动室、室外拓展中心，其中，"飞夺泸定桥""血染湘江岸""翻越大雪山"等户外体验项目，真实还原了红军长征时期的重要场景，让人们亲身感受长征精神。其次，在原滑雪场、笼式足球场、越野摩托车场地的基础上，小镇又改建了综合性体育场馆，场馆内包含羽毛球场地、旱雪滑道和蹦床运动项目，室内室外运动项目有机结合，使小镇体育项目更加多样。儿童体育娱乐区投资建设了网红桥、攻防箭、室外草坪、花海和门卫工程等项目。最后，小镇还先后承办了 7 届"辽宁省冰雪温泉节"和数届省市级百万

市民上冰雪活动。2016 年，该地被省体育局评为辽宁省首批体育产业示范单位。2017 年被评为 2013—2016 年度全国群众体育先进单位。

2017 年 9 月 5 日，营口市人民政府办公室认真贯彻市委、市政府关于推进特色小镇建设工作要求，结合各县（市、区）提出的特色小镇发展重点，公开发布了《关于推进我市特色小镇建设的指导意见》实施方案。方案中提出了于 2017—2020 年间重点建设 10 个左右特色小镇的总体思路：通过"一带多点"布局，构建全市特色小镇整体发展新格局，使之成为营口市新的经济增长点，更成为辽宁沿海经济带产业多元发展的新亮点。营口市鲅鱼圈区红旗镇何家沟体育运动小镇成为营口北部、东部地区多元开发优势产业集聚区"多点"中的重要一点。

何家沟体育运动特色小镇建设项目总投资 30 亿元人民币，规划面积 3.9 平方千米，从 2017—2020 年分三期开发。2019 年，何家沟体育运动特色小镇建设项目已投资 2 亿多元人民币，建成滑雪场、五人制标准笼式足球场、滑冰场、攀岩墙、篮球场、帐篷房车露营营地、花海、军事洞穴体验线路（登山健步道）、水库溜索、丛林真人 CS、越野摩托车训练场、重型机车训练场、室外高空拓展设施、少年儿童活动区、中老年健身区等，初步形成冬季滑雪、夏季户外拓展运动集训为主的"体育＋旅游"项目群。何家沟体育运动特色小镇共划分成五大功能区：一是品牌体育园，包括滑雪场、戏雪娱乐区、户外综合运动园区等；二是国防教育基地，包括军体运动基地、野战体验场地、户外拓展培训基地；三是体育运动养生调理区，有开心农场、花海种植园等项目；四是运动休闲配套区，有小镇形式的商业内街、大型温泉酒店；五是生态体育公园区，包括儿童运动公园、房车营地。

何家沟体育运动特色小镇规划打造成为体育与旅游、文化、健康养老产业、体育教育深度结合的综合体，填补营口乃至辽宁无大型体育旅游目的地的空白。①小镇项目适合各年龄层。滑雪场改扩建、室内滑雪、室内攀岩、室内儿童运动、自行车泵道、滑板公园、山地马术骑乘、山地自行车速降、越野赛车穿行道、山地自行车道、山地滑车、极速溜索、树屋营地、集装箱

营地、观光木栈道、山顶泡池、房车营地、山顶餐厅、空轨速降、丛林探险、四季旱雪、越野赛车俱乐部、哈雷摩托俱乐部、马术俱乐部、气膜冰雪馆、桃梨花海、传统运动、果园采摘、电竞赛事、拳击赛事、热气球滑翔伞、水上运动拓展中心（滑冰）、水乐园、温泉酒店、乡村乐园、民族特色餐饮街、民宿、射击馆、国防教育培训基地、射击训练基地、攻防箭、室外秀场、教育培训基地、军事模型展示、拓展训练营地、旱冰小轮车滑板车、室内运动场、农业体验、薰衣草花海、养生养老及康复理疗产业园等共50余个项目将陆续投资兴建。②发展"体育+"产业链的体育特色小镇。主要包括赛事表演、旅游产业，健身休闲产业，青少年素质教育、体育培训产业，温泉康养、文化产业，体育装备制造产业等。何家沟体育运动特色小镇将以体验式运动旅游为龙头，以赛事活动为吸引点，以产业发展为基础，以会展论坛为品牌，要建成"体育＋旅游""体育＋教育""体育＋文化""体育＋健康养老产业""体育＋温泉康养"等的体育特色小镇。

第二节　辽宁体育特色小镇建设指标体系

　　全国体育特色小镇整个试点项目名单中的各个地区，均体现了国家体育总局73号文件中的重中之重及主要概念，即具有独到之处的运动休闲业、拥有浓厚气氛的体育文化、旅游及其相关产业发展良好、脱贫致富成绩优越、能够充分利用其自身资源。在"旅游＋体育＋创新"的背景下，辽宁将特色运动休闲小镇建设与旅游等其他诸多产业进行融合，建设各具特色的休闲小镇。辽宁体育特色小镇建设既要拓展视野、科学规划，吸取国内外的先进经验，又要因地制宜，结合辽宁实际建设具有辽宁地域特色的、能够带动区域经济社会各项事业全面发展的多产业综合体。同时，以面向不同消费群体的休闲项目为核心，丰富运动休闲产品供给，打造出集旅游、养生、度假等产业为

一体的小镇生态。

在全省加快规划建设一批特色小镇，是辽宁省委、省政府从推动全省经济转型升级和城乡统筹发展大局出发做出的重大举措，国家部委及省政府先后出台《关于开展特色小镇培育工作的通知》（73号文件）、《辽宁省人民政府关于加快发展体育产业促进体育消费的实施意见》《辽宁省体育领域供给侧结构性改革实施方案》等相关政策，指示牢固树立创新、协调、绿色、开放、共享的发展理念，要求以乡镇现有产业为基础，以因地制宜、分类指导为原则，以稳增长、惠民生为目标，以坚持产业定位、壮大乡镇经济、突出特色发展为主线，以创新体制机制为重点，以建立健全各级工作机制为保障，加快规划建设具有一定产业基础、地域风情浓厚的体育特色小镇，以新理念、新机制、新载体加快推进全省新型城镇化步伐。

一、辽宁体育特色小镇建设标准指标体系的构建

波特菱形理论又称波特钻石模型（michael porter diamond model）、钻石理论及国家竞争优势理论，是由美国哈佛商学院著名的战略管理学家迈克尔·波特（Michael E. Porter）于1990年提出的，用于分析一个国家如何形成整体优势，因而在国际上具有较强竞争力。波特的钻石模型理论的核心观点是某个国家或地区所有行业和产品形成的整体实力决定了其在国际市场竞争中的优势。从辽宁体育特色小镇的内涵出发，将其建设标准指标体系分成小镇类型、特色基础（一级指标）、主体功能（二级指标）、要素指标（三级指标）四个部分，将内涵和发展理念进行交叉，构建指标体系框架（如表13-1所示）。

（一）小镇类型

体育特色小镇是随着我国体育旅游产业、新型城镇化与社会生活形态的发展，顺应时代发展出现的新兴业态，在特色小镇范畴中走出了一条与众不同的发展道路。在其发展过程中，只有认清体育小镇的发展类型，才能够抓住体育小镇开发的特色并形成运营的核心竞争力。体育特色小镇作为前瞻性

表 13-1　辽宁体育特色小镇建设标准指标体系表

类型	一级指标（特色基础）	二级指标（主体功能）	三级指标（要素指标）	营口市鲅鱼圈区红旗镇何家沟体育运动小镇	丹东凤城市大梨树定向运动体育特色小镇	大连瓦房店市将军石体育特色小镇
产业型	产业聚集	体育产业研发设计	体育各类产业从业人群			
			体育各类产业预期从业人群			
		体育专业培训	体育赛事组织者			
			体育赛事服务商			
		体育用品生产	体育用品经销商			
			体育用品消费者			
		体育主题展会交易	体育产业及相关发展会策划			
			专业体育团队			
			体育娱乐休闲人群			
		"体育+融合产业"相关服务				
康体型	基础条件	养生环境	森林覆盖率	√	√	
			草原面积			
			温泉	√		
			海岸线			
			湖泊面积			√

续表

类型	一级指标（特色基础）	二级指标（主体功能）	三级指标（要素指标）	营口市鲅鱼圈区红旗镇何家沟体育运动小镇	丹东凤城市大梨树定向运动体育特色小镇	大连瓦房店市将军石向海体育特色小镇
康体型	基础条件	养生环境	河流条数及长度	√	√	√
			健身运动		√	
			健美运动			
			格斗性体育			
			娱乐性体育	√		
	核心产业	体育健康项目	医疗康复体育			
			健康体检			
		体育健康服务	康复医疗	√		
			辅助性医疗服务	√		
	配套设施	养生居住	建筑形态	√		
			楼宇数量	√		
			运动设施	√		
			园林设计	√		
			住宿人数	√		
			景观绿化	√		
			交通配套	√		
			康养区数量	√		
休闲型	休闲运动特色	冰雪运动	体育休闲活动项目	√		√
		水上运动	体育赛事活动	√		√

续表

类型	一级指标（特色基础）	二级指标（主体功能）	三级指标（要素指标）	营口市鲅鱼圈区红旗镇何家沟体育运动小镇	丹东凤城市大梨树定向运动体育特色小镇	大连瓦房店市将军石体育特色小镇
休闲型	休闲运动特色	山地运动	户外运动策划		√	√
		极限运动	户外运动组织	√	√	√
		球类运动	户外运动体验	√	√	√
		传统体育运动	教育培训			
		特种运动	体育用品零售	√		√
	体育旅游特色	观光旅游	体育用品租赁	√		√
		文化体验	配套餐饮	√	√	√
		高端度假	住宿	√		√
		休闲体验	娱乐	√		√
			商业	√	√	√
赛事型	赛事承办能力	赛事资源条件	高标准场馆	√	√	√
		赛事承担能力	赛事承办	√	√	√
			赛事主办		√	√
			赛事组织		√	√
	赛事公共服务	咨询直播	赛事直播服务		√	√
			通信			
			翻译			
		便民惠民	医疗			
			交通		√	√
			餐饮		√	√
			住宿		√	√

的试探性研究，根据细分产业类型与目标受众（人群／企业／组织）的不同，可被分为四类：产业型、康体型、休闲型、赛事型。

（二）一级指标：特色基础

特色小镇就是拥有某种特色的小镇。例如，小镇以某个特色产业闻名，或者有某种特殊的风俗习惯、拥有某个旅游景点，或者专门实现了某一种功能（如休闲度假）。因此，特色基础成为辽宁体育特色小镇建设标准指标体系的一级指标，四种类型小镇分别设定各自的一级指标，具体细化为：产业聚集、基础条件、核心产业、配套设施、休闲运动特色、体育旅游特色、赛事承办能力、赛事公共服务。特色化是小镇发展的前提，特色小镇重在特色产业和资源，通过形成强势产业或资源带动周边其他产业逐步加入并完善，使优势得以凸显，并最终形成特色小镇独有优势。

（三）二级指标：主体功能

体育特色小镇的主体功能突出了集聚度及和谐度，经济、社会和生态等各功能之间协调发展，功能结构合理，公共服务功能均等化程度较高。体育特色小镇发展的主体功能是在一级指标基础上的细化。主体功能指特定行业产品或服务的需求程度和性质。体育休闲小镇的建设目标是保证所提供的体育和休闲服务能够满足消费者的体育和休闲需求，并在此过程中为消费者提供良好的服务，以确保消费者有良好的体验。

（四）三级指标：要素指标

要素指标指国家或地区内从事生产性活动所需的最基本的要素，主要有土地资源、人力资源、矿物及树木资源、技术资源、资本资源等。就体育特色小镇而言，则包括自然资源、社会资源、文化资源和基础设施。自然资源是体育特色小镇生产和居民生活的物质基础，自然资源能被利用而产生使用价值，包括影响小镇空间实践效益的自然诸要素，即生物资源、农业资源、森林资源、气象资源、水资源等。社会资源指为了应对体育特色小镇建设的

需要，满足发展的需求，所有能提供的且足以转化为具体服务内涵的有形资源和无形资源。文化资源，在广义上指对人们从事一切与文化活动有关的生产和生活内容的总称，而体育特色小镇的文化资源指以精神状态为主要存在形式的，对消费者和居民能够产生直接和间接经济利益的地域文化和传统文化。基础设施指为居民和社会生产提供公共服务的物质工程设施，此处指用于保证体育特色小镇社会经济获得正常进行的公共服务系统，它是体育特色小镇赖以生存发展的一般物质条件，主要包括生产基础设施、社会基础设施和制度保障机构。

二、辽宁体育特色小镇建设标准设计体系指标下的综合分析

近年来，辽宁体育特色小镇发展已初见成效，在与建设标准体系指标对照后发现，辽宁 3 个国家体育特色小镇都属于混合型。例如：大连瓦房店市将军石体育特色小镇和丹东凤城市大梨树定向运动体育特色小镇属于"休闲 + 赛事"型体育特色小镇，营口市鲅鱼圈区红旗镇何家沟体育运动特色小镇属于"康体 + 休闲"型体育特色小镇。研究发现，辽宁体育特色小镇的共同点是都包含了休闲型，这也是三个小镇发展的重点。同时还发现，"产业型"是辽宁体育特色小镇发展的空缺，这与当前辽宁经济社会发展的现状有着必然的联系。

第三节　辽宁体育特色小镇建设标准

辽宁体育特色小镇建设是集小城镇适用的产业规划、小城镇的人居环境规划及风貌设计、基础设施规划、文化挖掘研究、旅游规划、新技术的应用、体制机制创新和规划建设管理的行动计划为一体的综合规划，并在空间落地。这是策划、产业、文化在空间关系上的反映，不同于传统的城市规划和小城

镇规划注重空间或产业等几个方面的特征，是全新的、非传统的规划，是麻雀虽小、五脏俱全的综合规划，是在城市规划中不能也不宜叠加在一起的建设指引规划。

一、资源标准

体育特色小镇的建设首先要确定资源标准，对全域性产业项目的面积进行合理规划，对固定资产投资额进行系统性分析与储备，并制定体育特色小镇高绩效的奖励方案。体育特色小镇的开发建设，要兼顾现有自然资源、社会资源、文化资源、基础设施及地域性特色资源项目，实现融合发展，避免出现脱离实际的"空洞化想象"，杜绝为求发展而破坏区域现存资源的现象。体育特色小镇的建设发展应从区域性协调发展的视角，对历史地貌自然资源、社会资源及体育运动休闲健身项目、赛事活动项目等资源条件进行客观综合评价，在确认资源能够得到良好利用及市场发展前景良好的基础上进行开发建设。此外，要对当前时代发展背景下，不能够进行全域化开发建设区域性特色资源项目的体育特色小镇做好记录，以防脱离实际的、盲目跟风的体育特色小镇的开发建设。

二、技术标准

体育特色小镇项目的开发建设，要做到在建设中聚焦特色，大胆创新，避免千篇一律。以项目为特色的体育小镇建设，以全域旅游的发展理念为指导思想，注重多种类型的交互融合。根据不同类型项目自身发展的规律，以及市场运营发展规律，在积极打造具有特色资源和竞争优势的主导类型项目的同时，逐步开发产业市场所需的附加产业型项目产品，打造全方位的、多功能的、综合性的集聚区。坚持体育特色小镇资源项目开发与保护的有机结合，并将互联网技术、人工智能技术及金融产业项目嫁接于体育特色小镇项目活动中，促进体育特色小镇丰富文化内涵的同时，逐步实现稳定地可持续性发展。

三、市场标准

体育特色小镇的建设不仅仅需要一套完备的资源、技术性标准，还必须制定一套能够对市场运营进行衡量、评估及绩效管理的体系。体育特色小镇的私法性特征并没有减少建设者的义务，反而增加了其运营管理的负担——建设者需让持怀疑态度的批判者及普通公众接受。体育特色小镇的项目建设，要坚持以市场为主导，以规模化运营发展为主体，优化自然资源及社会资源配置，高度树立体育小镇运营项目的产业链思维，促进体育小镇多类型项目交互融合。建设体育特色小镇，要因地制宜开发，科学规划发展，不能够一哄而上，更不能搞"政绩项目"和"形象工程"。体育特色小镇的建设，必须树立"大体育、大健康、大旅游"的产业发展理念，经过市场化运营的科学论证和有效规划，明确开发体育产业项目活动的定位，加强体育产业项目的跨界融合，借力政府、市场、社会等多方主体，共同开发、建设体育特色小镇。

四、功能标准

体育特色小镇项目的建设发展是一项创新性类型项目，但并未脱离政府政策功能的顶层设计。政府与企业协调配合，政府部门主要负责体育特色小镇发展建设所需公共服务产品的供应，以及产品、项目活动等的审批服务；企业则须遵照体育事业市场运营规律，负责特色化、专业化的体育市场活动项目的运营。此外，还需体育特色小镇践行主体间参与活动项目的协同配合，创建体育市场平台化运行管理机制，实现高效及时的融合性发展，最大限度地规避因体育市场运营机制失灵或政府管理机制失灵造成的不良影响。

五、权责标准

根据国家体育总局 73 号文件可知，体育特色小镇是"政府引导，市场主导"的市场化运作方式，彰显出体育市场、企业的产业项目发展主体地位，

使体育产业市场成为体育特色小镇项目建设中的主角，充分地发挥了体育市场在各类型小镇项目资源配置中的主导性作用。"一分权，一分责"，体育市场的主体地位决定着其在体育特色小镇建设过程中的责任承担。要制定责任承担机制，并一对一标准化承担责任制，做到精准识别与高效管理。

第四节　辽宁体育特色小镇建设实施

一、根据资源禀赋做好精准策划

根据区位等资源要素进行综合分析，找出自身特色。对小镇名称、组织规划、建设、运营、管理、融资模式、投资主体等内容进行明确定位和策划。

二、坚持精选产业、项目落地理念

传统的城镇规划是留足城镇的发展空间，不以产业为重点；体育特色小镇规划要重点突出产业，特别要突出产业选择。产业选择主要是结合传统产业，发展适合小城镇的产业，体育特色小城镇适合的产业往往是体育产品研发设计、体育专业培训、体育用品生产、体育主题展会交易、"体育＋融合产业"相关服务等，不发展不适合小城镇的大规模制造业，在产业选择上还要考虑聚集人气的项目。要重视项目落地，找到有基础的产业项目，做精做强，在空间上落地。用地性质、开发强度、建设时序都要落地，在图纸上都要标注，这是特色小镇规划的重点内容。

三、注重营造美丽而有特色的空间环境

体育特色小镇规划既要考虑美，重视风貌，又要考虑特色；既要考虑空间的精准，又要注重美的营造。要注重打造有特色的人居环境，不能千篇一

律。通过特色风貌，体现更高层次的追求。有条件的地方一定要编制体育特色小镇城镇设计或风貌设计专篇，对老镇区的外部环境、整体格局、商业服务、街道空间、建筑、绿地广场等风貌要素提出提升方案，注重对传统文化元素符号、素材的提炼和应用。

四、复合高质量的设施服务并辐射周边

传统规划注重"量"的发展，忽视"质"的提升；注重基础设施的完善，解决有无问题，忽视服务水平的高低。体育特色小镇规划注重高质量的、复合的公共服务设施和基础设施的规划，要加强设施建设，提升服务水平。基础设施基于服务圈的配置，要小而综，适合小城镇特点，在达到一定标准后，要辐射周围乡村和地区。

五、重传承和发展文化，有内涵和魅力

体育特色小镇不仅要有特色还要有文化，文化是特色小镇的灵魂，要建设有品质、有内涵、有吸引力、让人流连忘返的小镇，而不是建设一个空壳。因此，挖掘、传承、发展文化对于建设体育特色小镇尤为重要。文化要有历史、有人物、有故事，要鲜活。挖掘和整理后的文化要在空间上予以体现，要提供文化场所，要在建筑、雕塑、题匾、园林上予以反映，形成新的小镇景观。还要不断结合当前的形势归纳和总结，传承优秀文化并形成新的文化。

六、通过旅游和休闲加强活力和人气

体育特色小镇规划需要集聚人气和创造活力。有条件的可通过旅游的方式提升吸引力，旅游设施、旅游线路都要有所规划；旅游项目要注重中低端消费，考虑聚集人气项目，如夜宵一条街、跳蚤市场等。辽宁四季分明，因此既要有冬季的活动场所，也要有夏季的活动场所，同时注意增强活力，积聚人气，防止"鬼镇"出现。

七、重绿色、生态、智慧等理念的应用

体育特色小镇规划应具有超前意识，体现时代要求，应广泛应用互联网、智慧绿色发展理念。互联网代表着最先进的技术，体育特色小镇规划要用传统空间形态承载先进技术，用智慧手段解决小镇分散、距离远的问题，通过信息流避免无效的行动；利用绿色化、信息化手段解决生产、生活之间的联系问题。体育特色小镇未来要建设成比城市还让人向往的理想生活空间。体育特色小镇应该利用先进的理念和技术，提供优越的发展条件。在绿色智慧发展方面，需要专门做导则或专项规划，并作为专篇来进行设计。

第五节　结论与建议

一、结论

对体育特色小镇发展水平进行评价是一个具有重要现实意义的工作，本节重在对体育特色小镇的指标体系进行框架性分析。由于辽宁体育特色小镇处于发展初期，仍有一些体育特色小镇还处于规划策划阶段，因而本章尚不能给出具体的案例进行实证分析。本章构建的指标体系也可以用于评价和比较我国各地体育特色小镇的综合竞争力，这一体系也能够在我国当前体育特色小镇发展新阶段中，有针对性地提升体育特色小镇发展绩效。体育特色小镇规划不是法定规划，而是行动计划，也没有形成定式，要根据地区情况，探索出适合本地的特色小镇规划，因地制宜地解决本地特色小镇经济平衡、项目落地等问题。

二、建议

（一）加强高效而创新的管理

体育特色小镇管理机构要小，管理上要精简，要用复合的管理机制，避免大布置。要加强城乡建设管理，加强去僵存新的机制设计。对于专门的人员、机构、管理方式，包括监管机制要有设计，突出高效和创新。体育特色小镇的体制机制要高效、要变革、要注重建设管理机构及管理方式的设计，这也是特色小镇规划的重要组成部分。

（二）强调多维度的综合规划

传统规划类型很多、内容很多，而体育特色小镇规划是横向多规合一、纵向多个层面规划的结合，是多维度、高度融合的综合规划。体育特色小镇规划不是传统意义上的空间规划，是综合社会和管理的规划。小镇本身也是各种规划的集合、整合。各部分综合规划内容需要在成果中明确表现出来。

（三）注重以特色为导向的规划

体育特色小镇规划应该在注重空间结构、基础设施的建设规划基础上，突出运动空间特色、体育产业特色等，进行以特色为导向的规划。要将有无特色作为评判体育特色小镇规划好坏的评价标准。

（四）精明收缩（精明增长）式发展

特色小镇建设应该走精明收缩（精明增长）的道路，避免建设规模过大，避免粗放式建设、快速式建设、一窝蜂式建设。应坚持紧凑布局和集约节约建设用地的原则，避免摊大饼式建设，要根据自身资源和产业基础及其分布情况，尽可能完善现有建设区。

（五）坚持建设标准适度超前

体育特色小镇建设要完善原有城镇功能，提升居民生活质量，高标准建

设，努力成为小城镇建设的示范和城镇化的新样板。坚持高标准发展，不再重复低质量城镇化，不能成为未来一段时间内又要拆迁和改造的对象，避免低质量的建设造成浪费。体育特色小镇要以不低于城市的标准来建设，要做到建一个成一个，建成经得起历史检验的百年老镇。

（六）注重实效的建设规划

体育特色小镇规划应避免出现重视规划末期终极蓝图的编制，而忽视近期建设规划的安排。应注重近远结合，尤其要保持近期建设规划的相对完整，注重实效的建设规划，合理定位布局，保证项目科学落地。体育特色小镇规划不是挂在墙上的规划，不是研究，而是实际可操作的规划，是设计、是施工图、是能指导建设的具体图纸和方案。

（七）以核心特色为重点

体育特色小镇规划是从一些有区位优势、有活力、有产业前景的核心特色进入的一个激活式的规划，要能够激活城镇活力，而不是一个以边界为目标的规划。以打造活力地区为引擎，要有产业，有带动项目。

（八）经济投入成本的测算

体育特色小镇规划要注重经济投入成本的测算，无论政府投入还是商业贷款，都要考虑本身资源条件对资本的承纳能力和偿还能力，要做好经济方面的核算和预算，这也是特色小镇规划的重要组成部分。

第十四章　体育特色小镇文化消费空间构建

本章以冰雪体育特色小镇文化消费空间构建为例，阐述体育特色小镇文化消费空间构建。国务院印发的《完善促进消费体制机制实施方案（2018—2020年）》中指出，要"积极培育'冰雪运动'体育消费新业态"。在此背景下，立足于消费空间视角，以冰雪文化作为空间消费品为切入点，针对我国冰雪体育特色小镇文化消费不足的问题，本章提出冰雪文化消费空间的概念。冰雪文化消费空间不仅具有经济、社会、文化的内涵特征，而且其体验化、商业化、休闲化、娱乐化的典型特征与文化艺术化、信息网络化、全球国际化等非消费要素相互共存，在空间消费活动中逐渐构建成宏观、中观、微观三个层面的空间体系。在空间生产语境中，本章基于"生产—消费"的逻辑，提出了将冰雪文化消费空间正式纳入"生产—分配—交换—消费"的过程，追求再生产的发展路径。

当前，我国已经进入了一个消费需求持续增长、消费结构加快升级、消费拉动经济作用明显增强的重要阶段。消费已经成为社会再生产过程中的重要环节，既是市场经济的主导因素，也是经济发展的主要牵引力。而由刺激消费促进生产增长、进而促进经济的繁荣发展，也已成为当今经济生活的普遍内在发展逻辑。特别是北京冬奥会的成功举办，促进了我国冰雪体育文化快速发展，冰雪体育文化发展前景好、市场空间大、带动能力强。我国现代冰雪运动历史悠久，但冰雪体育特色小镇的文化消费仍然处于发展阶段，适合开展冰雪文化的地域覆盖面不广，冰雪文化建设不强，冰雪文化消费的特

征未能在冰雪体育特色小镇中全面体现出来。这些对于我国发掘冰雪文化、促进体育特色小镇消费发展既是机遇也是挑战，更是一个崭新的重要命题。

第一节 冰雪体育特色小镇冰雪文化消费问题

一、我国冰雪文化建设处于发展阶段

2022 年 1 月，国家体育总局委托国家统计局开展的《"带动三亿人参与冰雪运动"统计调查报告》显示，全国冰雪运动参与总规模在 2021 年 10 月达到 3.46 亿人，"三亿人参与冰雪运动"从愿景变为现实。虽然冰雪运动呈现出前所未有的发展活力和潜力，但仍应看到"我国现代冰雪运动的发展尽管已经有上百年的历史，但是从整体上看我国冰雪文化发展仍然处于发展期，远未达到成熟期"。由此可见，对我国冰雪体育特色小镇冰雪文化丰富内涵的挖掘和消费空间的构建都极具研究空间，冰雪体育特色小镇空间发展和提升潜力巨大。

二、冰雪体育特色小镇冰雪文化内涵发掘不足

不同的地理环境和历史发展形成的地域文化、人文精神千差万别。我国北方地区多民族、多民俗，历史悠久，虽然冰雪文化群众基础浓厚，但对冰雪文化内涵的发掘明显不足，主要体现在三个方面。①体育特色小镇对地域冰雪文化深度挖掘不足。在开发冰雪文化产品时，过于注重产品表面形式，没有从精神需求层面考虑，忽视了对其文化内涵的深度挖掘。②体育特色小镇地域冰雪文化的重复性挖掘。冰雪文化项目规划多处于复制和模仿状态，未能形成地域文化特色。③体育特色小镇地方文化特色融入不足，尤其是地域文化与冰雪艺术、冰雪体育等的结合不科学，造成冰雪消费产品缺乏人文气息。

三、冰雪体育特色小镇冰雪文化认知差异影响消费

为了促进冰雪体育特色小镇文化消费，对独特的民族地域冰雪文化的了解至关重要。从地域上来说，冰雪体育特色小镇冰雪文化已经成为北方人日常生活中的一部分，人们重视冰雪环境的塑造、冰雪赛事的举办及文化景观的创新，对冰雪文化消费类型的要求高；对很多南方人来说，冰雪文化是新奇和陌生的，很多人渴望亲身体验冰雪文化并加深对其了解，但由于冰雪资源的缺乏以及时间空间的问题，很多人对冰雪体育特色小镇的文化消费可望而不可即。

四、冰雪体育特色小镇冰雪文化空间规划缺乏整体性

当前，国内不少具有冰雪资源优势的体育特色小镇都在大力发掘和建设冰雪文化，但冰雪文化的消费增长效果不甚明显。主要体现在三个方面。①地区冰雪文化品牌消费仍存在发展空间。地区冰雪文化项目规划虽颇具规模，但是仍然具有创新和发展的空间。例如，哈尔滨的冰雪文化（"冰雪大世界""冰灯游园会"等）和吉林冰雪文化（净月瓦萨国际越野滑雪节、吉林国际雾凇冰雪节）。②冰雪文化项目规划缺乏整体性。部分冰雪体育特色小镇各自为战，在冰雪资源开发、项目整体规划、经济资金利用及消费收入再利用等方面都存在着不同程度的差异。③冰雪体育特色小镇多元主体未能形成整体合力。在促进冰雪文化消费的过程中，仅强调了经济特征，忽略了社会、文化因素的作用。

五、盲目依托文化资源上项目，整体统筹规划不足

毋庸置疑，在体育特色小镇建设中积极挖掘当地文化遗产，合理依托文化资源，加强文化的生产，一定会促进当地社会经济的发展，这是体育特色小镇建设中文化生产的主要作用之一。但是，历史文化小镇建设中问题迭出，

缺乏长远规划，给今后体育特色小镇文化生产带来了警示。20世纪90年代，我国掀起旅游开发热，山西省太原市清徐县耗资6000万元人民币建造"三国城"，20年后衰败不堪，罗贯中故里已成尴尬，其中教训值得我们思考。①文化资源优势不明显。仅仅借助罗贯中故里的资源与江苏的三国影视城、湖北的中华三国城相比较，无论从环境、规模还是历史地理联系上来说，清徐三国城都处于劣势。②整体规划风格存在缺陷。清徐三国城是仿明清建筑，不符合汉魏历史原貌风格。③产权问题，招商却步。清徐三国城从建设初期就没有进行完整的统筹规划，从投资5000万元人民币开发，到再投入1000万元人民币进行配套设施建设，全部失败。其中西关村占用土地置换金的补偿历史遗留问题至今未能解决，严重影响了招商引资。因此，在体育特色小镇实践中，一定要注重对文化资源的认同度及其推广值的研究，在规划设计方案中，一定要做详细的考察和评估。

六、过于关注外部文化的植入，缺乏传统体育文化传承

从体育特色小镇的规划项目来看，基本上形成了对国外运动项目的倾斜性选择，对国内运动项目的选择极少。这种情况的出现，明显是移植了中国城市体育产业的典型思维，对国内大量缺乏现代体育文化土壤的小镇而言，能够顺利实现现代体育文化的融入是一个较为严峻的现实问题。

从规划的体育特色小镇运动项目来看，我国缺乏承载传统文化类型的运动项目小镇，而冰雪运动因为国家战略受到各地普遍重视，但大量布局的体育特色小镇，无论是小镇冰雪文化引入还是冰雪文化生产均存在一定问题。客观而言，当前体育特色小镇建设并没有认真思考适应性文化资本培养的要义，单纯考虑政策引导带来的隐形红利，当政府政策红利消失后，此类小镇的可持续发展必然受到文化缺乏的制约。我国体育特色小镇发展中，普遍存在的移植外来文化的问题，这已经引起了相关部门的重视。为此住建部明确划定三个红线，其中就包含不允许盲目照搬外来文化。

总的来说，当前我国对冰雪文化的研究较多，主要集中在产业发展、品牌提升、运营策略、文化旅游、传播媒体等方面，但是在促进我国冰雪体育特色小镇冰雪文化消费上的研究极少。2019年1月16日，国家体育总局和国家发展改革委联合发布《进一步促进体育消费的行动计划（2019—2020年）》，为了推进体育消费，满足人民日益增长的美好生活需要，推进体育强国和健康中国建设，行动计划中重点提出"拓展体育消费空间"的任务。因此，冰雪体育特色小镇空间如何成为消费品，冰雪文化消费空间如何构建，冰雪文化空间消费的竞争力如何增强，成为我国推动冰雪体育特色小镇健康发展，利用冰雪文化发展促进消费过程中亟待思考和解决的问题。

第二节 城市消费空间研究现状

一、国外学者对消费空间的研究

1960年以来，西方城市从工业生产型城市向后现代消费型城市转型，消费主义成为学术界探讨当代社会的新的中心范畴。消费空间在城市复兴和后现代消费中扮演了重要角色。国外对消费空间的相关研究主要体现在三个方面。①城市地理学方面。1958年贝瑞（Berry）基于消费者需求对中心地理论进行重建，1972年戴维斯（Davies）提出了"次级购物中心等级发展模型"。②城市社会学方面。西方城市社会学者对消费影响城市空间的问题非常关注，最主要的是新马克思主义的城市理论。1974年列斐伏尔提出了"空间生产理论"。③城市规划、城市设计和建筑学方面。城市设计和建筑学界的维克多·格伦（Viktor Gruen）、捷得（Jerde）、拉姆·库哈斯（Rem Koolhas）等研究了城市社会空间格局向旅游休闲目的地转型及消费导向型活动转变。由于后现代社会价值观的多元化，西方学者对消费空间的研究从最初的经济学逐渐

扩展到社会学、文化符号学、地理学、建筑学等多元领域，特别是新马克思主义的发展，为城市消费空间研究提供了新的观察视角和理论范式。

二、国内学者对消费空间的研究

目前，国内对城市消费空间的研究基本上延续了西方理论研究框架，在借鉴西方理论的基础上注重对中国社会现象的解析，充分展现了消费空间的新特征与发展趋势、建构过程与机制及在消费文化作用下的城市空间演变。这些研究主要集中在五个相关学科：①在城市地理学方面，柴彦威等立足于城市居民的休闲、消费行为，提出了居民对城市生活空间的诉求日益强烈，城市空间结构亟须调整；②在城市社会学方面，姜文锦等运用空间生产理论，以上海新天地为例，总结了旧城改造的空间生产过程；③在城市规划学方面，季松解析了消费文化对中国城市空间发展的影响因素和机制；④在城市设计方面，蒋涤非分析了城市消费空间化，提出了消费空间具有提高城市经济空间效益的价值等观点；⑤在建筑学方面，涌现了一些对特定区域消费空间、消费文化与建筑空间关系的理论研究，荆哲璐分析了城市消费空间的特征及其在城市更新中扮演的角色。

第三节　冰雪体育特色小镇文化消费空间的形成

在体育特色小镇空间内，冰雪文化在消费活动的作用下促进了内部功能的不断增加，出现了不同层次、不同类型的冰雪文化消费活动，并形成了承载着冰雪文化的典型消费活动空间单元。随着消费活动的迅速发展，越来越多的冰雪文化空间出现了复合多样的消费活动，空间本身也直接参与到消费活动过程中，冰雪文化空间作为消费对象成为消费品，冰雪文化空间消费规模不断增大、空间单元消费特征逐渐细化。

一、体育特色小镇文化资本化

体育特色小镇文化资本即为体育特色小镇中具有积极基本特性的，且能够带来经济、社会和自然价值的文化资源本体。在一定意义上注重小镇已存在的地域文化的资本意义，即历史的、现实、物质和人文精神所蕴含的无形财富，由此，形成了体育特色小镇发展的可持续动力。

（一）体育特色小镇建设中的文化资源

文化资源是体育特色小镇文化传承创新的核心，应深度挖掘体育特色小镇现有文化资源，使其最大限度发挥经济价值和社会价值。体育特色小镇体育文化建设就是将民俗风情、文化艺术、科学技术等元素融合为一体，以产品的形式包装成既具有传统文化、又具有特色文化的商品，充分体现其自然、历史和人才方面的特质。体育特色小镇体育文化建设如同打造商品的品牌，既可以提升小镇体育文化商品的市场竞争力，又有利于体育文化精髓的传承与创新。但是实现小镇体育文化传承和创新，首要目的是以文化资源的物态转换在坚持社会效益和经济效益共同发展的原则下，实现资源本身的升值，使其在文化资源区域发展中实现作用和功能的最大化。

（二）体育特色小镇建设中的文化资本化

文化资本化是对文化资源以市场运营管理方式进行有效运作和优化配置，并赋予资本属性，开发其潜在的经济价值，最后实现经济和社会的效益最大化。因此，在体育小镇建设中可追求体育文化传承创新的资本化，其意义主要体现在以下三个方面。第一，为文化传承提供经济保护。在体育特色小镇建设中，必然会遇到文化传承保护经费的问题，随着体育特色小镇建设的推进，文化传承对经济的依赖不断增加，如果只依靠自身力量，会使大多数文化面临自生自灭的窘境。经济与文化是不可分割的，文化传承与创新必须以强大的经济为支撑，要依托文化资源优势，促进文化资本化，推动体育特色文化资源传承。第二，为产业发展提供文化基础。资本化是产业化的前提和

基础，为了推动文化传承，形成体育文化产业，只有将体育特色小镇的文化资源转化为生产力，转化为文化资本，才能发现体育特色小镇的文化价值，更好地实现其社会经济效益，从而呈现体育特色小镇文化资本的增值潜力，吸引有实力且成熟的企业开发文化资源，有效整合文化资本，通过资本流通，促进体育文化产业发展。也可以理解为，在市场的作用下产生了体育特色小镇体育文化。第三，为文化创新提供运作机遇。体育特色小镇文化资本化的过程是实现与世界文化融合的过程，也是一个文化的再创造过程，同时，也是将不同的地域文化体系放入全国体育文化乃至世界文化体系的建设中。这是自身文化发展和提升的过程，更是体育特色小镇文化创新的运作机遇。

（三）体育特色小镇的文化消费

随着我国经济发展水平的不断提高，人们的文化消费水平日益增长，作为体育文化需求与特色城镇化发展共同融合的体育特色小镇建设的要点之一，空间成为全国范围内的研究热点。以体育文化为主题的体育特色小镇在全国不断产生和复制，以体育文化体验为主导的体育特色小镇建设得如火如荼，体育文化借助商品与符号的形式融入特色小镇空间生产，成为中国特色城镇化转型这一历史过程的重要组成。随着供给侧结构性改革的推进，体育特色小镇成为新型城镇化特色小镇建设中的新亮点，极大地丰富了社会物质产品，也极大地丰富了人们的生活方式、价值选择、审美观念，增强了文化认同。其强大的冲击力影响着地域传统的文化消费，甚至转移了文化消费需求的重心。体育特色小镇文化消费更是一种社会行为，受到区域文化与社会关系的影响，人们在小镇的文化背景、文化经验和文化理解作用下形成了不同的消费观，最后也决定了体育小镇文化能否传承与创新，并呈现繁荣且持久的消费。

（四）多元化体育文化融合发展模式

文化是体育特色小镇的基因之一，体育文化的传承与生产能够对体育特色小镇的发展铺垫认知基础、搭建情感平台和营造消费空间，从而促进体育

241

特色小镇的可持续健康发展。当前，体育特色小镇建设探索体育发展方式的转变，可以为体育事业改革提供新的突破口。体育特色小镇发展源于产业驱动，是创新体育产业发展的必然路径。体育特色小镇必然给群众体育和竞技体育提供新的参照，当体育特色小镇形成一定的品牌号召力后，群众体育参与和竞技体育表演等必然生发出新的发展模式。体育特色小镇的文化传承与生产，首先要实现其对既有的、传统的体育文化的传承任务，在传承体育文化的同时，也要关注其对体育文化某一方面的生产意义，这样才能形成稳固的文化资本。体育特色小镇在规划过程中对文化要素的打造，是持续推进体育特色小镇建设的重要步骤。

二、从冰雪文化、消费活动到空间消费品

（一）冰雪文化

通过查阅大量的文献资料发现，国内学者对冰雪文化没有形成统一的概念，虽然有些学者对冰雪文化的研究结论相近，但对其阐释并不相同。付振宇认为冰雪文化是地球上生活在高纬度人们在生产生活中形成的特有文化现象，它包括适应恶劣冰雪环境和利用开发冰雪资源的社会实践活动。殷亮和石晶认为冰雪文化是指长期生活在冰雪生态环境中的人们所采用或所创造的含有冰雪元素的精神财富和物质财富的总称。郑永梅认为冰雪文化就是指在冰雪自然环境中从事日常生活的人们，以冰雪生态环境为基础所采取的或所创造的，具有冰雪符号的生活方式。综合学者们对冰雪文化概念的论述，本书认为冰雪文化是对寒冷环境冰雪区域内人类社会生活和自然环境改造的总体概括，也是体现精神理念的"冰雪符号"。随着经济社会发展和精神文明生活的不断提升，冰雪体育特色小镇中的冰雪文化的内涵与特征也在不断更新。

（二）消费活动

《不列颠百科全书》中对消费的定义是"对物品和劳务的最终耗费"，从

字面上来看，消费是一种经济行为。20 世纪社会学和文化人类学的学者们认为，现代消费"是联结经济与文化的社会活动"。体育特色小镇消费空间中的消费内涵丰富，其特征与非消费要素之间形成了紧密而复杂的联系，这种联系深刻影响着小镇空间中人的消费活动，改变了小镇功能活动；而消费的可操作性又反作用于小镇空间，为消费活动转变提供了契机。体育特色小镇消费空间中的消费活动与小镇空间之间所表现出来的强烈互动效应也成为解析消费空间形态的重要途径。

（三）成为空间消费品

1. 从"空间中的消费"到"空间消费"

消费经济理论认为，空间既可以作为消费工具，也可以作为消费对象。空间中的消费指空间作为承载消费活动的消费工具；空间消费指用现实中可利用的资本和资源去交易，以换取对空间的体验、感受及占有，从而激活与之相关的空间体验。与此同时，空间消费品的生产者从这一交换中获取利润。随着休闲娱乐业、旅游业的发展，企业化和产业化方式的运营，冰雪体育特色小镇冰雪文化的资源、建筑、景观乃至无形的空间冠名权、经营特许权等，都逐渐变成商品性消费的对象——空间消费品，人们对冰雪文化空间中的消费逐渐转变为对空间消费品的消费——空间消费。

2. 商品化和市场化是空间消费的物质基础

空间的商品化、市场化催生出大量消费品的空间，为空间消费奠定了坚实的物质基础。崇礼太子城冰雪小镇承担北京 2022 年冬奥会张家口赛区核心区配套保障功能，提供冬奥颁奖、贵宾接待、交通换乘、休闲娱乐等服务。崇礼太子城冰雪小镇涵盖会展酒店组团、文创商街组团、国宾山庄组团三大功能。其中，会展酒店组团主要包括国际会议中心、会展中心、冰雪会堂、洲际酒店等，可承担世界级论坛主会场等功能；文创商街组团主要服务于小镇生活配套，提供开放式商业街区、精品民宿酒店、各具风情的餐饮酒吧等，并搭配大型沉浸式体验展览；国宾山庄组团以高端酒店为主，提供高规格酒店

住宿接待服务。此外，该小镇引入绿色能源慢行有轨电车线路，北起太子城遗址公园，南至会议中心站，共设 6 个车站。坐落于文创商街组团的冬奥颁奖广场还将作为太子城高铁站的站前广场，起到重要交通换乘功能。

3. 冰雪文化消费从小镇空间中的消费独立出来

消费社会的演进改变了大众日常消费理念，消费者的消费已经不仅仅是为了获得某种实物，更多的是为了满足"难忘体验"的消费需求。从此，消费者的需求重心明显由大众化产品向独具特色的个性化产品转变，消费活动也不再是简单的休闲娱乐，而是更能凸显个性的深层体验。因此，作为冰雪体育特色小镇文化空间中的物质文化和精神文化成为独特空间消费品，冰雪文化的形态、氛围、场景均成为体验消费对象。从此，冰雪文化消费从小镇空间中的消费中分化独立出来。

4. 冰雪文化使小镇空间消费的广度和深度日渐加大

旅游休闲地理学的研究表明，冰雪文化旅游是一种复合型体验式消费，它既包含了冰雪空间中的消费，如享用体验馆、影视馆，会展厅、演示厅、酒吧、购物和美食等，也包括了冰雪文化空间的消费，如游览冰雪雕塑、自然景点等。与休闲度假性的旅游方式相比，冰雪文化空间消费更体验化和多元化，促进了文化、传统、风俗、购物、休闲等各种类型的消费活动，使冰雪文化空间成为重大事件（例如吉林净月瓦萨国际越野滑雪节、吉林国际雾凇冰雪节）消费活动集聚区，空间内无可替代、无法复制的情调和氛围更是消费者消费体验的重要对象。

三、冰雪文化消费空间

消费空间是承载着消费活动的空间。既涵盖了空间中的交换，也强调了空间中存在着的对消费品在场性的使用和耗费。消费空间不仅是消费活动发生的物质场所，也是叠加在消费地之上的各种社会关系所建构的意义空间，消费空间能够实现人们文化生活与消费行为的有机结合，在提高人们生活水平、促进消费增长方面发挥了重要作用。因此，冰雪体育特色小镇文化消费空间是消费者为实现冰雪文化娱乐体验和休闲服务为目的的消费行为的空间。冰雪体育特色小镇文化消费空间的内涵是在经济、社会、文化的共同作用下体现的。

现代意义的消费走向大众化，正式成为"经济生活、文化生活与社会生活的连接点"。冰雪文化消费空间的最大特征是由被动适应消费需求转向积极制造消费需求、引领消费时尚，辅之以现代传媒的大量复制、传播。这一方面标志着冰雪体育特色小镇文化消费对经济发展的作用力进一步增强，成为消费空间再生产的关键条件；另一方面也标志着冰雪体育特色小镇文化消费的物质性进一步弱化，文化和社会特征进一步增强，消费者所消费的不仅仅是消费品本身，而是被刻意生产和塑造的具有象征意义的"符号化"的社会和文化内涵（如图 14-1 所示）。

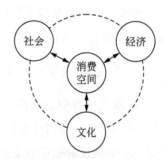

图 14-1　冰雪体育特色小镇文化消费空间的内涵关系

（一）经济内涵——拉动空间生产的主要动力

消费活动是社会经济运行过程中一个不可或缺的环节，能够促进或阻碍生产的发展。冰雪体育特色小镇文化消费空间自出现开始就具有了经济内涵，其消费与生产之间存在着某种张力，并且这一经济内涵随着消费空间的发展而不断增强。2017 年、2018 年冰雪季，我国冰雪旅游人数达到 1.97 亿人次，冰雪旅游收入约 3300 亿元人民币，分别比 2016 年、2017 年冰雪季增长了16%、22%。预计在 2021 年、2022 年冰雪季，我国冰雪旅游将带动冰雪特色小镇、冰雪文创、冰雪运动、冰雪制造、冰雪度假地产、冰雪会展等，相关产业的产值可达到 2.92 万亿元人民币。

（二）社会内涵——创造个人身份、带动小镇发展

波德里亚（Jean Baudrilltard）指出，在当代西方社会，消费越来越被视

为直接满足人们欲望的一种活动，这种欲望代表了消费者希望自己成为某一类人的愿望，以及想要创造、模仿或者获得某种生活方式和形象的愿望。冰雪体育特色小镇文化消费空间也是如此，其社会内涵主要体现在两方面。一方面，冰雪体育特色小镇文化消费活动能表现出个人的品位、收入、地位等，并且能够调整社会关系，为创造"共同身份"提供了可能。另一方面，消费空间吸引了大批消费者，既带来了外界的新观念、新思想，也带来了无限的商机和财富；既带动了小镇的就业，也带动了社会的快速发展。例如，在哈尔滨冰雪大世界每年经营期间就创造了近千个就业岗位，拉动相关周边产业200亿~300亿元人民币规模。

（三）文化内涵——文化意义实践活动的消费

"在现代世界中，消费完全是一种文化现象"，"在许多场合，消费本质上就是一种文化"。冰雪体育特色小镇文化消费空间内冰雪与消费能够紧密联系起来。一方面是被赋予意义的冰雪资源。冰雪是物质，其本身没有消费价值，但在体育特色小镇空间内，经过人们以各种形式生产冰雪成为消费品，同时也具有文化内涵和传播功能。另一方面源于消费者逐渐脱离物品本身，转向带有文化目的的使用。冰雪体育特色小镇文化消费空间通过美化改造和广告渲染等方式进行大量系统的"意义转移"，进一步将文化意义从文化世界中转移到具有消费价值的冰雪文化上。

四、冰雪体育特色小镇文化消费空间的特征

当前，人类社会中，人们的观念和行为已经随着消费能力的提升而改变，对冰雪文化消费的需求也提出了更高的要求，承载着更多公共空间的典型消费功能，作为空间体验的一部分呈现出非消费活动要素的特征。

（一）冰雪体育特色小镇文化消费空间的典型消费特征

波德里亚以符号学为切入点，从人们对物的消费中，看到了蕴藏其中的

"符号意义"。他坚持从个人与物品间的关系看待消费与需要，突出消费对日常生活实践的重要作用。随着现代消费内涵的丰富促进了开放性消费的增加，同时也推进了冰雪体育特色小镇文化空间典型特征的体验化、商品化、休闲化、娱乐化发展。

1. 体验化

体验化是冰雪体育特色小镇文化消费空间的显著特征。追求体验已经成为 20 世纪末和 21 世纪初消费文化的决定性因素之一。随着社会经济的发展、国民收入的增长，以及人们对美好生活的向往的增强，我国进入到体验经济时代，消费者的关注点先后转移到精神和情感上的体验。新的机遇促使空间发展紧随着体验经济趋势，新的需求推进了消费者观念的改变。因此，我国冰雪体育特色小镇文化消费空间为了实现可持续发展必然要具备体验化的特征。例如，石家庄市鹿泉区的西部长青冰雪小镇打造极强体验 IP，让消费者滑行跳跃、肆意驰骋，体验冰雪运动的速度与激情。

2. 商品化

商品化推进了冰雪体育特色小镇文化消费空间的生存发展。现代消费中，消费品的商品性是拉动生产的主要动力，而且能够为生产者带来经济效益，这从某种程度上引导了冰雪体育特色小镇文化消费空间的商品化。在一定消费空间内，私人消费能够促进社会生产力发展，却不足以支持公共消费品的存在；反之，社会公共消费的过度增加会导致个人消费的减少，降低私人消费的质量，完全社会公共消费往往会因公共产业资金短缺而导致运转受阻，也会降低公共消费的水平。因此，在冰雪体育特色小镇文化消费空间内，将部分公共消费品商品化并转由市场来生产和经营促进商品性消费，可以获得大量利润来推进消费空间的生存发展。

3. 休闲化

休闲化是冰雪体育特色小镇文化消费空间的重要组成。当代社会既是一个消费社会，也是一个休闲社会，对大众而言，休闲是生活的重要组成部分，

人们为了追求美好生活会自由选择休闲，享受休闲被看作现代生活的必要权利。因此，消费与休闲是冰雪体育特色小镇文化消费空间的两个重要因素，两者密不可分。一方面，冰雪文化的休闲不再是物质匮乏时代的极少数人的消遣活动，也不再仅局限于滑冰、滑雪之类单调的冰雪运动，新内涵、新形式、新形态的冰雪文化休闲活动不断出现，丰富了消费空间；另一方面，冰雪体育特色小镇文化消费本身就是为了追求休闲，在空间中放松身心，张扬个性，顽强斗志，力臻完美，感悟美感。

4. 娱乐化

娱乐化是冰雪体育特色小镇文化消费空间的体现。消费活动快速发展，冰雪文化产业与民俗冰雪运动相融合丰富了冰雪文化消费空间特征，民俗和艺术的渗透增添了空间的娱乐性。从此，冰雪文化消费空间进入了普罗大众的文化消费范畴，并积极以其生动的娱乐性体验吸引大众参与消费活动，甚至高雅文化也成为大众观赏和娱乐、体验的消费对象。例如，2018年，五棵松华熙 LIV·HI-SNOW 雪乐园企鹅嘉年华的活动针对主要受众设置了冰滑梯、棉花糖 DIY、陀螺椅、儿童脚踏旋转车、整点飘雪秀、雪地寻宝、自由戏雪的娱乐性活动。

（二）冰雪文化消费空间与非消费要素的相关性不断增强

随着人们消费需求的提高，冰雪体育特色小镇文化消费空间也不局限于冰雪文化娱乐体验和休闲服务（如休憩、冰雪文化表演、冰雕雪雕、冰瀑艺术展览等）的典型消费特征，而是通过细分空间单元类型、增大空间消费规模、增强空间内部功能的非消费活动丰富空间内涵，这些不同层次、不同类型的非消费活动要素与消费活动紧密联系，共同构建了复合功能冰雪文化消费空间。

1. 文化艺术化成为提高冰雪体育特色小镇文化消费空间价值重要手段

在冰雪文化消费空间中，冰雪文化与消费活动是紧密结合在一起的。一方面，现代消费走向大众化，人们对冰雪运动的需求逐渐转变到对文化产品

的需求；另一方面，冰雪文化消费空间被艺术化后提高了价值评估的比重。冰雪传承文化（冰雪风俗、冰雪风情生活文化）和冰雪艺术作品（冰雪雕塑、冰雪书画、冰雪文学）丰富了冰雪文化空间的内涵。例如，太舞滑雪小镇以"运动"为核心，形成"夏季户外、冬季滑雪"运营模式，在举办各类冰雪赛事和夏季户外山地运动的同时，注重文化艺术软实力打造，举办酷雪摇滚音乐节、太舞山地艺术季、交响音乐会等主题艺术活动，成为集时尚运动、精品文化和休闲于一体的世界级四季文化度假旅游体育休闲小镇。

2. 信息网络化为冰雪体育特色小镇文化消费空间发展另辟蹊径

信息网络化使手机、计算机、互联网等成为大众生活中不可缺少的一部分，人们可以足不出户通过互联网获悉各类冰雪文化活动的信息，全面了解冰雪文化内涵、活动时间、地点、价格、交通及周边服务设施等，提前预订或购买门票、酒店、餐饮等消费活动，虚拟的数字世界也成为冰雪文化消费空间的一部分。为助力北京冬奥会，齐齐哈尔市委网信办通过开展"我为冬奥加油"祝福视频接力、"鹤城冰雪季助力冬奥会"、"冰情雪趣燃鹤城话题挑战赛"、"e起嗨冰雪"网络达人看鹤城、"赏冰乐雪"短视频展映等内容丰富、形式多样的"冰情雪趣燃鹤城"系列网络宣传活动，充分展示了齐齐哈尔冰雪旅游、冰雪体育、冰雪文化的独特魅力。其中，微博、抖音等新媒体平台共发布祝福冬奥短视频 36 期，多平台转发各类稿件 6300 余条（次），微博话题总阅读量 7286 余万次，抖音话题总阅读量 1700 余万次。由此可见，移动互联产业与在线冰雪旅游产品的特征高度吻合，有力促进了冰雪文化空间消费。

3. 全球国际化将冰雪文化消费空间推向世界

冰雪体育特色小镇文化消费空间的全球传播也被视为文化全球化的一部分。"商品和消费时间的意义不再固定或受限于地区，而是跨越空间流动、断裂且变动。"西方国家的消费模式被带到我国，经过复制和创新，促进了我国冰雪文化消费空间国际化发展。如：太舞滑雪小镇位于世界滑雪黄金带，是我

国目前规模最大的综合滑雪度假区，并拥有国内目前最大的初级滑雪区，目前建成雪道 31 条。太舞滑雪小镇是国内首个四季度假全运营滑雪小镇，冬春滑雪，夏季户外，秋季赏景。崇礼是首个引入国际酒店管理品牌的滑雪小镇，包括凯悦、万豪、Clumed 等；并引入国际 A 级滑雪赛事，从此奠定崇礼太舞滑雪小镇冰雪旅游的国际性地位。富龙四季小镇国际度假区拥有滑雪场、滑雪大厅、四大酒店集群、养生温泉、体育公园、山地自行车技术公园、欧式建筑商业街、地下商业街、儿童乐园、1 万平方米观赏湖、音乐厅、图书馆、天文馆及各种餐厅咖啡厅等各种业态。旗下的富龙滑雪场造雪面积超百万平方米，共设有 42 条雪道，是崇礼唯一一家常态化开放夜场和实现住宅与滑雪道无缝对接、真正滑进滑出的滑雪度假区。最具艺术气质的多乐美地度假小镇，肇始意大利、深耕崇礼十七载，目前拥有初、中、高级道 8 条，并建设有时尚前卫的雪地公园、森林追逐道和儿童乐园等多种滑雪娱乐区。同时，多乐美地还吸引了来自世界各地的创作者们，将艺术人文融入自然生态，丰富人们对雪国崇礼"不止于白"的想象。

第四节　冰雪体育特色小镇文化消费空间体系的构建

在体育特色小镇范围内，空间实体的产生、形成和发展都具有特定的发展模式，各物质要素的空间分布会因为地理环境改变而产生不同的空间形态。我国冰雪体育特色小镇文化消费空间不论是从宏观、中观到微观，还是从功能定位、空间结构到冰雪景观、重要地段乃至特征要素，都会受现代消费的影响而产生巨大或细致的变化。因此，构建冰雪体育特色小镇文化消费空间体系成为科学合理开发冰雪文化空间、促进消费的必要工作（如图 14-2 所示）。

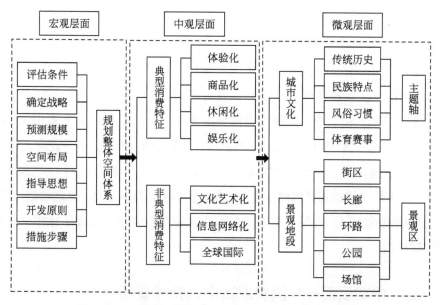

图 14-2　冰雪体育特色小镇文化消费空间体系构建

一、宏观层面——规划整体空间体系

冰雪体育特色小镇文化消费空间体系是地域空间内经济、社会、文化核心要素的空间投影及空间关系的总和，它决定了冰雪文化空间消费的效益，同时也决定了空间各构成要素关系的合理性和有效性。所以，体育特色小镇空间内的自然、社会、经济和技术发展条件决定了冰雪文化消费空间体系的整体设计，在此基础上，通过制定冰雪文化空间发展战略、预测空间发展规模、选择空间布局和发展方向、提出规划指导思想和开发原则、制定实施规划的措施和步骤等过程，规划整体消费空间体系。由于地域空间的冰雪资源、地理位置、现状条件、规模战略各不相同，整体规划工作的内容应根据实际情况做出调整。因此，消费空间的整体规划要充分利用地域空间的资源基础，以消费空间开发结合地域问题解决为主，促进空间开发与地域建设协调发展。

太舞滑雪小镇属于具有北美风情的四季运营的滑雪度假小镇。位于河北省张家口市崇礼区北京冬奥会张家口赛区核心区内，太舞滑雪小镇紧邻太子

城站，距离张家口 50 千米，距离北京 188 千米。小镇由张家口崇礼太舞旅游度假有限公司投资兴建，太舞滑雪小镇项目总用地面积 40 平方千米，投资总额超过 200 亿元人民币，是中国规模最大的综合滑雪度假区，由加拿大"ECOSIGN"公司整体规划。小镇规划造雪面积 400 公顷，雪道 200 条，总长度 138 千米。初、中、高级雪道黄金占比 3∶4∶3。同时规划索道 45 条，魔毯 21 条，总长度 38.23 千米。太舞滑雪小镇分为两大营地。第一营地：营岔、太子城、枯杨树区，建设综合性滑雪服务设施。第二营地：上、下水泉及窑子湾区，此区域雪场规划更偏向于中等级别，提供俱乐部式服务。该地形成了高、中、低档消费空间，满足了更多民众冰雪文化消费需求，发挥了冰雪文化消费空间作用。

二、中观层面——消费逻辑中的特征要素

冰雪文化消费空间的规划布局是对经济、社会、文化等基本元素的主动建构，空间规划布局是消费活动的重要部分，它的发展遵循着消费逻辑，因此，冰雪文化消费空间的形态也是微观层面的。一方面，冰雪文化消费空间要承担更多公共空间的典型消费功能；另一方面，作为空间体验的一部分，还要呈现出非消费活动要素的特征。

作为 2022 年北京冬奥会雪上项目举办地之一，张家口市崇礼区域内共有雪道 169 条、总长 162 千米，其中 15 条雪道通过国际滑雪联合会认证，直接或间接从事冰雪产业和旅游服务人员达 3 万多人。该地处于北京冬奥会核心区，借助冬奥会红利促进了太舞滑雪小镇冰雪产业发展，主要体现在四方面：一是合作资源增多，视野扩大；二是旅游资源整合提升；三是产业人口素质提升；四是助推滑雪场产品变化。近年来，国家经济发展提质、人民生活水平日益提高，全民旅游消费的拐点已经到来，滑雪人口迅速增多，冰雪经济顺势成为旅游经济升级换代的主力，滑雪产业将迎来发展黄金期。北京冬奥会期间，太舞滑雪小镇将承担重要住宿和餐饮保障任务，所有酒店和餐厅都将为冬奥会服务，主要涉及 10 个酒店、2300 个床位。除此以外，太舞滑雪小镇还承担

部分工作人员和志愿者住宿和餐饮保障，涉及 5000 人左右。

三、微观层面——消费掌控了小镇文化和景观地段

冰雪文化消费空间体系在微观层面更趋于显性和直观。一方面，极力打造体现传统文化、民族特点、风俗习惯、体育赛事等城市文化为主题轴的冰雪文化消费空间；另一方面，充分利用城市街区、长廊、环路、公园、场馆等不同区域优势打造冰雪文化景观区，以此促进消费。同时，冰雪文化消费活动也"掌控"了地域文化、区域景观和重要地段的发展。

太舞滑雪小镇内共拥有凯悦、Clumed、威斯汀源宿、雪麓居等 8 家不同级别的知名品牌酒店，同时包含山地温泉 SPA、KTV、院线小剧场、北美商街等娱乐设施。丰富完善的生活配套，让游客享受到便捷、舒适的度假环境。小镇毗邻太子城金代遗址公园和太子城冰雪小镇，太子城冰雪小镇内部涵盖冬奥颁奖广场、冰雪会堂、国际会议中心、会展中心、国际度假酒店群等配套内容，双镇并联的形式可为游客提供更具有国际范的高端假期体验。随着 2019 年 12 月 30 日京张高铁开通，终点站太子城站距小镇门口仅 500 米。游客到达小镇仅需 1 小时，并可为游客提供换乘服务，2020 年 1 月 23 日京礼高速开通，游客可自驾从北京直达小镇，进一步促进了太舞滑雪小镇冰雪文化消费。

第五节　冰雪体育特色小镇文化消费空间的发展路径——纳入社会再生产

一、从"空间中的生产"到"空间的生产"

法国新马克思主义哲学家列斐伏尔于 1970 年提出了"空间的生产"理论，他认为"今日，对生产的分析显示我们已经由空间中事物的生产转向空

间本身的生产"。对冰雪文化消费空间而言,其"空间的生产"中的空间不再是承载生活活动的场所,而是作为一个整体进入生产模式,生产和消费成为社会生产过程中不可或缺的环节。也就是说,冰雪体育特色小镇文化的空间消费与空间生产是密不可分的。因此,冰雪文化消费空间完全可以作为消费品,被刻意生产出来,再纳入分配、交换、消费环节,以市场需求和竞争力为导向,以获取利润为目标,完成冰雪体育特色小镇文化空间的再生产,进一步推动冰雪文化空间生产的深化,促进空间消费。

二、冰雪文化消费空间以直接被消费的方式产生利润

古典经济学指出,一切经济活动的目的是消费,消费品只有被消费才能够产生利润。因此,为了拉动对冰雪文化消费品的消费,先要将冰雪体育特色小镇文化空间看作消费品直接被消费产生利润,再吸引来更多的消费者,增加空间中消费活动的数量,获得更高的利润,最终吸引更多的资本投入,由生产性的物质空间扩展向消费性物质空间。所以,冰雪体育特色小镇文化消费空间可以通过不断地被消费和再生产而持续发展。当前,哈尔滨冰雪大世界就充分体现出了经济理念。据统计,哈尔滨冰雪大世界连续举办了19届,累计接待国内外游客超过1500万人次,近3届的门票平均收入超过3亿元人民币,它所带来的巨大利润成为哈尔滨冰雪大世界空间生产的主要依据。

三、空间消费品转化为生产要素再产生利润

生产要素是现代西方经济学的一个基本范畴,包括劳动力、土地、资本和企业家才能四种。优良的消费品不仅能够以直接被消费的方式产生利润,还能进一步转化为生产要素,产生更多的利润。想要冰雪体育特色小镇文化消费空间更大范围地实现空间再生产,应发挥冰雪文化内涵的作用,利用现有的人力和物力,全力打造具有城市品牌效应的冰雪文化消费空间,提升吸引资本的能力,增强资本的投资信心,为空间吸纳资本和吸收人才,在促进

空间生产的同时强大空间的消费力，创造出更大利润。

四、冰雪文化作为消费品构建消费空间

在空间生产语境下，冰雪体育特色小镇文化消费空间不再仅是生产场所和消费工具，而是正式纳入"生产—分配—交换—消费"的过程，它或通过被消费产生利润，或通过吸收生产要素（资本、人才）提升消费能力。冰雪文化消费不再是简单的利用空间，而是基于"生产—消费"的逻辑发展冰雪文化空间，刻意将冰雪文化空间作为消费对象生产出来，并促使其被消费产生利润。因此，冰雪体育特色小镇文化消费空间是有意识地被构建出来的，空间生产和空间消费的共同推动，不仅让空间生产成为消费品，而且成为被精心生产出来的消费品，更应该是能够产生利润的消费品，最终达到满足人们对冰雪文化消费需求的目的。

五、空间消费品呈现出冰雪文化资本化

冰雪体育特色小镇的发展借助产业发展的红利，形成地方性的视觉符号，表现为冰雪文化活动的引入、冰雪运动设施的建造和冰雪运动体育组织的发展等。冰雪文化产业项目的引入，必须结合当地特殊的地理条件和人文环境，经过对产业结构、区域条件、人居环境等多元化、网格化要素融合，形成新的文化结构、文化模式及其适应的社会形态，从整体构成一种城市文化资本的要素。从现有成熟的冰雪文化体育特色小镇来看，对消费者的引导主要源于其文化资本的外部认同。当冰雪文化体育产业和地方视觉形成联通，就会生成一种稳定的要素，引导消费者对此类文化进行主动接触，从而形成一种精神纽带、共同体验和情感认同。

第十五章　体育特色小镇规范健康发展之路

2021 年 9 月 27 日，国家发展改革委等十部委联合印发《导则》，对体育运动类小镇提出规范性要求，鼓励发展 8 类体育项目，培育体育多种业态，打造体育消费区域空间，科学配置公共服务设施。作为适应经济新常态、新型城镇化及破解小城镇发展滞后等问题的一个新平台，体育特色小镇是我国体育产业跨界融合的产物，是新型城镇化发展的结果，是适应新时代特色小镇发展的新模式，为我国经济社会发展注入了新的动力。近年来，各地区体育特色小镇建设呈现多元化发展，涌现出一批精品体育特色小镇，促进了经济转型升级和新型城镇化建设，但也出现了部分体育特色小镇概念混淆、内涵不清、同质化等问题。进入新发展阶段，亟须对体育特色小镇规范健康发展的内涵和窘境进行深入研究，构建保障路径，为体育特色小镇建设提供有力支撑。

第一节　体育特色小镇规范健康发展的内涵

一、规范健康发展势在必行

"十四五"规划期间是推动我国体育事业高质量发展的关键 5 年，面对新形势、立足新阶段，人民群众因对美好生活的向往而对体育发展提出更高的

要求。体育特色小镇的建设是创新实践中国特色体育发展道路、大力发展体育产业、实现新型城镇化及城乡统筹发展的有效举措。尽管创建体育特色小镇已经成为国家战略,成为经济转型升级的重要抓手,全国各地出现体育特色小镇建设的热潮,但也要清醒地看到,当前我国体育特色小镇建设正处于探索阶段,实际建设与最初设计有一定出入,盲目立项、过度房地产化等因素影响着体育特色小镇的有序健康发展,导致小镇的发展偏离了正确的方向。体育特色小镇多产业协调发展的程度还比较低,缺乏多种产业的进入和融合发展;一些地区存在行政手段过度干预的情况,不利于体育特色小镇产业经济的健康运行,也影响了体育特色小镇产业集群市场长远发展,无法实现体育产业集群所体现的经济增长优势。体育特色小镇在政策规划初期,投资对鼓励产业发展会有明显的推动,但发展到一定阶段后,由于缺乏特色产业支撑,就容易陷入旧的经济发展模式。政策的监督落实机制不健全,大量发布的政策文件并没有完全落实到建设中,难以实现政策效益的最大化;政策法规体系和创新协调发展机制不完善,难以突破新型城镇化和乡村振兴战略实施的权力条块,政策的诠释出现偏差及政策执行与实施不到位。一些地方政府盲目规划小镇规模,小镇建成之后,经济效益低,无法达到预期的建设目标;一些地方政府为了追求速度和政绩,脱离本地区的实际能力,举债搞体育特色小镇建设。重数量、轻质量的开发模式不仅对生态环境造成了严重破坏,还浪费了有限的自然资源。由此可见,面对体育特色小镇建设过程中的发展定位、政策执行、产业质效、规范管理、底线约束等问题,规范纠偏势在必行。提高监管和考核力度、确立完善管理体制、构建政策法规体系,是确保体育特色小镇可持续发展的重要保障;创新投融资模式是体育特色小镇建设的重中之重,这关系到小镇建设资金的公平正义问题,决定着小镇建成后的运营和治理等长远发展。加快推进各部门政策的执行与协同配合,规范利益主体行为。积极防范建设过程中可能出现的各类潜在风险,寻求降低风险或规避风险的防控措施,对我国体育特色小镇建设具有重要的理论意义和现实紧迫性。

二、规范健康发展的内涵

我国体育特色小镇建设必须要走上规范健康发展之路。规范是体育特色小镇发展的前提，在规范的基础上发展才是符合体育特色小镇长期健康发展的正确道路。一方面，体育特色小镇是新生事物，国家高度关注，发布指引性和规范性文件。2020年9月，国务院办公厅转发国家发展改革委《关于促进特色小镇规范健康发展的意见》（以下简称《发展意见》），为体育特色小镇发展提供了基本遵循，明确了总体要求和政策取向，为清晰界定体育特色小镇内涵和发展定位、加强顶层设计、健全激励约束和规范管理机制、引导政府和市场有序有效推进体育特色小镇高质量发展，为扩大内需和新型城镇化建设提供了有力支撑。《导则》是对《发展意见》的细化落实，明确了操作性要求，为推进体育特色小镇规范健康发展提供了普适性指引、规范纠偏依据以及借鉴经验。另一方面，体育特色小镇是现代经济发展到一定阶段的产物，现实问题突出，学术界对此也展开了积极探讨。2017年以来，一些体育特色小镇出现一哄而上、盲目发展的问题。国内学术界在对体育特色小镇的概念内涵进行界定的前提下，确定了体育特色小镇在推动经济转型升级和新型城镇化建设中的重要作用，明晰其具有经济高质量发展的新平台、新型城镇化建设的新空间、城乡融合发展的新支点、传统文化传承保护的新载体等主要功能，并从体育特色小镇发展的主要任务出发，在其制度管理、约束治理和激励机制等方面指明了路径和方向。因此，应以国家指导性和规范性政策文件为依据，以国内学术界对体育特色小镇建设研究成果为借鉴，从现实、管理、发展、实践、治理五个维度来解析体育特色小镇规范健康发展的内涵：建设体育特色小镇要坚持以人民为中心，准确把握发展定位；落实国家相关部门文件，深化细化管理制度；贯彻坚持新发展理念，推动高质量发展；突出问题导向，强化规划纠偏工作；统筹发展与安全，提升风险防范能力。在此基础上，实现体育特色小镇规范健康发展。

三、规范健康发展内涵的五个维度

（1）现实维度。坚持以人民为中心，准确把握发展定位。习近平总书记指出："推进任何一项重大改革，都要站在人民立场上，把握和处理好涉及改革的重大问题，都要从人民利益出发谋划改革思路、制定改革举措。"坚持以人民为中心，是中国共产党的初心和一贯追求，也是建设中国特色社会主义的根本宗旨。推进体育特色小镇建设，需要做到为了人民、依靠人民，建设成果由人民共享。体育特色小镇规范健康发展要从人民群众的根本利益和实际需求出发，以满足人民美好生活需要为使命，以人民群众对美好体育生活新期盼为指导，以不断增进全体人民的体育福祉为价值导向，准确把握体育特色小镇发展定位和内涵，切实解决体育特色小镇建设进程中人民群众最关心、最期待、最现实的问题。

（2）管理维度。落实国家相关部门文件精神，深化细化管理制度。《发展意见》中明确要求体育特色小镇建设要严守"五条底线"，即要严格节约集约利用土地、严格控制高耗能高污染高排放企业入驻、严防地方政府债务风险、严控房地产化倾向、严守安全生产底线。《导则》在进一步明确"五条底线"的基础上，强调要加强对特色小镇建设的动态监管，有效防范各类潜在风险，确保不突破各项红线底线。此外，《导则》对多项要求都明确了量化指标，为各地区开展规范纠偏提供了普适性和操作性的指引。《导则》在发展定位、空间布局、质量效益、管理方式、底线约束等方面提出了22条具体要求，在建设边界、风貌形态、投入强度、质效水平、创新活力、房住不炒等方面设置了13项具体指标。由此可见，落实国家发布的指导性和规范性文件，深化细化管理制度，才能确保体育特色小镇在规范健康发展道路上稳步前行。

（3）发展维度。坚持新发展理念，推动高质量发展。党的十九届五中全会明确提出，"十四五"时期经济社会发展要"以推动高质量发展为主题"，这也是体育产业发展、体育特色小镇建设必须遵循的。坚持贯彻创新、协调、绿色、开放、共享的新发展理念，并将其融入体育特色小镇建设全过程和各领域中，立足高标准、严要求，确保质量第一、效益优先，体现投入强度够、

质效水平高、创新活力足、低碳效应强的导向。同时，立足地方实践，综合各地区体育特色小镇现状及趋势，体现实事求是、积极稳妥的导向。

（4）实践维度。坚持问题导向，强化规范纠偏工作。要科学研判体育发展面临的新形势，坚持问题导向，聚焦重点领域和关键环节，深化改革创新，不断开创体育事业发展新局面。近5年来，我国体育改革虽然取得了一系列显著成就，但体育特色小镇建设的发展定位不清晰、主导产业孱弱、潜在风险监管不力等问题依然突出；一些地区出现的面子工程、政绩工程、房地产化等乱象屡见不鲜，规范纠偏工作复杂繁重。这些问题的存在迫切需要科学研判体育特色小镇发展面临的机遇和挑战，故而规范纠偏性文件、规范纠偏机制和典型引路机制必须紧跟体育特色小镇健康发展的脚步，坚持问题导向，在建设中大力规范纠偏。

（5）治理维度。统筹发展与安全，提升风险防范能力。"十四五"时期，体育需要立足新发展阶段，贯彻新发展理念，构建新发展格局，统筹发展与安全，增强机遇意识和风险意识，在危机中育先机，于变局中开新局，在迈向全面建成社会主义现代化强国新征程中奋勇前进。体育特色小镇规范健康发展要认真汲取体育领域安全生产的深刻教训，深入贯彻国家总体安全观，牢固树立安全发展理念，强化底线思维，坚持规范健康建镇，高度重视各类潜在安全风险的有效防范，确保不突破红线底线；要强化安全监督检查，提升安全管理水平，统筹加强体育特色小镇建设全过程监控、全环节管控和全生命期管理。

第二节　体育特色小镇规范健康发展的现实审视

一、现实窘境——体育特色小镇发展定位偏离方向

2016年，"体育健康特色小镇"的概念首次出现；2017年5月，"运动休闲特色小镇"的概念首次在国家层面明确提出，即"体育特色小镇"。自此，

我国体育特色小镇建设发展方兴未艾。近年来，我国各省市稳步推进体育特色小镇建设发展，涌现出一批产业特色鲜明、要素集聚、富有活力的体育特色小镇；但同时也有部分地区一拥而上、盲目发展、勉强复制，暴露出体育特色小镇概念不清、千篇一律、主题定位特色不足、发展定位不够清晰等问题。2019年9月，国家发展改革委同住房城乡建设部、农业农村部等11个部门组建调研组，对错用概念或质量不高的"问题小镇"实行了淘汰整改措施，其中包括"行政建制镇""虚假小镇""虚拟小镇"等。2020年6月，国家发展改革委再次公布了十多个关于"虚假特色小镇""虚拟特色小镇"和触碰红线的特色小镇警示案例。

二、管理窘境——管理方式不规范，多环节存隐患

对照《导则》，体育特色小镇管理方式的不规范阻碍了其健康发展。①建设方案编制过程欠缺科学论证，影响方案的适应性。机构构建、编制程序、相关事项及管控要求是体育特色小镇建设方案编制过程中的重要内容，上述内容缺乏科学性、可行性、合规性论证，将影响建设方案的适应性。②外部环境变化会波及体育产业发展。政治环境、经济环境、社会环境、市场环境和整个宏观经济都与体育产业的发展密切相关。当外部环境发生变化时，体育特色小镇如果未能及时做出调整应对，必将导致产业状况恶化，进而影响企业成本和收益。③债务监管不力带来风险。部分地方政府债务未纳入预算管理，脱离上级政府部门的监督，因此存在一定的风险隐患。④清单管理迟缓不及时。省级层面清单建立缓慢、管理不规范、公布数量仍然过多，部分地区仍然存在对虚假特色、错误命名、单纯地产、纸上虚拟等问题的小镇清理不到位的问题。⑤在投融资管理体制上，投融资主体地位不明确，权责分离；投资管理风险约束机制不完备，临时性建设单位存量大但人才匮乏，导致机构低效和管理失控；投资环境缺乏必要的社会法制和市场约束。

三、发展窘境——体育产业特色复制，简单堆砌

近年来，体育特色小镇已逐渐步入规范健康的发展轨道。各地区体育特色小镇发展从注重数量逐步转向注重质量，截至 2021 年上半年，全国国家级体育特色小镇共 62 个，加上省级体育特色小镇，总数有 200 个左右。新生事物过快、过热地生长，盲目发展导致乱象丛生。目前，我国体育特色小镇中仍存在同质化、低水平复制、简单堆砌、核心产业竞争力欠缺的问题，存在地产模式、"烧钱"模式、硬件模式等错误模式。在此环境下，体育特色小镇产业发展还将面临两大机遇和挑战：首先，质量提升时期，如何做到"提"字当头、"存量提升"为本。体育特色小镇建设投钱、投人、投地、投项目，要点是提升质量，特别是提升存量生产能力的质量和生产要素的配置质量。其次，处于"跟跑"时期，如何取得原创性成果形成"并跑"，并实现"超跑"。

四、实践窘境——投融资运作不当导致举债

建设体育特色小镇离不开有效投融资渠道。发债、融资租赁、基金、资产证券化、收益信托、PPP 融资等都是可运用的投融资模式，但投融资行为的不规范极易导致债务问题。①项目招商引资盲目，融资比例大。体育特色小镇建设发展的初期，部分地方政府急于获取国家政策关注，盲目建设体育特色小镇项目，融资比例较大，这样也容易带来债务问题。②曲解政策获取用地指标借机获得贷款。浙江省最先推进体育特色小镇建设，在土地、税收、资金政策等方面得到了地方政府优惠。此后，多地效仿此模式，但是由于缺乏监管，优惠政策被一些地方政府理解为用地指标获取，借机从银行获得贷款上项目，从而出现了体育特色小镇形象工程化、房地产化，甚至债务化等一系列问题。③一些地区的主政者为追求政绩冲动建设，为比拼数量举债融资。一些主政者利用融资平台公司或其他不合理方式模式融资，不仅难以有效发挥凭借政府信用进行低成本融资的优势，还导致了局部地区风险加速积累。④投融资平台公司投融资行为不规范。一些地方政府选择的投融资平台

公司运作不规范、资本管理不合规、投融资行为信息透明度低、资产抵押融资不规范，导致举债融资规模迅速膨胀。举债融资方式合规性意识不足，甚至有一些地方政府抱着法不责众的心态利用平台公司或其他违规模式融资。

五、治理窘境——潜在风险危机与不规范行为仍存

风险挑战是新发展阶段经济社会运行过程中的客观存在。首先，气候、季节等自然条件的变化对依托自然资源优势建设的体育特色小镇影响较大，自然资源过度开发和生态屏障保护不力也都会导致资源浪费和设施破损。其次，对"以人为本"理念的轻视导致建设时大量引进现代化基础设施，未能很好协调城市景观建筑和自然环境之间的和谐共生，原生态被破坏使得游客无法进行系统性的乡村探索。最后，体育特色小镇建设边界占用土地，压缩运动场所的面积未实现前期的规划效果，以特色小镇之名进行高收益的投资。除此之外，债务管理不当、房地产化开发、安全防控体系建立缓慢等问题，都是当前体育特色小镇建设中的不规范行为。

●第三节　体育特色小镇不规范健康发展问题解析●

一、政府责任履行实效不强

政府在强化体育特色小镇规范纠偏工作中扮演着重要角色，体育特色小镇不规范健康发展问题的出现与政府的履职不到位密切相关。近5年，国家相关部门针对建设发展问题陆续发布多个文件，但我国体育特色小镇建设仍存在政府职责不明晰、各方利益无法保障的问题。一方面，地方政府职能部门改革创新动力不足、规范纠偏进展缓慢等原因导致小镇发展问题多、偏离方向。另一方面，面对《导则》进一步明确的指引性和规范性量化指标，政

府应该如何履行职责、如何规避越轨或缺位、如何强化规范纠偏,不仅是当前也是今后体育特色小镇规范健康发展面临的难题。除政府外,社会、市场职责不明也严重制约了体育特色小镇的发展进程,使体育特色小镇的发展未能达到预想的效果。

二、多元主体联合管理未形成

体育特色小镇建设初期,国家相关政策文件对制定小镇管理方式具有指导作用,但部分地方对小镇的管理成效未能达到预期。部分地方政府行动缓慢,管理结构和方式上流于形式,尚未形成多元主体合力共管。例如,对湖南省体育特色小镇的研究发现,政府、市场、社会协同治理概念模糊,政府政策过于笼统,不够具体化;体育特色小镇多元主体治理存在机制不顺畅、地产依赖性过高、居民响应缺失与错位及项目和人才难以集聚的问题。从社会主体的角度来看,实现居民参与体育特色小镇治理,依然面临居民受传统角色的束缚、居民资产权利悬空、居民参与渠道的限制及受传统制度的制约等困境。

三、产业发展质效不高

进入新发展阶段,为实现体育特色小镇高质量发展,必须促进产业结构稳步升级。从表层上看,体育特色小镇缺少领军企业,缺少投资、建设指标和配套政策等,导致产业特色不强、规模小、链条短、协调差,未来难以形成集聚效应和特色产业集群。例如:全球价值体系抑制了体育制造业对高端生产性服务要素需求种类的增加,产业集聚的外部性难以发挥,体育特色小镇内生产性服务业市场发展步履维艰;体育产业与其他产业融合较差,多产业协调发展程度较低,对体育特色小镇的健康发展不利;旅游业市场萎缩,短时间内进入了停滞阶段,主要是体育产业结构不合理造成的。从深层上看,体育特色小镇缺乏对主导产业的深入研究和理解,以及对规划架构设计问题的探

讨。首先，普遍缺少独立而专业的体育产业规划。其主要原因在于建设主体缺乏对体育产业特殊性的认识，即体育产业逻辑非地产投资逻辑，也非体育事业逻辑。其次，缺少产品和服务衍生创新。传统体育、竞技体育、大众体育等体育元素作为体育特色小镇的产业支撑，缺乏延伸产业链。最后，缺少特色产业资源项目。例如，简单依托体育场馆赛事资源的小镇往往建设出现运营困难，赛事活动缺少精品很难持续发展，在配套硬件没有产业支持的情况下终成"鬼城"。

四、空间实践要素活性弱

体育特色小镇作为一种新型发展空间，厘清其要素关系、促进能源流动是空间质效发挥的关键。在美国、日本等国家和欧洲等地区，体育特色小镇建设的能源要素自由流动是促进产业和先进要素的集聚、实现经济增长的重要条件。事实上，我国体育特色小镇空间要素未能完全发挥出其特殊功能和重要作用。当前，我国体育特色小镇空间具体实践活动中仍存在着差序结构、资本泡沫、社会建构、人文消费的困境，以及空间生产理论逻辑下的权力、资本、社会和文化等制约因素。例如，江苏省体育特色小镇建设在资源配置要素方面存在着经营模式单一、旅游资源开发不足、赛事资源较为低端的问题，在产业数字化创新方面存在缺少"黏合剂"、呈现基础差、建设缺平台、亟须"大喇叭"的现象。2020 年，在江苏省，最终保留的苏州市太湖体育运动休闲小镇、仪征市枣林湾运动小镇和徐州市贾汪区茱萸山体育健康小镇虽然都实现了 5G 网络的全覆盖，但小镇企业很少使用 5G 技术、大数据、云计算、区块链、虚拟现实等技术，小镇内体育的"人流"未转变为"商流"。

五、安全风险治理成效不显

我国体育特色小镇建设始终是发展与风险并存，包括制度先赋性与小镇自致性相脱节，规则"吃紧"与"宽松"难以平衡，产业发展优先与社区

建设滞后、空间利用短缺与闲置泡沫等风险并存。在冰雪体育小镇的建设与PPP模式结合的案例中，存在融资困难、工程延期和技术薄弱等诸多风险因素；在经济欠发达地区建设体育特色小镇可能存在治理风险、竞争风险、经济风险、高质量发展风险、可持续发展风险等。此外，在应对风险过程中，体育特色小镇的建设也暴露出安全意识淡薄、防范机制缺乏、治理能力薄弱等短板，原因有三：安全风险隐患摸不清，防范不及时；治理缺乏统筹，政府职责失误衍生风险；空间结构变化引发的次生风险或冲突。

第四节　我国体育特色小镇规范健康发展之路

一、构建职责明确的政府治理体系

体育特色小镇建设要构建职责明确的政府治理体系，提升政府责任履职效能，大力开展规范纠偏工作。①从中央层面优化顶层设计，保证规范性政策落实。《导则》细化了落实条件，明确了操作性要求。但在实际操作中，中央政府仍需要继续发挥"指引者"作用，进一步优化顶层设计，健全支持小镇规范执行规则和淘汰退出机制等政策措施，进一步加强指导引导、大力规范纠偏、开展现场核查，确保小镇规范规划和健康建设。②从省级层面深化政策落实，实施动态调整机制。省级政府部门加速制定本省特色小镇管理细则，严格落实清单管理、底线约束、监督管理等机制，实现深入全程规范管理，加强纳入清单分类管理，实施动态监管机制，及警示、整改和退出机制。③从地方政府层面强化主体责任，严格执行国家政策规定，开展规范纠偏工作。根据特色小镇概念内涵和发展定位，有针对性地制定体育特色小镇规范纠偏工作细则，如科学方案编制、底线约束治理、债务风险防范等。可见，由上而下构建政府职责体系能够确保我国体育特色小镇行稳致远地规范健康发展。

二、构建"感知—变革—适应"动态调整管理模式

规范多元主体行为适应外部环境变化，构建小镇动态调整管理模式。当前，瞬息万变的外部环境对我国体育特色小镇建设的管理方式提出了更高的要求，寻求管理创新是保障小镇规范健康发展的有效措施。①多元主体行为规范健康是小镇管理的根本，是行政主体、运营主体和社会主体全员参与的内部规范的外在体现；②多层次主体规范健康是协同共管的基础，决定小镇发展方向和原则的核心层、内部结构主体行为的规则层和多元主体与外部环境互动效益的形式层；③核心层将物质、能量与信息间流动交换过程中感知到的外部环境信息反馈到小镇规则层，管理主体及时调整主体内部结构和行为规则完成对形式层的革新改造，形式层则依据规则调整主体行为，实现对外部环境的适应，形成一个"环境感知—规则变革—环境适应"的动态过程。在这个过程中，当变革后的行为规则对外部环境的适应度低到不能满足适应需求时，规则层将信息反馈给核心层，由核心层调整形成新的行为规则，直到最优适应。此外，动态调整管理模式突出了管理主体多元化、管理手段复合化和管理体制效益化的特点，可以形成多元主体合力管控模式，从而保障体育特色小镇规范健康发展。

三、构建规范的"内部模型"产业协同系统

围绕不同群体个性化需求构建规范的"内部模型"产业协同系统，为体育特色小镇高质量发展聚势赋能。体育特色小镇是由很多具有体育标识特性的主体与其他相关主体依据一定模型聚集在一起形成的复杂系统，系统各主体为了适应外部环境，通过适应与学习，产生规范性行为，选取与情境最适合的主体组合在一起融合创生出新的产业聚集体，最终适应新的外部环境。在此过程中，每个产业主体只有采取协同合作、融合共生的方式才能成功构建出具有体育特色标识的复杂系统。这个系统也恰恰可以通过独特的"内部模型"，协同发挥核心产业主体的优势资源和系统性能力，融合各产业主体不

同职能，派生出新的消费区域，促进体育特色小镇产业高质量发展。此外，当小镇建设走偏时，依靠惩罚淘汰机制不仅不能解决问题，也不利于小镇产业高质量发展，但完全可以通过对小镇系统内部产业结构进行比较分析，规范其主体行为，梳理出规范的"内部模型"系统，实现突破。

四、构建多元主体协同共享的信息链

坚持系统观念，在体育特色小镇多元主体间构建协同共享的信息链，以激活空间要素。体育特色小镇建设是一个系统工程，包含了系统本身及其周围多样性的物质、能量、信息的流动交换。主体间、主体与外部环境间的信息流形成了体育特色小镇多元主体信息链，这有助于促进形成系统组织及多元主体间有序的物质流和能量流；资源信息的流畅运转也有益于发挥多元主体协同治理效应。在数字经济背景下，数字技术赋能推进了体育特色小镇多元主体协同治理信息链的构建，不仅有利于多元主体完善经济调节、市场监管、社会管理、公共服务和环境保护等职能，而且也能发挥治理经济、治理社会的功效，其中也包含了对数字技术构建的信息链的治理，如算法问题、个人隐私保护问题等。由于数字技术赋能具有两面性，同一种应用既能赋能个人、企业和政府行为，也能赋能各种侵害权益和逃避监管的行为，所以在数字技术赋能全过程需要做好两点：第一，需坚持以人为本，将人民群众的获得感和幸福感作为体育特色小镇建设的出发点和落脚点；将解决企业、群众的困难和问题、促进经济社会发展作为体育特色小镇建设的目标和宗旨。第二，要做到制度先行，坚持完善制度规范体系，强化网络安全措施，明确数据信息权责和管理边界，规范数据信息的共享、开放、开发和应用流程，建立数据信息质量长效评估机制，确保数字技术运用安全可控。

五、构建底线预警和风险治理双重机制

"统筹发展和安全两件大事，提高风险防范和应对能力"。小镇规范健康

发展要从人民的生命安全出发，构建体育特色小镇底线预警和风险治理双重机制，以全流程管理为基本理念，建立分散监测、集中研判、统一发布、分头响应、统筹协调的底线约束综合预警机制；以斩断"源头—中段—末端"的风险传递链为目的，构建普查防范潜在风险、统筹规避衍生风险、重塑减弱结构风险的风险隐患排查治理机制。为了能够形成底线约束综合预警在前、风险隐患排查治理在后两道防线，还应该做到三点：第一，增强风险意识，坚持底线思维，加快落实发展定位、规范管理、风险防范、债务防控、产业聚集等各项措施；第二，强化底线意识、保障风险防范能力，在不逾越红线、底线的情况下开展经济建设活动；第三，明确监管责任，完善风险规避和管控举措，强化联合执法，加强安全风险隐患排查整治，发挥群众力量，加大风险宣传和警示力度。

第五节 结语

《发展意见》和《导则》覆盖了体育特色小镇的发展导向、任务举措和政策措施，是全国体育特色小镇发展的基本遵循，是体育特色小镇规范健康发展的重要依据。本章从体育特色小镇发展的研究基础和理论内涵入手，坚持问题导向，重点对体育特色小镇规范健康发展过程中所处窘境及其主要动因进行深入研究，最后提出了规范健康发展的保障路径，为今后推进体育特色小镇规范健康发展提供理论基础和实践经验。"在发展中规范、在规范中发展"，坚持规范发展和健康发展并重的思想，对推动体育特色小镇实现更高质量、更有效益、更具活力、更可持续、更为安全的发展具有深远现实意义。

参考文献

[1] Juliana Mansvelt. New Zealand Journal of Geography 2008[M]. 吕奕欣，译. 消费地理学. 台北：编译馆与韦伯文化国际出版有限公司，2008: 26, 104.

[2] Lee, Martyn J. Consumer Culture Reborn: The Cultural Politics of Consumption [M]. London: Routledge, 1993.

[3] Lee, Martyn J. Consumer Culture Reborn: The Cultural Politics of Consumption [M]. London: Routledge, 1993.

[4] Mccracken G. Culture and Consumption[M]. Bloomingron: Indiana University Pess, 1998.

[5] Pine Ⅱ B J, Gilmore J H. The experience economy: Work is theatre & every business a stage[M]. Boston: Harvard Business School Press, 1999.

[6] 北京 2022 年冬奥会和冬残奥会组织委员会，北京体育大学. 北京 2022 年冬奥会和冬残奥会经济遗产报告（2022）[R]. 北京：北京体育大学，2022.

[7] 本书编写组. 十八大报告学习辅导百问 [M]. 北京：学习出版社，2012.

[8] 蔡文菊，肖斌，布和，等. 新时代推进体育强国视域下的体育特色小镇建设研究 [J]. 北京体育大学学报，2019, 42(10): 1-9.

[9] 柴彦威，张雪，孙道胜. 基于时空间行为的城市生活圈规划研究：以北京市为例 [J]. 城市规划学刊，2015(3): 61-69.

[10] 常娟，涂伟仕. 经济与生态环境系统耦合视角下体育特色小镇发展评价指标体系研究 [J]. 湖南大众传媒职业技术学院学报，2020, 20(4): 69-73.

[11] 陈埕成，蔡虎堂. 马克思恩格斯生态哲学思想探源 [J]. 福建行政学院学报，2008(3): 5-10, 34.

[12] 陈其荣. CAS 理论下贵州特色小城镇产业创新发展策略研究 [J]. 中国集体经济，2021(8): 3-5.

[13] 陈小燕. 基于 CAS 理论的企业与环境协同进化研究 [D]. 天津：河北工业大学，2006: 6-7.

[14] 陈雅诗，刘明广. 基于 CAS 理论的区域创新生态系统演化研究 [J]. 科技和产业，2016, 16(9): 50-52, 64.

[15] 陈喆，姬煜，周涵滔，等. 基于复杂适应系统理论（CAS）的中国传统村落演进适应发展策略研究 [J]. 建筑学报，2014(S1): 57-63.

[16] 程文广，王宁宁. 体育特色小镇建设对居民亲环境行为的影响：地方认同、自然共

情多重中介效应 [J]. 北京体育大学学报，2021, 44(5): 79-89.

[17] 崔建国，范斌，汪云星．经济欠发达地区体育特色小镇建设的潜在风险与防控 [J]. 淮北师范大学学报（自然科学版），2020, 41(3): 61-68.

[18] 戴维·思罗斯比．什么是文化资本 [J]. 潘飞，编译．马克思主义与现实，2004(1).

[19] 丁立卿，兰玉艳．反思生态价值观塑造的前提性问题 [J]. 贵州大学学报（社会科学版），2009, 27(5): 5-8.

[20] 范尧，肖坤鹏，杨志，等．体育特色小镇推进供给侧改革的成绩、经验、问题与策略 [J]. 沈阳体育学院学报，2020, 39(5): 117-124.

[21] 方世南．环境哲学视域内的生态价值与人类的价值取向 [J]. 自然辩证法研究，2002(8): 19-23.

[22] 费孝通．乡土中国 [M]. 北京：北京大学出版社，2012.

[23] 冯锐．复杂适应系统理论视角下的城市更新转型 [C]. 活力城乡　美好人居：2019 中国城市规划年会论文集（02 城市更新），2019: 1134-1141.

[24] 付振宇．加快发展吉林冰雪文化产业 [N]. 吉林日报，2019-02-22(12).

[25] 高培勇．正确认识和把握新发展阶段 [N]. 人民日报，2021-12-30(7).

[26] 郜邦国，沈克印．体育特色小镇发展热潮下的冷思考 [J]. 体育科学研究，2019, 23(6): 13-18.

[27] 桂起权．马克思主义创始人的生态哲学思想 [J]. 河池学院学报，2004(3): 22-25.

[28] 郭文．空间的生产与分析：旅游空间实践和研究的新视角 [J]. 旅游学刊，2016, 31(8): 29-39.

[29] 国家体育总局．蒋效愚：大力弘扬冰雪文化　广泛普及冰雪运动 [EB/OL]. (2017-07-3) [2022-12-28]. https://www.sport.gov.cn/n20001280/n20745751/n20767635/c21066416/content.html.

[30] 哈尔滨新闻网．数读"开了挂"的冰雪大世界，入园人数经营收入双双创历史新高 [EB/OL]. (2017-02-27) [2022-12-28]. http://hlj.sina.com.cn/news/b/2017-02-27/detail-ifyavvsh6860906.shtml?from=hlj_ydph.

[31] 韩毅．复杂适应系统"适应性主体"的哲学意蕴 [J]. 系统科学学报，2006(4): 50-53.

[32] 河北省文化和旅游厅．共享冰雪奇缘　崇礼六大雪场发出冰雪之约．[EB/OL]. (2023-01-11) [2023-01-20]. https://finance.sina.com.cn/jjxw/2023-01-11/doc-imxzuxpp8988782.shtml.

[33] 贺桂珍，张衢，吕永龙．冬奥会对举办城市生态环境的影响研究进展 [J]. 生态学报，2020, 40(4): 1129-1139.

[34] 胡毅，张京祥．中国城市住区更新的解读与重构：走向空间正义的空间生产 [M]. 北京：中国建筑工业出版社，2015.

[35] 胡玉衡，王进．江苏省体育特色小镇资源配置要素研究 [J]. 体育科技，2020, 41(3): 101-102.

[36] 黄茸，岳烨，陈烨，等．复杂适应系统视角下传统渔村现代化转型的模式选择 [J]. 经营与管理，2020(1): 14-19.

[37] 季松．从空间到文化　从物质到符号：消费文化对中国城市空间发展的影响因素与机制研究 [D]. 南京：东南大学，2009.

[38] 姜文锦，陈可石，马学广．我国旧城改造的空间生产研究：以上海新天地为例 [J]. 城市发展研究，2011, 18(10): 84-89, 96.

[39] 蒋涤非．城市形态活力论 [M]. 南京：东南

大学出版社, 2007.

[40] 解新宇. 基于产业聚集理论视域下我国运动休闲特色小镇建设路径研究 [D]. 武汉：武汉体育学院, 2020.

[41] 荆哲璐. 消费时代的都市空间图景：上海消费空间的评析 [D]. 上海：同济大学, 2005.

[42] 可持续发展战略学术研讨会专家笔谈 [J]. 北京大学学报（哲学社会科学版）, 1997(3): 56-71.

[43] 寇东亮. 可持续发展观的人学底蕴 [J]. 河南社会科学, 1999(2): 18-20.

[44] 赖文静. 浅谈生态教育对早期教育的启示 [J]. 文理导航（下旬）, 2017(5): 3.

[45] 李彪. 古镇旅游空间生产的动力及其在旅游资本循环中的博弈 [J]. 财经理论研究, 2015(6): 91-99.

[46] 李伯华, 曾荣倩, 刘沛林, 等. 基于 CAS 理论的传统村落人居环境演化研究——以张谷英村为例 [J]. 地理研究, 2018, 37(10): 1982-1996.

[47] 李海杰, 展凯, 张颖. 数字经济时代运动休闲特色小镇智慧化建设的逻辑、机理与路径 [J]. 武汉体育学院学报, 2021, 55(2): 5-12.

[48] 李和平, 杨宁, 张玛璐. 后消费时代城市文化资本空间生产状况解析 [J]. 人文地理, 2016, 31(2): 50-54.

[49] 李猛. 共同体、正义与自然——"人与自然是生命共同体"与"人类命运共同体"生态向度的哲学阐释 [J]. 厦门大学学报 (哲学社会科学版), 2018(5): 9-15.

[50] 李娜, 朱晨光. 复杂适应系统理论视角的老旧小区改造系统适应性研究 [J]. 中国建设信息化, 2021(16): 66-68.

[51] 李平, 余守文, 肖乐乐. 新时代我国体育特色小镇研究的回顾和展望 [J]. 体育科研,

2020, 41(1): 62-68.

[52] 李文明, 吕福玉. 信息的本体论意义与传播学价值 [J]. 山西大学学报（哲学社会科学版）, 2017, 40(1): 48-58.

[53] 李煜. 文化资本、文化多样性与社会网络资本 [J]. 社会学研究, 2001(4): 52-63.

[54] 梁雯, 管勇生. 绿色生态文明视域下体育小镇发展研究分析 [J]. 文体用品与科技, 2020(9): 236-237.

[55] 林凡. 习近平生态文明思想的哲学意蕴 [J]. 齐齐哈尔大学学报（哲学社会科学版）, 2020(12): 1-3.

[56] 林耿, 王炼军. 全球化背景下酒吧的地方性与空间性：以广州为例 [J]. 地理科学, 2011(7): 794-801.

[57] 林小荣. 我国冰雪体育小镇 PPP 模式风险识别与防范策略 [C]// 第十一届全国体育科学大会论文摘要汇编, 2019: 1247-1248.

[58] 刘贝贝, 樊阳程. 习近平关于绿色科技创新重要论述简论 [J]. 思想理论教育导刊, 2019(12): 11-14.

[59] 刘春成. 城市隐秩序：复杂适应系统理论的城市应用 [M]. 北京：社会科学文献出版社, 2017: 54-56.

[60] 刘大椿, 岩佐茂. 环境思想研究 [M]. 北京：中国人民大学出版社, 1998: 192.

[61] 刘静. 中国特色社会主义生态文明建设研究 [D]. 北京：中共中央党校, 2011.

[62] 刘珊, 吕拉昌, 黄茹, 等. 城市空间生产的嬗变：从空间生产到关系生产 [J]. 城市发展研究, 2013, 20(9): 42-47.

[63] 刘勇. 曼纽尔·卡斯特城市社会运动理论探析：基于空间政治经济学批判的视角 [J]. 理论月刊, 2023(4): 36-43.

[64] 刘周敏, 周鸿璋, 曹庆荣. 基于 ArcGIS 下国家级体育特色小镇空间分布特征及影

响因素研究 [J]. 成都体育学院学报，2020，46(4): 62-67.

[65] 卢彪. 生态哲学：马克思人与自然和谐发展的智慧之光 [J]. 生态经济（学术版），2008(1): 32-36.

[66] 鲁志琴，陈林祥，沈玲丽. 我国体育特色小镇治理中的居民参与研究：基于社会治理重心下移的视角 [J]. 河北体育学院学报，2020，34(6): 68-73.

[67] 栾泽皓. 体育小镇多主体治理的机制、困境与对策研究 [D]. 南京：南京师范大学，2021.

[68] 曼纽尔·卡斯特. 网络社会的崛起 [M]. 北京：社会科学出版社，2003.

[69] 潘岳. 论社会主义生态文明 [J]. 绿叶，2006(10): 10-18.

[70] 澎湃新闻. 齐齐哈尔市委网信办组织开展"冰情雪趣燃鹤城"网络宣传活动 [EB/OL]. (2022-02-13) [2023-01-14]. https://m.thepaper.cn/baijiahao_16694546.

[71] 乔德健，张国梁. 基于复杂适应系统理论的民营企业管理创新研究 [J]. 现代管理科学，2012(1): 20-22.

[72] 让·波德里亚. 消费社会 [M]. 刘成富，译. 南京：南京大学出版社，2001.

[73] 人民网 - 河北频道. 冬奥探馆 | 崇礼太子城冰雪小镇：山林中的冰雪世界 [EB/OL]. (2022-01-31) [2022-12-28]. http://m.people.cn/n4/2022/0131/c1448-15423147.html.

[74] 任波，黄海燕. "双碳"目标下我国体育产业低碳发展的现实意义、重点领域与推进策略 [J]. 武汉体育学院学报，2022，56(7): 53-60.

[75] 沈纲，沈秀. 体育特色小镇产业数字化创新驱动研究：以江苏为例 [J]. 江苏社会科学，2021(6): 231-240.

[76] 沈媛媛. 2022 北京冬奥会背景下体育小镇旅游发展规划与布局研究：以河北省保定市为例 [J]. 吉林体育学院学报，2019，35(5): 105-108.

[77] 石秀廷. 体育特色小镇建设的国际经验及其启示 [J]. 广州体育学院学报，2018，38(2): 39-42, 67.

[78] 司景梅. 乡村振兴视域下我国运动休闲特色小镇体育产业集群发展研究 [J]. 西安体育学院学报，2021，38(6):

[79] 司亮，王薇. 我国体育小镇空间生产的理论框架及实践路径 [J]. 沈阳体育学院学报，2017，36(5): 53-58.

[80] 司亮. "空间的生产"理论对体育特色小镇规划布局研究的启示 [J]. 内蒙古体育科技，2014, (1): 11-14.

[81] 斯密. 国富论 [M]. 谢宗林，李华夏，译. 北京：中央编译出版社，2011: 479-796.

[82] 孙承叔，刘建成. 可持续发展的价值内涵 [J]. 中共浙江省委党校学报，1998(6): 54-57.

[83] 孙江. "空间生产"：从马克思主义到当代 [M]. 北京：人民出版社，2008.

[84] 孙金龙. 我国生态文明建设发生历史性转折性全局性变化 [J]. 环境经济，2020(22): 10-13.

[85] 孙小涛，徐建刚，张翔，等. 基于复杂适应系统理论的城市规划 [J]. 生态学报，2016，36(2): 463-471.

[86] 邰峰，于子轩，李思佳. 基于体验经济视角的我国运动休闲小镇发展策略研究 [J]. 哈尔滨体育学院学报，2020，38(6): 8-12.

[87] 谭长贵. 复杂适应系统的主体性存在与实现 [J]. 学术研究，2007(4): 66-71, 159.

[88] 唐丽. 湖南省体育特色小镇协同治理研究 [D]. 株洲：湖南工业大学，2021.

[89] 王冬慧，李江，殷海涛．运动休闲特色小镇政策法规体系研究 [J]．南京体育学院学报，2021, 20(8): 6-17.

[90] 王国莲．论政治生态之于自然生态的生态学意义 [J]．理论导刊，2020(9): 50-56.

[91] 王祺，曲连珠，董捷．"后冬奥时代"我国冰雪体育旅游业科技资源配置优化路径 [J]．哈尔滨体育学院学报，2022, 40(6): 41-46, 54.

[92] 王如松，胡聃．弘扬生态文明 深化学科建设 [J]．生态学报，2009, 29(3): 1055-1067.

[93] 王依，李新．深刻理解生态文明 深入推进生态文明建设 [J]．环境保护与循环经济，2013, 33(1): 4-7.

[94] 王雨辰．习近平生态文明思想视域下的"人与自然和谐共生的现代化" [J]．求是学刊，2022, 49(4): 11-20.

[95] 王玉．逻辑与路径：转变政府职能与完善政府权责体系 [J]．理论探讨，2014(1): 166-169.

[96] 王治东，张琳．技术·空间·资本·人——智慧城市的核心要素探究 [J]．自然辩证法通讯，2016, 38(3): 99-104.

[97] 温学发．新技术和新方法推动生态系统生态学研究 [J]．植物生态学报，2020, 44(4): 287-290.

[98] 吴阳，牛志培，布和，等．我国体育特色小镇发展的问题与对策研究 [J]．哈尔滨体育学院学报，2019, 37(5): 9-16.

[99] 习近平．高举中国特色社会主义伟大旗帜 为全面建设社会主义现代化国家而团结奋斗：在中国共产党第二十次全国代表大会上的报告 [M]．中国共产党第二十次全国代表大学文件汇编．北京：人民出版社，2022: 20.

[100] 新华社．中华人民共和国国民经济和社会发展第十四个五年规划和 2035 年远景目标纲要 [EB/OL]．(2021-03-13)[2022-12-13]．http://www.gov.cn/xinwen/2021-03/13/content_5592681.htm.

[101] 新华社新媒体．借冬奥契机 崇礼滑雪产业迎来变化和收获：专访太舞滑雪小镇常务副总裁李永太．[EB/OL]．(2022-01-11) [2023-01-14]．http://finance.sina.com.cn/jjxw/2022-01-11/doc-ikyamrmz4482888.shtml.

[102] 杨宇振．权力、资本与空间：中国城市化 1908—2008 年：写在《城镇乡地方自治章程》颁布百年 [J]．城市规划学刊，2009(1): 62-73.

[103] 姚顺良．马克思主义生态学思想与西方生态哲学的比较研究——以戴维·埃伦费尔德《人道主义的僭妄》为例 [J]．中州学刊，2008(1): 157-160.

[104] 叶超，柴彦威，张小林．"空间的生产"理论、研究进展及其对中国城市研究的启示 [J]．经济地理，2011, 31(3): 409-413.

[105] 叶虹．可持续发展研究的若干新动态 [J]．社会科学动态，1999(2): 1-4.

[106] 叶小瑜．江苏运动休闲特色小镇的建设实践、问题与优化治理 [J]．南京体育学院学报，2020, 19(3): 31-36.

[107] 殷洁，罗小龙．资本、权力与空间："空间的生产"解析 [J]．人文地理，2012 (2): 12-16.

[108] 殷亮，石晶．北京冬奥会对我国冰雪文化发展的影响．冰雪运动，2017, 39(4): 6-8.

[109] 余谋昌．生态文化论 [M]．石家庄：河北教育出版社，2001: 149-150.

[110] 约翰·H.霍兰．隐秩序：适应性造就复杂性 [M]．周晓牧，韩晖，译．上海：上海科技教育出版社，2000.

[111] 曾智洪，王梓安，丁沙沙．特色小镇建设中地方政府的多重行为表现及其风险防范研究：基于浙江省 M 小镇的深度观察 [J]．杭州师范大学学报（社会科学版），2021，43(5): 125-136.

[112] 张程焜．浍水自然环境与运动休闲特色小镇建设问题研究 [D]．荆州：长江大学，2020.

[113] 张京祥，邓化媛．解读城市近现代风貌型消费空间的塑造：基于空间生产理论的分析视角 [J]．国际城市规划，2009(1): 43-47.

[114] 张坤民．社会生态经济协同发展论——可持续发展的战略创新 [M]．合肥：安徽大学出版社，1999: 199.

[115] 张丽媛，范珍，李全宏，等．凝聚大保护合力 统筹发展和安全 坚决把重点任务落实到位 [N]．山西日报，2021-10-25(2).

[116] 张松霄．人与自然和谐共生现代化的生成逻辑与纾解路径 [C]．第十届公共政策智库论坛暨"中国式现代化建设国际学术研讨会"会议论文集，2022: 179-187.

[117] 张向荣，孙建华，陈永欣．五大发展理念下运动休闲特色小镇发展方式研究 [J]．体育文化导刊，2019(7): 87-92.

[118] 张晓磊，宋歌，李海．体育旅游小镇助推"人的城镇化"的路径与对策研究 [J]．沈阳体育学院学报，2019，38(6): 16-22.

[119] 张泽君，张建华，张健．我国运动休闲特色小镇发展"热"背后的冷思考 [J]．体育文化导刊，2019(1): 77-82.

[120] 郑永梅．关于哈尔滨冰雪文化空间结构体系的研究 [J]．价值工程，2011，30(9): 230.

[121] 中国旅游研究院和携程旅行网联合发布《中国冰雪旅游消费大数据报告（2019）》．

[122] 中国社会科学院语言研究所词典编辑室．现代汉语词典 [M]．6 版．北京：商务印书馆，2012: 1163.

[123] 钟焦平．把生态文明教育融入育人全过程 [J]．现代教学，2019(6): 1.

[124] 周进，钟丽萍．体育特色小镇助力乡村振兴：内在机理与发展路径——基于四个典型案例的分析 [J]．四川体育科学，2020，39(04): 103-106+128.

[125] 朱琳，王秋蓉．全面碳中和的北京冬奥会贡献中国与世界：访清华大学能源环境经济研究所所长助理、副教授，北京冬奥会可持续性咨询和建议委员会碳管理工作组组长周剑 [J]．可持续发展经济导刊，2022(S1): 36-39.

[126] 朱罗敬，方春妮，肖婷．"1.0 代体育小镇"阶段性实践经验、实践困境与优化路径：以城市近郊邻水镇体育小镇为例 [J]．体育与科学，2021，42(1): 106-113.

[127] 庄友刚．何谓空间生产？——关于空间生产问题的历史唯物主义分析 [J]．南京社会科学，2012(5): 36-42.

[128] 宗边．住建部为特色小镇划出三条红线 [N]．中国建设报，2017-07-11.

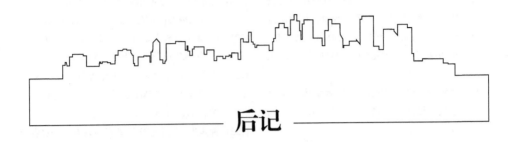

后记

　　此书内容的编撰缘起于 2017 年 5 月 9 日国家体育总局办公厅下发的《关于推动运动休闲特色小镇建设工作的通知》，这份重要的通知开启了我对体育特色小镇的探索之旅。从最初因深感这是体育领域一个重大的、利好的信号而开始研究，到慢慢领悟到这一领域的开拓之路长且难，继而更加深入地研究，研究的广度和深度也在不断扩大，成果也从一篇篇论文开始积累，进而逐渐呈现体系。这也激励我将研究的成果系统地阐述出来，希望能与同样对体育特色小镇感兴趣的读者产生共鸣，也希望能对关注体育特色小镇发展的读者有一定的启发作用。

　　本书在撰写过程中得到了导师、同事和友人的帮助和支持，在出版过程中得到了清华大学出版社的鼎力支持，在此一并表示最为诚挚的谢意。本人在体育特色小镇管理与实践研究领域进行了积极的工作和不懈的努力，但是书中难免存在一些疏漏和错误，敬请各位专家、广大读者给予指教和建议。

作者

2023 年 9 月